독자의 1초를
아껴주는 정성을
만나보세요!

세상이 아무리 바쁘게 돌아가더라도 책까지 아무렇게나 빨리 만들 수는 없습니다.

인스턴트 식품 같은 책보다 오래 익힌 술이나 장맛이 밴 책을 만들고 싶습니다.

땀 흘리며 일하는 당신을 위해 한 권 한 권 마음을 다해 만들겠습니다.

마지막 페이지에서 만날 새로운 당신을 위해 더 나은 길을 준비하겠습니다.

도서 일부 또는 전체 콘텐츠를 확인하고 읽어볼 수 있습니다.
길벗만의 차별화된 독자 서비스를 만나보세요.

더북(TheBook) ▶ https://thebook.io

더북은 (주)도서출판 길벗에서 제공하는 IT 도서 열람 서비스입니다.

코드 작성 가이드

Code Readability

초판 발행 · 2024년 4월 12일

지은이 · 이시가와 무네토시
옮긴이 · 정기욱
발행인 · 이종원
발행처 · (주)도서출판 길벗
출판사 등록일 · 1990년 12월 24일
주소 · 서울시 마포구 월드컵로 10길 56(서교동)
대표 전화 · 02)332-0931 | **팩스** · 02)323-0586
홈페이지 · www.gilbut.co.kr | **이메일** · gilbut@gilbut.co.kr

기획 및 책임편집 · 정지은(je7304@gilbut.co.kr) | **디자인** · 장기춘 | **제작** · 이준호, 손일순, 이진혁
마케팅 · 임태호, 전선하, 차명환, 지운집, 박성용 | **유통혁신** · 한준희 | **영업관리** · 김명자 | **독자지원** · 윤정아

교정교열 · 강민철 | **전산편집** · 책돼지 | **출력 및 인쇄** · 예림인쇄 | **제본** · 예림인쇄

▸ 잘못 만든 책은 구입한 서점에서 바꿔 드립니다.
▸ 이 책은 저작권법에 따라 보호받는 저작물이므로 무단전재와 무단복제를 금합니다.
  이 책의 전부 또는 일부를 이용하려면 반드시 사전에 저작권자와 (주)도서출판 길벗의 서면 동의를 받아야 합니다.

ISBN 979-11-407-0909-0 93000
(길벗 도서번호 080373)

정가 24,000원

독자의 1초를 아껴주는 정성 길벗출판사

(주)도서출판 길벗 | IT교육서, IT단행본, 경제경영, 교양, 성인어학, 자녀교육, 취미실용 **www.gilbut.co.kr**
길벗스쿨 | 국어학습, 수학학습, 어린이교양, 주니어 어학학습, 학습단행본 **www.gilbutschool.co.kr**

페이스북 · https://www.facebook.com/gbitbook

읽기 쉽고
코드 리뷰하기 좋은
코드 작성 가이드

이시가와 무네토시 지음

정기욱 옮김

길벗

"도대체 무엇을 하는 코드인지 알 수가 없다", "사양을 변경해야 하는데 도대체 어디부터 손을 대야 하나…"

대부분의 소프트웨어 개발자는 이렇게 생각해 본 경험이 있을 겁니다. 분명 복잡한 기능을 구현하는 코드가 아닌데 이해하기가 어렵고 함정이 많아서 조금만 변경해도 쉽게 망가지는 코드와 마주하기도 하고, 코드를 작성한 당시에는 자신의 코드가 완벽하고 아름답다고 생각했지만 몇 달 후 다시 봤을 때 '내가 왜 이런 코드를 쓴 걸까' 하며 자책한 경험이 있을 겁니다. 필자도 비슷한 경험을 여러 번 했습니다.

필자는 '읽기 쉬운 코드란 무엇인지, 개발자는 어떠한 경우에 코드를 읽기 어렵게 작성하는지, 읽기 쉬운 코드를 작성하기 위해 어떤 고민을 해야 하는지'에 대한 자료를 2019년 Code Readability[1]에서 공개했습니다. 이 슬라이드 자료에는 필자가 대규모 개발에서 코드 리뷰와 리팩터링을 경험하며 얻은 지식이 담겨 있으며, 이 자료를 8시간 분량의 강의에서도 활용합니다. 이 책은 슬라이드 자료에 구체적인 설명과 예시를 더해 강의를 듣지 않아도 내용을 이해할 수 있도록 하는 것을 목표로 합니다.

이 책이 조금이나마 개발자들에게 도움이 되기를 기원합니다.

1 　[역주] https://speakerdeck.com/munetoshi/code-readability

이 책은 읽기 쉬운 코드를 작성하는 방법을 다음과 같은 순서로 설명합니다.

먼저 1장에서는 읽기 쉬운 코드가 필요한 이유와 프로그래밍 원칙에 대해서 설명하고, 2장과 3장에서는 자연어의 관점에서 코드의 네이밍 방법과 주석을 쓰는 방법을 설명합니다. 4장과 5장에서는 클래스 내부 구조인 상태와 함수를 설명하고, 6장에서는 클래스 간의 구조인 의존 관계를 설명합니다. 마지막 7장에서는 가독성의 관점에서 코드 리뷰를 설명합니다.

이 책에서 사용하는 용어와 코드

이 책에서는 기본적으로 코틀린(Kotlin)의 용어를 사용하지만 다른 프로그래밍 언어에도 응용할 수 있도록 '클래스', '함수', '변수'에 대해서는 다음과 같이 확장된 의미로 사용합니다.

- **클래스**: 코틀린에서의 클래스, 인터페이스, 구조체 등 정의할 수 있는 타입
- **함수**: 코틀린의 fun, 절차, 메서드, 서브루틴 등 실행 또는 평가할 수 있는 코드
- **변수**: 코틀린의 val, var, 매개변수, 정수, 프로퍼티 등 값을 저장하거나 참조하기 위한 영역

단, 함수가 클래스나 인스턴스의 멤버일 때 이를 강조하기 위해 '함수' 대신 '메서드'라는 용어를 사용합니다. 또 '변수'가 인스턴스의 멤버일 경우에는 '프로퍼티'라는 용어를 사용합니다. 이와 같이 이 책에서는 필요에 따라 용어의 의미를 확장하여 사용하였습니다.

그 밖에도 이 책에서는 매개변수, 인수, 호출자, 호출 대상, 수신 객체, 콜백 등
의 용어를 빈번하게 사용하기 때문에 각 용어에 대해서도 설명하겠습니다.

- **매개변수와 인수**: fun add(x: Int, y: Int): Int에서 x와 y는 매개변수
  이고, add(1, v)와 같이 함수를 호출할 때 전달되는 1과 v는 인수입니다.
- **호출자와 호출 대상**: add(1, 2)와 같이 함수를 호출하는 코드를 호출자
  (caller)라고 하고, 호출되는 함수를 정의한 코드를 호출 대상(callee)이라고
  합니다.
- **수신 객체**: 메서드를 호출하는 대상이 되는 객체를 말합니다. 예를 들어
  text.toInt()에서 text가 수신 객체(receiver)에 해당합니다.
- **콜백**: 다른 함수에 인수로 전달되는 함수이며 함수를 호출하는 한 방법
  입니다. list.map{it.toString()}에서 람다 {it.toString()}은 콜백
  (callback)이고, map은 그것을 전달받는 함수입니다.

주로 코틀린을 사용해 설명하고 있지만, 코틀린에 대한 깊은 지식이 없더라도
클래스 기반의 객체지향 언어를 사용한 경험이 있으면 내용을 이해할 수 있도
록 하였습니다. 코틀린의 문법 중 다음 몇 가지 항목을 기억하면 이 책을 더욱
수월히 읽을 수 있습니다.

- 변수(val, var)와 함수(fun)
- 클래스와 인터페이스, 메서드와 프로퍼티
- if, for, when 등의 제어 구조
- 객체(object)와 동반 객체(companion object)
- null 허용형
- 고차 함수

- 람다
- 스코프 함수

책의 마지막에는 부록으로 위 항목들을 설명하는 샘플 코드를 첨부했습니다.

코틀린에는 그 밖에도 확장 함수, 데이터 클래스, 산출 속성(computed property), 코루틴(coroutine) 등의 기능이 있지만, 이 책에서는 코틀린을 모르는 사람도 쉽게 이해할 수 있도록 이러한 기능을 사용하지 않습니다. 실제 프로젝트에서 코틀린을 사용한다면 이와 같은 기능을 적절히 사용하여 코드를 더욱 간결하게 할 수 있습니다. 더욱 자세한 내용은 Kotlin Foundation 공식 문서(https://kotlinlang.org/docs/home.html)를 참조해 주세요.

이 책의 코드는 중요한 부분을 강조하기 위해 본질에서 벗어난 부분의 코드를 "..."로 표시해 생략합니다. 이렇게 생략된 부분은 정상적인 코드로서 동작하지 않는다는 점에 유의하기 바랍니다. 또한, 비동기 처리를 해야 하는 코드나 오류 처리를 해야 하는 코드 등에 대해서도 본질적이지 않은 부분은 가능한 한 생략합니다.

이 책은 Code Readability 프레젠테이션을 바탕으로 작성되었으며, 프레젠테이션과 출판 모두 라인(LINE) 주식회사의 지원을 받았습니다.

또한, 이 책을 쓸 때 사내외에서 많은 분이 도와 주셨습니다. 이 자리를 빌어 감사의 말씀을 전하며 특히나 큰 힘이 되어 주신 분들을 소개합니다.

이 책의 준비부터 윤문까지 작업 전반에 걸쳐 도움을 주신 오자와 마사유키 님. '책을 쓰고 싶다'고 별생각 없이 한 말에 오자와 씨가 반응해 주신 것이 이 책의 시작이었습니다.

이 책이 출판되는 기술평론사의 편집실을 소개해 주신 라인 주식회사 Developer Success Team의 쿠시이 유스케 님. 창구로서 사내외에 적극적으로 활동해 주셨습니다.

코드 수정이나 표현 제안 등 많은 조언을 해 주신 타카나시 유타카 님. 더욱 정확한 정보를 전달할 수 있는 책으로 완성된 것은 타카나시 님의 조언 덕분입니다.

영어 표현의 상담과 교정에는 크리스토퍼 로저스(Christopher Rogers) 님과 브루스 에번스(Bruce Evans) 님이 협력해 주셨습니다. 알아보기 어려운 세세한 표현에 이르기까지 지적해 주셔서 안심하고 책을 쓸 수 있었습니다.

더욱 깊은 생각을 할 수 있도록 함께 논의해 주신 mayah 님. 의미 있는 시간을 주셔서 감사합니다.

그리고 출판 경험이 없는 저를 끝까지 지지해 주신 기술평론사의 덴치유키 님, 히라노 레이 님. 집필의 기본부터 친절하게 지도해 주셨습니다.

여기에는 다 쓸 수 없지만 지금까지 코드에 관한 논의에 참여해 주신 모든 분들께 말씀드리자면, 이 책은 저 혼자의 발자취를 정리한 것이 아닙니다. 여러분과의 논의 없이는 이 책을 다 쓸 수 없었습니다. 정말 감사했습니다.

이시가와 무네토시

이 책을 읽어 주셔서 감사합니다. 제 저서의 첫 번역본이 한국에서 출판되는 것은 저에게는 특별히 감격스러운 일입니다. 일본의 라인 야후와 한국의 라인플러스에는 많은 한국 출신의 동료들이 있고 저는 그들과 오랫동안 협업해 왔습니다. 이 책에는 그들과 논의해 얻은 결실이 고스란히 담겨 있습니다. 제가 한국을 다시 방문했을 때 이 책을 읽었다는 분들을 만날 수 있다면 그보다 더 기쁜 일은 없을 것입니다.

무엇보다 이 책의 한국어판을 출간할 수 있었던 것은 믿을 수 있는 팀원 정상(정기욱 님)을 만난 덕분입니다. 그는 한국어와 일본어에 능통할 뿐만 아니라 기술력도 뛰어나 이 책의 번역을 안심하고 맡길 수 있었습니다. 또, 번역가가 팀원이다 보니 서로 궁금한 점이 있을 때 바로바로 소통할 수 있다는 점도 무척 든든했습니다. 그렇기에 더욱 정확하고 이해하기 쉬운 번역이 될 것이라 확신합니다. 다시 한번 정상에게 진심으로 감사드립니다.

그리고 한국에 방문했을 때 먹은 쭈꾸미가 정말 맛있었어요. 쭈꾸미 좋아해요. 쭈꾸미!

같은 팀 동료가 낸 책을 직접 번역하여 소개할 수 있어서 매우 기쁩니다. 팀 내에 책 쓰는 부업 열풍을 일으키고, 경험이 일천한 역자에게 번역을 맡기겠다는 용단을 내린 저자에게 먼저 감사의 말씀을 전합니다. 이 책은 커뮤니케이션 앱라인의 성장 한계치를 높이기 위해서 저희가 추구하고 실천하는 코드 품질 향상에 대한 이야기입니다.

오늘만 코딩하는 사람이 아니라면 누구나 코드의 품질을 고민합니다. 소프트웨어 개발은 단순히 제품을 구현하는 것에만 그치지 않고 문제의 원인을 찾고 개선해 나가며, 지속 가능성을 고려한 최적의 결과물을 만들어 나가는 과정이기 때문이죠. 이 책은 높은 품질의 코드를 쓰기 위한 원칙을 배움과 동시에 그 원칙을 언제 어디에 적용할 것인지를 선택하는 데 도움을 줄 것입니다. 특히 마지막 장에서 다루는 코드 리뷰는 이 책의 내용을 활용하기에 완벽한 기회입니다.

IT가 세상의 중심이 된 만큼, 우리는 소프트웨어 개발자가 짊어져야 할 책임에 대해서도 고민해야 합니다. 코드는 그 존재만으로도 누군가가 유지보수해야 할 부채가 되므로, 자신의 코드가 누군가에게 잘못 이해되어 제품의 결함을 유발하거나 생산성을 저해하는 요소가 되지 않도록 노력해야 합니다. '그냥 돌아가기만 하면 되는 코드', '쓰기에 간편한 코드'가 아닌, 그 코드를 접하게 될 모든 개발자가 쉽게 개선하고 확장할 수 있도록 '읽는 사람을 배려한 코드'를 작성해야 합니다.

이 책을 통해 독자들이 지향하는 코드 품질의 기준과 훌륭한 개발자의 기준을 높이기를 기대합니다.

마지막으로 책을 쓰는 데 시간을 할애할 수 있도록 종종 육아와 가사에서 열외시켜 준 배려심 깊은 아내에게 고마운 마음을 전합니다.

정기욱

이 책에서 '바보스러울 정도로 단순하게 만들어라'라는 의미를 담고 있는 KISS 원칙이 나옵니다. 이 부분이 코드 작성을 위한 모든 것을 이야기한다고 생각합니다. 초급 개발자가 고급 개발자로 나아가고 싶거나, 좀 더 고급 개발을 하고자 하는 모든 이들을 만족시켜 줄 책이라 읽는 동안 너무 재미있었습니다. 곁에 항상 두고 사전처럼 사용하기를 바랍니다. 이 책이 길을 제시해 줄 것입니다.

김종열_에코시스템

5년 차에 접어드는 현업 개발자입니다. 요새 좋은 코드란 무엇인지에 대한 고민이 많을 무렵, 운이 좋게도 이 책을 리뷰하게 되었습니다. 리뷰하면서 '단일 책임의 원칙'처럼 공감하고 개발에 적용하고 있는 부분도 상당수 있었고, 반대로 리뷰를 하지 않았다면 '주석'처럼 소홀히 넘어갈 만한 부분도 있었습니다. 이처럼 이 책은 현업 개발자들이 충분히 공감할 내용으로 구성이 되어 있으며 코드 작성하는 데 있어 놓치기 쉬운 부분에도 가이드를 세세하게 제시하고 있는 점이 맘에 들었습니다. 개발자들이 좋은 코드에 대한 고민이 있을 때 해당 도서를 읽는다면 좋은 인사이트를 얻을 수 있을 것이라 생각합니다.

윤지태_금융결제원 플랫폼개발부 IT플랫폼개발팀

이 책은 코드를 개발하고 협업하기 위해 필요한 내용에 대해 정의하고 있습니다. 특히 항상 강조하지만, 작성하면서도 어려움을 겪는 '네이밍', '주석' 부분을 읽으면서 코드가 의사소통하는 언어로서 동작한다는 것을 이해하게 되었습니다. 함수, 의존 관계에 대해서는 기능이 하나의 책임만 가지며 서로 명확한 의존관계를 통해 동작 흐름을 이해하기 쉽게 하고, 안티패턴들을 소개함으로써 독자에게 명확하게 코드 작성에 대한 가이드를 소개하는 부분이 좋았습니다. 마지막으로 코드 리뷰에 대해서는 리뷰이와 리뷰어의 역할을 소개하고, 리뷰이를 존중하면서도 효율적으로 리뷰를 수행하는 것이 중요하다는 내용이 인상 깊었습니다.

전반적으로 이 책은 코드를 작성하는 모두에게 도움이 될 만한 내용으로 구성되어 있으며, 코드를 어떻게 하면 단순 명료하면서 깔끔하게 작성할 수 있는지를 배울 수 있는 계기를 마련해 줍니다.

이동원_LINE NEXT

이 책을 읽으며 평소 무심코 작성했던 코드들이 주마등처럼 지나가며 찔리는 재미있는 경험을 했습니다. 이는 저뿐만 아니라 개발자라면 누구나 다 한 번씩은 그럴 것이라 생각합니다. 그만큼 우리는 코드에 신경을 씁니다. 작은 것들이라도 모이면 결국 가독성을 떨어뜨리고 이해하기 어렵게 만들기 때문에 한 줄 한 줄 코드를 작성하며 고민을 거듭하곤 합니다. 이 책은 코드의 가독성을 고민하는 개발자들에게 있어서 네이밍부터 코드 리뷰까지 원칙과 가이드를 빠짐없이 세세하게 담고 있어 코드 퀄리티를 높이는 과정을 돕는 좋은 길잡이가 되어 줍니다. 기존에 따랐던 컨벤션들이, 지금의 코드들이 왜 그랬는지 함께 이해하고, 좋지 않은 예시들은 어떻게 바꾸는 것이 바람직할지 페이지를 멈춰가며 책과 같이 고민해 본다면 어느새 달라진 나의 코드를 마주할 수 있을 것입니다.

손예진_LINE+

프로그래밍은 결국 코딩으로 완성됩니다. 잘 동작하는 것이 프로그래밍의 목적이지만 그 프로그램을 만들고 이해하는 것은 사람입니다. 결국 사람이 잘 이해할 수 있도록 만드는 것이 좋은 프로그래머의 역할입니다. 이 책은 코딩에서 필요한 다양한 네이밍은 물론이고, 환경에 적합한 가이드를 보여 주고 있습니다. 마지막 장의 코드 리뷰는 지금 저에게 꼭 필요했던 부분이라 너무 좋았습니다. 코드에 대한 저자의 깊은 고민과 오랜 경험의 노하우를 볼 수 있었고, 그 결과물을 볼 수 있는 기회를 얻을 수 있어 감사합니다.

김동우_프리랜서 백엔드 개발자

이 책은 제목처럼 구체적인 지침을 바탕으로 가독성 높은 코드를 작성하는 방법을 각 장의 주제별로 구성되어 있습니다. 나쁜 코드 작성의 예시와 좋은 코드 작성의 예시를 통해 코드를 어떻게 개선해야 하는지 명시적으로 보여 주는 점이 좋았고, 코틀린과 자바를 주로 다루지만 다른 언어 사용자들에게도 적용할 수 있는 범용적인 원리를 제시하여 언어에 국한되지 않은 개념들도 좋았습니다. 또한, 이 개념들을 바탕으로 코드 리뷰에 대한 실용적인 조언은 팀 프로젝트에서 협업하는 데 도움이 될 것 같습니다. 협업하는 다른 개발자들 혹은 자신의 코드 분석 시간을 아끼고 싶은 분들에게 추천합니다.

이호섭_이커머스 프런트엔드 개발팀

7장 코드 리뷰 ····· 257

1^장

가독성 높은 코드를 작성하는 법

소프트웨어 개발에서 높은 생산성을 유지하려면 코드를 읽기 쉽도록, **가독성**에 주의를 기울여야 합니다. 하지만 가독성과 생산성의 관계를 이해하지 못한다면 코드의 모양새만 개선되고, 생산성이 향상되는 효과는 미미할 것입니다. 우선 가독성이 생산성에 미치는 영향을 이해하고 이어서 가독성 높은 코드의 요건과 주의점, 그리고 활용하기 쉬운 프로그래밍 원칙에는 어떠한 것이 있는지 알아보겠습니다.

1.1 생산성 개선

소프트웨어를 개발할 때 우리는 코드를 '쓰는 것'에 많은 노력을 들이는 경향이 있습니다. 그러나 개발자 대부분은 사실 코드를 '쓰는 것'보다 '읽는 것'에 개발 시간을 더 많이 할애합니다. 다른 개발자가 쓴 코드를 읽고, 본인이 쓴 코드를 확인하기 위해서 읽습니다. 개발이 진행될수록 읽어야 하는 코드는 더욱 늘어납니다. 코드를 읽을 일이 많아진다는 것은 곧 가독성을 높여야 생산성을 개선한다는 뜻입니다.

1.1.1 개발 규모와 생산성의 관계

개발 기간의 장기화, 개발 멤버의 추가, 코드베이스의 거대화 등의 요인으로 개발 규모는 커지고, 코드를 읽기 위한 비용도 늘어납니다. 예를 들어 코드의 양이 많은 상태에서 새로운 개발자가 팀에 합류한다면 그 사람이 코드베이스 전체를 이해하는 데도 시간이 꽤 걸릴 것입니다. 즉, 개발 규모가 커질수록 코드를 이해하는 데 걸리는 시간이 비례하여 늘어나며, 작업 시간을 줄이려면 코드의 가독성이 높아야 합니다.

대규모 코드베이스에서 버그가 발생하여 코드 몇 줄 정도를 수정하게 되었다고 가정해 봅시다. 코드의 가독성이 충분히 높으면 어떤 코드를 수정했을 때의 영향 범위를 쉽게 확인하고 안전하게 수정할 수 있습니다. 그러나 가독성이 낮은 상황에서는 영향 범위를 확인하는 데만도 시간이 많이 걸릴 것입니다. 어쩌면 미처 확인하지 못한 부분이 있어 버그를 수정했는데 또 다른 버그가 발생할 수도 있습니다.

한편, 거의 읽히지 않는 코드라면 가독성은 크게 중요하지 않습니다. 짧은 기간 동안만 필요한 실험적인 코드나 한 번 실행한 후 버려지는 일회성 스크립트 등이 여기에 해당됩니다. 가독성에 비용을 들여야 할지 여부는 '코드를 읽는 시간'과 '코드를 작성하는 시간' 중 어느 쪽의 비중이 높은지를 기준으로 판단하는 것이 좋습니다. 이때 '코드를 읽는 시간'에는 다음과 같은 작업도 포함됩니다.

- 다른 개발자에게 코드를 설명한다.
- 코드를 작성하는 중에 다른 코드를 참고한다.
- 코드 리뷰를 한다.

이러한 작업에 소요되는 시간도 '코드를 읽는 시간'에 포함되기 때문에 의외로 소규모 프로젝트에서도 가독성이 중요하다는 것을 알 수 있습니다. 또 다른 기준으로는 '코드를 얼마나 오랜 기간 동안 남겨 두고 싶은지'가 가독성을 위해 들여야 할 비용과 관계됩니다.

장기간에 걸친 소프트웨어 개발은 코드베이스를 계속 변경하며 멈추지 않는 성장을 전제로 합니다. 지금껏 축적된 코드를 바탕으로 새로운 가치를 창출해야 합니다. 바꿔 말하자면, 이해하기 쉽고 안정된 코드베이스가 성장을 이어가기 위한 열쇠라고 말할 수 있습니다. 그런데 그 토대를 이해하기 어렵다면 새로운 가치를 창출하는 것 또한 매우 어려워지며, 이는 곧 시간이나 인원 등의 자원을 추가로 투입해도 비용에 걸맞은 성과는 얻을 수 없는 결과를 낳습니다. 이와 같은 상황을 우리는 '소프트웨어 개발의 포화 상태'라고 합니다.

물론 소프트웨어 개발 제품을 끊임없이 성장시키는 것은 현실적으로 불가능합니다. 그렇기에 포화 상태는 소프트웨어 개발에 있어 불가피한 측면이 있습니다. 하지만 개발 프로세스와 조직 구성을 최적화하거나 새로운 개발 방법론을 도입하여 포화점, 즉 성장의 한계치를 끌어올릴 수는 있습니다. 그중 하나가 바로 가독성 높은 코드를 유지하는 것입니다.

지금 당장은 만족스러운 코드를 작성했더라도, 향후 지속적으로 개발하기 위해 코드의 가독성을 재차 점검해 보기 바랍니다. 코드를 작성한 이후에도 코멘트를 추가하고, 테스트를 작성하고, 리팩터링을 하는 등 지속적으로 개선해 보세요. 지금 당장 시간을 조금만 투자하면 코드를 마주할 미래의 개발자를 구제할지도 모릅니다. 물론 그 '미래의 개발자'에는 자신이 포함될 수도 있습니다. 코드의 가독성은 지속 가능한 개발 환경을 만드는 데 큰 도움이 됩니다.

1.1.2 가독성을 높이기 위한 환경과 평가 체계

먼저 제품 수명 및 팀의 생산성과 개인 평가의 관계를 살펴보겠습니다. 앞서 말했듯이 가독성은 소프트웨어 개발의 생산성을 유지하는 데 있어 매우 중요한 요소입니다. 하지만 실제로는 이를 소홀히 여겨 지속적으로 개발하는 데 어려움을 겪는 경우도 적지 않습니다. 심지어 개발자 개개인이 가독성의 중요성을 인지하고, 가독성 높은 코드에 대한 지식을 가지고 있더라도 상황은 크게 다르지 않을 때가 많습니다. 개개인이 중요함을 이해하고 있음에도 결과적으로는 가독성 높은 코드를 구현하지 못하는 요인은 그들이 소속된 프로젝트의 환경에 있을 수 있습니다.

중요한 기능을 정해진 일정 내에 개발하기 위해 가독성을 희생하면서까지 짧은 기간 동안 개발을 강행하는 경우가 종종 있습니다. 만약 사업 전략상 완료 일정이 족박하다면 차후의 리팩터링을 전제로 임시 코드를 작성할 수도 있습니다. 하지만 해당 기능의 개발이 순조롭게 마무리된 이후에도 또 다른 '중요한' 기능 개발이 연이어 요구되어 리팩터링할 여유가 없는 환경이라면 어떨까요? 결국 코드베이스는 쉽게 돌이킬 수 없는 상태가 되기 십상입니다.

그렇다고 개발자 개인에게 일정을 결정할 수 있는 재량권을 부여한다고 해서 가독성을 높일 개발 환경을 유지할 수 있는 것은 아닙니다. 개발자 개인을 평가하는 방법이 적절하지 않다면 상황은 달라지지 않습니다. 개발 속도(구현한 기능의 수와 규모)만으로 개발자를 평가하는 환경에서는 팀 전체의 생산성을 높일 수 있는 동기를 부여하기 어렵습니다. 이는 게임 이론의 '죄수의 딜레마'와 같은 구조라고 할 수 있습니다.

이러한 구조를 Alice와 Bob 두 개발자로 구성된 팀을 예로 설명해 보겠습니다. Alice와 Bob은 각각 코드를 작성할 때 다음 두 가지 전략 중 하나를 선택할 수 있다고 가정하겠습니다.

- **Readable**: 시간을 들여서라도 읽기 쉬운 코드를 작성한다.
- **Hacky**: 임시적인 코드로 짧은 시간에 코드를 작성한다.

이 경우, 개발 속도가 곧 개인의 평가 기준이 되는 상황을 코드 작성 전략과 개인 평가의 상관관계 측면에서 살펴보겠습니다.

▼ 표 1-1 코드 작성 전략과 개발자 개인 평가의 관계

Bob \ Alice	Readable	Hacky
Readable	8 / 8	10 / 1
Hacky	1 / 10	2 / 2

표의 숫자는 개발자 개인의 개발 속도를 나타내며, 이것이 곧 개발자 개인의 평가 점수가 됩니다. 팀 전체의 개발 속도는 각 칸의 숫자의 합인데, Alice와 Bob이 함께 Readable 전략을 선택하면 코드베이스는 개발하기 쉬운 상황이 유지되어 적당한 개발 속도를 유지할 수 있습니다. 반면 두 사람이 모두 Hacky 전략을 선택하면 코드베이스가 복잡해져서 기능 개발이 어려워집니다. 주의해야 할 것은 한쪽(Alice)은 Readable, 다른 한쪽(Bob)은 Hacky 전략을 선택한 경우인데, Bob은 가독성을 신경 쓰지 않고 임시 코드로 개발하기 때문에 높은 개발 속도를 유지할 수 있지만, 이때 Alice는 Bob이 작성한 코드를 리팩터링하면

서 기능 개발을 병행하므로 개발 효율이 현저히 떨어지게 됩니다. 게다가 Bob
은 Alice가 리팩터링한 코드를 바탕으로 또 다시 임시 코드로 개발하므로 개발
속도는 시간이 지날수록 현저히 떨어지게 됩니다.

이러한 환경에서 만약 개발자들이 개인의 평가 점수를 의식하여 본인에게만 유
리한 전략을 선택한다면 우려스러운 일이 벌어집니다.

Alice는 본인이 더 좋은 평가를 받기 위해서 Hacky 전략을 선택할 것입니다.
Bob이 신택하는 전략이 무엇인지는 Alice의 선택 기준이 되지 않습니다. Alice
는 (자신에게 유리한) 합리적인 선택을 하고, 결국 모두가 Hacky 전략을 선택
하는 결과를 초래합니다. 이 사례에서 알 수 있듯이, 개발자의 개별 평가 방법
이 적절하지 않으면 제품 개발 전체의 생산성을 향상시킬 수 있는 자발적 동기
가 사라지게 됩니다.

이런 문제를 방지하려면 개인이 개발한 기능의 개수나 규모만으로 개발자를 평
가해서는 안 되며, '전체 생산성에 미치는 기여도'를 고려한 제도가 마련되어야
합니다. 하지만 이는 결코 쉽지 않은 일이며 개발자 개개인이 어떤 코드를 작성
하는지, 코드베이스 개선에 얼마나 협조적인지, 팀의 기술 수준 향상에 얼마나
기여하는지 등 다양한 기준으로 평가해야 합니다. 그러기 위해서는 팀의 방향
성과 평가 방법을 팀 구성원 모두가 함께 결정하고 공유하는 것이 중요합니다.
모든 팀 구성원이 각자 기대하는 성과를 분명하게 공유하는 것이 좋습니다.

1.2 가독성 높은 코드를 작성하기 위한 요건

CODE READABILITY

이제부터 가독성을 높이기 위해 구체적으로 어떤 관점과 방식으로 접근해야 하
는지를 알아보겠습니다.

1.2.1 가독성과 관련된 지표

코드의 가독성을 높이기 위해서는 한 가지 지표에 집착하지 말고 여러 관점에서 코드의 가독성을 평가해야 합니다. 예를 들어 코드 길이라는 지표는 가독성과 관련이 있지만, 이에 집착해서는 안 됩니다. 덩치가 큰 함수가 읽기 어려운 것은 당연하지만, 그렇다고 함수를 너무 세분화하면 오히려 전체 구조를 파악하기 어려운 코드가 될 수 있습니다. 따라서 가독성을 평가하려면 추상도를 결정하는 다각적인 지표를 사용해야 합니다. 여기서는 '단순함', '명확한 의도', '독립성', '구조화' 네 가지 지표로 살펴보겠습니다.

단순한 코드

코드 자체가 단순하면 동작을 쉽게 이해할 수 있습니다. 참/거짓 값 연산을 예로 들어보면 isA && isB와 ! (!isA ¦¦ !isB) && isB는 둘 다 결과가 같지만, 전자가 '어떤 조건에서 true가 되는지'를 더 쉽게 이해할 수 있습니다.

의도가 명확한 코드

코드의 가독성을 높이려면 코드의 동작뿐만 아니라 대략적인 의미와 작성 이유도 추측하기 쉬워야 합니다. 예를 들어 flag라는 변수 이름을 보면 많은 사람이 '이것은 어떤 상태를 나타내는 참/거짓 값이다' 또는 '어떤 동작을 바꾸기 위한 비트열이다'라고 짐작할 수 있습니다. 그러나 flag라는 이름에서 그 이상의 정보를 읽어낼 수는 없습니다. 반면에 isVisible이라는 변수 이름이라면 '뭔가 표시할 수 있는 것이 있고, 값이 true일 때 표시된다'는 것까지도 짐작할 수 있습니다.

독립성이 높은 코드

코드 규모가 커질수록 모든 코드를 세밀하게 파악하는 것은 어렵습니다. 그렇다면 함수, 클래스, 모듈과 같은 코드 집합별로 역할과 동작을 높은 추상도로 파악할 필요가 있습니다. 그러기 위해서는 '1. 각 코드 집합의 책임 범위를 명확히 하는 것'과 '2. 다른 집합과의 의존 관계를 제한하는 것' 두 가지가 중요합니다.

1. 코드의 책임 범위를 명확히 함으로 관련성 없는 기능이 코드에 포함되는 것을 방지할 수 있습니다. 결과적으로 세부적인 내용을 읽지 않아도 코드가 어떻게 동작하는지 대략적으로 파악할 수 있습니다.

2. 다른 집합과의 의존 관계를 제한하면 코드를 이해하기 위해 다른 집합의 코드를 읽어야 하는 상황을 줄일 수 있습니다. 특히 두 코드 집합이 서로 의존하는 상황은 가급적 피하는 것이 좋습니다. 만약 A와 B 두 클래스가 서로 의존한다면 'A를 이해하기 위해 B를 이해해야 하고, B를 이해하기 위해 A를 이해해야 한다'는 식의 순환이 생길 수도 있기 때문입니다.

구조화된 코드

가독성을 높이기 위해서는 들여쓰기, 줄바꿈 형식 등 코드 외형을 통일하는 것도 중요하지만, 외형만 잘 정돈되어 있다고 해서 가독성을 높일 수 있는 것은 아닙니다. 외형의 일관성뿐만 아니라 함수, 클래스, 모듈의 구조에도 주의를 기울여야 합니다. 만약 함수 하나가 코드 수백 줄로 이루어져 있다면 이 함수의 동작을 짧은 시간에 이해하기는 쉽지 않을 것입니다. 이러한 큰 함수를 작은 함수 몇 개로 나누면 코드를 구조화할 수 있어 동작을 더 쉽게 이해할 수 있습니다. 마찬가지로 클래스 간 의존 관계나 추상화 계층의 구성 등 여러 측면에서 코드를 구조화하면 가독성이 높은 코드를 구현할 수 있습니다.

1.2.2 가독성을 높이기 위해 주의할 점

가독성을 지표 하나만으로 측정할 수 없는 것처럼, 가독성 높은 코드를 작성하기 위해 주의해야 할 사항도 다양합니다. 그중에서도 필자가 특히 중요하게 생각하는 부분을 소개합니다.

지식과 기술의 선택

코드나 설계의 품질을 향상시키는 효과적인 수단으로, 소프트웨어 아키텍처나 프로그래밍 기법을 채택하는 것을 꼽을 수 있습니다. 이를 채택할 때 중요한 것은 채택하는 목적과 채택에 적합한 조건 두 가지를 명확히 구분하는 것입니다. 수단과 목적을 혼동하여 무턱대고 신기술을 도입하면 오히려 코드나 설계의 품질이 떨어질 수 있습니다.

또한, 프로그래밍 패러다임과 환경은 시대에 따라 변화하기 때문에 그에 따라 유효한 아키텍처와 기법도 달라집니다. 이전에는 유효했던 아키텍처라 하더라도 새로운 패러다임에서는 코드의 품질을 떨어뜨리는 원인이 될 수 있습니다. 무엇을 위해 그 아키텍처를 사용하는지(목적), 어떤 환경에서 그것이 유효하게 작동할지(조건)를 잘 이해하고 있다면, 아키텍처가 새로운 시대에도 유효할지를 판단할 수 있을 것입니다.

이 책에서 다루는 기법은 폭넓고 오랫동안 적용될 수 있는 것으로 선별했습니다. 그러나 그것들 모든 분야에 적용될 수 있는 것은 아니며, 언젠가는 낡은 기법이 될 수도 있습니다. 따라서 이 책에서는 각 기법에 대해 무엇이 어떤 이유로 개선되는지와 어떤 예외가 있는지에 대해 가능한 한 자세히 다루고 있습니다. 이 책의 내용을 무조건적으로 적용하기보다는 상황에 따라 적절하게 선택하여 사용하기 바랍니다.

가치와 복잡도의 균형

새로운 기능을 구현할 때는 해당 기능이 제공하는 가치(사용자 경험 향상, 수익 창출 등)와 기능 구현으로 증가하는 코드베이스의 복잡한 정도를 신중하게 고려해야 합니다. 보통 기능이 늘어날수록 코드베이스는 점점 복잡해지고, 복잡해질수록 가독성은 떨어지기 마련입니다. 이러한 현상을 완화하기 위해서라도, 단지 복잡도만 높일 뿐 가치가 떨어지는 기능을 구현하는 일은 피해야 합니다. 만약 비슷한 수준의 가치를 더 간단한 방법으로 제공할 수 있다면 그 방법을 선택하는 것이 더 바람직합니다. 예를 들자면 요구하는 사양을 기존의 기능에 맞

추가나 기능을 새로 구현하는 대신 플랫폼에서 제공하는 표준 기능을 활용하는 것을 생각해 볼 수 있습니다. 이처럼 가치를 크게 바꾸지 않는 선에서 요구사항을 변경하여 구현에 필요한 코드의 양을 줄이는 것은 매우 중요한 기법 중 하나입니다.

개발자는 현재 코드베이스의 복잡한 정도를 잘 알고 있으니 요구사항을 수립하는 자리에서 복잡도 관점에서 의견을 적극적으로 제시해야 합니다. 경우에 따라서는 제품에 대한 '복잡도 상한선'을 정해 놓고, 새로운 기능 구현에 대한 요청을 수렴할 때 제거할 기능을 함께 제시하는 방법도 있습니다.

검증의 자동화

개발자가 코드의 정확성을 직접 확인하는 것보다 컴파일러나 정적 분석 도구를 활용해야 가독성 높은 코드를 작성하기 수월하고, 버그가 발생할 가능성도 줄일 수 있습니다. 예를 들면 잘못된 데이터를 필터링하는 코드를 작성한다고 했을 때 되레 필터 때문에 코드가 복잡해지기 쉽고, 필터 조건이 충분하지 않아 버그가 발생하는 경우를 놓칠 수도 있습니다. 또한, 잘못된 데이터를 필터링하는 것보다 원천적으로 잘못된 데이터가 만들어지지 않도록 해야 합니다.

이를 좀 더 구체적으로 생각하기 위해 쿼리를 수행하는 함수 queryPage에 쿼리 매개변수를 전달한다고 가정해 보겠습니다. 쿼리 매개변수로 코드 1-1과 같이 문자열 맵을 사용한다면 어떤 정보를 인수로 전달해야 하는지 알 수 없고, 필수 매개변수를 전달하는 것을 누락하는 버그가 발생할 수 있습니다. 또한, queryPage 함수 내의 오류 처리 코드도 복잡해질 것입니다.

코드 1-1 **✕ BAD** 예상되는 쿼리 매개변수를 알 수 없는 함수

```
fun queryPage(parameters: Map<String, String>)
```

반면에 코드 1-2에서는 쿼리 매개변수를 함수의 인수로 명시하여 페이지 번호 pageIndex와 오름차순/내림차순 정렬 isAscendingOrder 두 매개변수가 필수

라는 것을 쉽게 이해할 수 있습니다. pageIndex를 지정하는 것을 잊어버린 경우에도 함수를 호출하는 곳에서 컴파일 오류를 발생시키기 때문에 오류를 쉽게 발견할 수 있습니다. 또한, 쿼리 함수 내에 불필요한 오류 처리를 작성할 필요가 없기 때문에 함수 자체의 가독성도 향상됩니다.[1]

코드 1-2 ⊙GOOD 쿼리 매개변수가 명확하게 예상되는 함수

```
fun queryPage(val pageIndex: Int, val isAscendingOrder: Boolean)
```

이러한 검증을 도구에 맡기는 방식은 비단 정적 타입에만 국한된 이야기가 아니며, 다른 언어에서도 유효합니다. 잘못 사용했을 때의 오류 처리를 생각하기보다 잘못 사용할 수 없도록 사전에 검증 환경을 구축하는 것이 중요합니다.

논의 빈도

더 나은 결론에 더 빨리 도달하려면 혼자서 오랜 시간 고민하는 것보다 다른 개발자와 논의하여 결론을 도출하는 편이 더 생산적입니다. 구현하기 전에 설계에 대해 미리 논의한다면 설계의 근본적인 문제가 생겨 뒤늦게 발견되는 일이 줄어들고, 결과적으로 생산성을 높일 수 있습니다. 이러한 논의를 위해서는 팀원들이 언제든지 편하게 상의할 수 있는 분위기가 조성되어야 합니다. 이 외에도 페어 프로그래밍이나 몹 프로그래밍과 같이 서로 상의하면서 구현하는 방법도 시도해 볼 만한 가치가 있습니다.

정보 공유와 교육이 가능하다는 점도 논의의 큰 장점 중 하나입니다. 개개인이 가지고 있는 지식과 기술은 다르지만, 대화하면서 다른 사람들과 지식과 기술을 나눌 수 있고 이를 통해 코드베이스를 개선할 뿐만 아니라 팀 구성원의 기술 역량도 향상시킬 수 있습니다.

단, 논의는 설계와 코드의 본질적인 부분에 초점을 맞춰야 합니다. '어떤 클래

---

1 pageIndex와 isAscendingOrder의 조합이 queryPage를 호출하는 것 외에 다른 용도로도 사용되는 경우 두 값을 속성으로 묶어 class PageQueryParameters(...)와 같이 클래스로 정의할 수 있습니다.

스가 이 기능을 담당할 것인가', '여기서는 확장성과 견고함 중 어느 쪽을 우선해야 하는가'와 같은 논의가 우선되어야 합니다. '들여쓰기를 몇 칸으로 해야 하는가', 'if와 조건문 사이에 공백을 넣어야 하는가'와 같은 논의는 중요하지 않습니다. 논의가 너무 피상적인 것에 집중되는 등, 바이크셰딩(bike-shedding)[2] 상태라고 느껴지면 일단 그 문제는 접어두고, 별도의 논의를 통해 코딩 규약 등 규칙을 마련하는 것이 좋습니다. 피상적인 주제에 대한 논쟁의 여지를 없애면 본질적인 문제에 더욱 집중할 수 있습니다.

1.3 대표적인 프로그래밍 원칙

소프트웨어 개발 분야에는 가독성을 높이기 위해 제시된 매우 다양한 프로그래밍 원칙이 있습니다. 하지만 유용한 원칙도 무분별하게 적용하면 오히려 가독성을 떨어뜨리는 결과를 초래할 수 있습니다. 따라서 새롭게 프로그래밍 원칙을 적용할 때에는 신중하게 선별해야 합니다. 경우에 따라 다르지만, 수많은 프로그래밍 원칙을 이해하고 매번 적절하게 적용하기란 쉬운 일이 아닙니다. 이 장에서는 다소 지나치게 적용하더라도 비교적 부작용이 적은 대표적인 프로그래밍 원칙 다섯 가지를 소개합니다.

1. 보이스카우트 원칙

2. YAGNI(You Aren't Gonna Need It)

3. KISS(Keep It Simple Stupid)

4. 단일 책임의 원칙

5. 성급한 최적화는 모든 악의 근원

---

2   역주 바이크셰딩이란, 중요하지 않은 의사결정에 많은 시간과 수고를 소모하는 것을 의미합니다.

1.3.1 보이스카우트 원칙

"Try to leave this world a little better than you found it."
—— Robert Baden-Powell"

코드를 변경할 때는 주변을 둘러보고 소소한 개선이 필요한 부분을 함께 살펴 보아야 한다는 원칙입니다. 이 원칙은 보이스카우트 운동의 창시자 로버트 베이든파월(Robert Baden-Powell)의 생각을 소프트웨어 개발에 적용한 것으로 로버트 C. 마틴(Robert C. Martin)이 제안한 것입니다. 마틴의 설명에 따르면 보이스카우트에는 '캠프장을 사용한 후에는 사용하기 전보다 더 깨끗이 청소하고 떠나라'라는 규칙이 있다고 합니다. 소프트웨어 개발에서도 마찬가지로 코드를 변경할 때는 변경 전보다 코드베이스를 더 나아진 상태로 만들려고 노력해야 한다는 점을 강조하며, 이렇게 점진적으로 코드를 조금씩 개선하는 일이 코드의 가독성과 작업 환경을 지속적으로 개선할 수 있는 방법이라고 말합니다.

보이스카우트 원칙을 적용할 수 있는 대상은 피상적인 변경부터 구조적 변경이 필요한 것까지 종류가 매우 다양한데, 그중 대표적인 것을 소개합니다.

- **추가**: 누락된 주석이나 테스트 추가하기
- **삭제**: 불필요한 의존 관계, 구성 요소, 조건문 삭제하기
- **리네이밍**: 클래스, 함수, 변수 등의 이름을 적절하게 바꾸기
- **세분화**: 너무 큰 클래스나 함수, 지나치게 깊은 계층 구조, 연쇄적인 호출을 잘게 나누기
- **구조화**: 의존 관계, 추상화 레이어, 상속의 계층 구조를 적절히 구성하기

이와 반대로, 문제가 있는 코드를 방치하면 나중에 코드를 변경할 때 상황이 더 악화될 수 있습니다. 대표적인 예로 거대한 구조(클래스, 함수, 조건 분기, 계층 등)가 방치된 상태에서 새로운 요소가 추가되어 구조가 더욱 비대해지는 경우입니다. 예를 들어 어떤 클래스가 메서드 100개를 가지고 있을 때 '메서드 1개 정도가 추가되어도 크게 달라지지 않겠지'라는 생각으로 별다른 고민 없이

새로운 메서드를 추가하는 경우를 볼 수 있습니다. 또는 클래스에 다수의 메서드가 있을 때 '이런 구조여야 할 어떤 이유가 있겠지'라는 생각으로 새로운 메서드를 추가하는 경우도 있을 수 있습니다. 하지만 당연하게도 여러 요소로 구성된 거대한 구조를 이해하는 것은 매우 어렵습니다. 더욱이 구성 요소가 많아질수록 추후에 할 리팩터링의 비용도 증가합니다.

명확하지 않고, 복잡하며, 구조적이지 않은 코드를 변경하고자 할 때는 변경하기 전에 명확하고, 단순하며, 구조적인 코드가 뇌노록 리팩터링해야 합니다. 예를 들어 열거형 ViewType에 새로운 열거자 Z를 추가한다고 가정해 보겠습니다 (코드 1-3). 이 코드에는 이미 거대한 when 분기가 있고, 각 분기에서 공통적으로 view1.isVisible과 view2.text를 업데이트합니다.

코드 1-3 **✗ BAD** 거대한 분기를 가진 함수

```kotlin
enum class ViewType { A, B, ..., Y }

fun updateViewProperties(viewType: ViewType) =
    when (viewType) {
        ViewType.A -> {
            view1.isVisible = true
            view2.text = "Case A"
        }
        ViewType.B -> {
            view1.isVisible = false
            view2.text = "Case B"
        }
        ...
        ViewType.Y -> {
            view1.isVisible = true
            view2.text = "Case Y"
        }
    }
```

이때 피해야 할 것은 열거자 Z와 해당 조건 분기를 단순히 덧붙이는 것입니다. 열거자 Z를 추가하기 전에 우선 조건 분기의 구조부터 리팩터링해 보겠습니다. 코드 1-3의 각 조건 분기에서 서로 다른 요소는 대입하는 변수뿐이므로 해당 변수 값을 **열거자 속성으로 분리**하는 것이 좋습니다. 먼저 ViewType을 변경하여 view1.isVisible과 view2.text에 해당하는 값을 isView1Visible, view2Text 속성으로 갖게 합니다(코드 1-4).

코드 1-4 ⊙ GOOD 열거자 속성으로 분리한 결과

```
enum class ViewType(val isView1Visible: Boolean, val view2Text: String) {
    A(true, "Case A"),
    B(false, "Case B"),
    ...
    Y(true, "Case Y")
}
```

이 속성들을 이용하면 함수 updateViewProperties 안에 있는 조건 분기를 제거할 수 있습니다(코드 1-5).

코드 1-5 ⊙ GOOD 리팩터링한 후 함수 호출

```
fun updateViewProperties(viewType: ViewType) {
    view1.isVisible = viewType.isView1Visible
    view2.text = viewType.view2Text
}
```

리팩터링한 후 열거자 Z를 추가해 봅시다(코드 1-6). 이렇게 Z를 추가하면 updateViewProperties를 변경하지 않아도 되므로 updateViewProperties의 로직에 영향을 주지 않습니다.[3]

---

3 단, 열거형 ViewType이 제품 내에서 광범위하게 사용되는 상황에서는 특정 기능/모듈 속성을 ViewType이 갖지 않도록 하는 것이 좋습니다. 이때는 ViewType을 원하는 값으로 변환하는 함수, 맵, 열거형을 별도로 만드는 것도 좋은 선택지가 될 수 있습니다. 자세한 내용은 5.2.3절에서 설명합니다.

```
enum class ViewType(val isView1Visible: Boolean, val view2Text: String) {
    A(true, "Case A"),
    B(false, "Case B"),
    ...
    Y(true, "Case Y"),
    Z(false, "Case Z")
}
```

1.3.2 YAGNI

"You aren't gonna need it."

YAGNI는 '그런 건 필요하지 않아'를 뜻하는 영문 약자로, 익스트림 프로그래밍
(XP) 원칙 중 하나입니다. 불확실한 미래를 위해 현재 필요하지 않은 기능을 미
리 구현해도 정작 사용되지 않는 경우가 많다는 의미입니다. 미래를 위한 코드
때문에 구현이 복잡해지면 기능을 확장하기 어려워집니다. 기능은 필요할 때
구현해야 합니다.

YAGNI를 준수하지 않는 코드의 대표적인 예로는 사용되지 않는 코드나 과도
하게 확장된 코드를 들 수 있습니다.

사용되지 않는 코드 예시

- 참조되지 않는 변수
- 호출되지 않는 함수
- 주석 처리된 코드

과도하게 확장된 코드 예시

- 정수 하나만 전달되는 가변 인수
- 호출하는 곳이 단 하나뿐인 공개 유틸리티 함수

- 자식 클래스가 하나뿐인 추상 클래스[4]

미래를 위해 작성된 코드가 새로운 기능의 구현을 어렵게 만드는 사례를 코드 1-7의 Coordinate라는 모델 클래스로 살펴보겠습니다. Coordinate 클래스는 뷰의 표시 위치 등 좌표를 UI에 픽셀 단위로 표시하는 클래스입니다.

코드 1-7 좌표를 표시하는 모델 클래스 Coordinate

```
class Coordinate(val x: Int, val y: Int)
```

이 코드가 유용할지도 모른다는 이유로 픽셀뿐만 아니라 포인트(1/72인치)로도 좌표를 지정할 수 있도록 기능을 확장해 보았습니다(코드 1-8). 단위는 UnitType으로 지정하기 때문에 밀리미터와 같은 새로운 단위를 추가하고 싶다면 다음 코드에 열거자만 추가하면 됩니다. 이렇게 변경된 Coordinate를 언뜻 보면 마치 확장성이 뛰어난 것처럼 보입니다.

코드 1-8 ❌ BAD Coordinate의 지나친 일반화

```
enum class UnitType { PIXEL, POINT }
class Coordinate(val x: Int, val y: Int, val unitType: UnitType)
```

결국 포인트로 좌표를 지정하는 기능은 사용되지 않고 대신 Coordinate를 이용한 연산이 필요하다고 가정하겠습니다. 좌표의 덧셈과 뺄셈은 렌더링 범위 계산이나 UI 요소의 크기, 각 요소 사이의 여백 계산에도 사용되기 때문에 이러한 가정은 어느 정도 합리적이라고 할 수 있습니다. UnitType이 있는 상태에서 plus를 정의하면 코드 1-9와 같이 복잡한 함수가 됩니다. 이때 두 Coordinate 인스턴스의 UnitType이 다르다면 더하기 전에 단위를 변환해야 하므로 보조 함수 convertType을 별도로 정의해야 합니다. 또한, 픽셀과 포인트의 비율은 해상도에 따라 달라지므로 convertType 내에서 디스플레이 장치의 환경이나 설

---

4 자식 클래스가 하나뿐인 추상 클래스의 경우, 명확한 이유가 있다면 만들어도 좋습니다. 예를 들어 인터페이스와 실제 구현에서 분리가 필요한 경우, 의존성 주입을 하는 경우, 테스트 객체를 만드는 경우 등이 이에 해당합니다.

정 값을 가져와야 합니다. 여기에 연산 결과를 픽셀과 포인트 중 어느 쪽으로 반환할 것인지도 정의해야 하므로 plus의 인수도 복잡해집니다.

코드 1-9 **✖ BAD** UnitType을 가진 경우의 Coordinate와 이를 합산하는 함수

```kotlin
class Coordinate(val x: Int, val y: Int, val unitType: UnitType) {
    fun plus(
        that: Coordinate,
        environment: DisplayEnvironment,
        resultUnitType: UnitType
    ): Coordinate {
        val newX = convertType(x, unitType, resultUnitType, environment) +
            convertType(that.x, that.unitType, resultUnitType, environment)
        val newY = convertType(y, unitType, resultUnitType, environment) +
            convertType(that.y, that.unitType, resultUnitType, environment)
        return Coordinate(newX, newY, resultUnitType)
    }

    private fun convertType(
        value: Int,
        from: UnitType,
        to: UnitType,
        environment: DisplayEnvironment
    ): Int {
        if (from == to) {
            return value
        }
        return when (to) {
            UnitType.PIXEL ->
                value * environment.pixelsPerInch / POINTS_PER_INCH
            UnitType.POINT ->
                value * POINTS_PER_INCH / environment.pixelPerInch
        }
    }

    companion object {
        private const val POINTS_PER_INCH = 72
    }
}
```

하지만 UnitType이 없다면 코드 1-10과 같이 간단한 함수로 덧셈을 구현할 수 있습니다. 코드 1-9와 코드 1-10을 살펴보면 기존 기능이 새로운 기능을 구현하는 데 방해가 될 수 있음을 알 수 있습니다.

코드 1-10 ⓞ GOOD UnitType이 없는 경우의 Coordinate와 덧셈 함수

```kotlin
class Coordinate(val x: Int, val y: Int) {
    operator fun plus(that: Coordinate): Coordinate =
        Coordinate(x + that.x, y + that.y)
}
```

실제로 포인트가 필요할 때까지 UnitType을 추가하지 않고 기다렸다면 코드 1-9와 같은 복잡한 구현은 피할 수 있었을 것입니다. 픽셀과 포인트가 모두 필요할 때는 두 단위를 변환하는 유틸리티 함수가 함께 필요한 경우가 많습니다. 이럴 경우, Coordinate의 속성으로 UnitType을 갖는 설계 대신 Coordinate 는 어디까지나 픽셀을 표현하는 모델로 두고, 단위 변환을 위한 함수를 별도로 정의하는 설계를 생각할 수 있습니다. 또는 Coordinate를 제네릭으로 하고 UnitType을 타입 매개변수로 하는 방법도 생각해 볼 수 있습니다. 하지만 '포인트가 필요할지도 모른다'는 추측만으로 구현하면 실제 쓰임을 고려하지 못하기 때문에 다른 설계와 비교되지 않은 채 구현이 복잡해질 수 있습니다. 적절한 설계는 코드가 어떻게 사용되는지에 따라 달라지기 때문에 YAGNI를 위반하면 '그때는 괜찮을 것 같았지만 결과적으로 잘못된 설계였다'는 상황이 발생할 수도 있습니다.

YAGNI는 추후에 기능을 쉽게 확장할 수 있게 하는 중요한 개념이지만, 주의해야 할 점도 있습니다. 우선 필요할 때만 기능을 구현하기 위해서는 그때그때 코드를 수정할 수 있어야 하지만, 제품에 따라서는 곧바로 코드를 업데이트하는 것이 어려운 경우도 있습니다. 오프라인 환경이나 독립형 디바이스에서 동작하는 소프트웨어나 사용자에 의한 업데이트를 기대할 수 없는 애플리케이션 등이 이에 해당합니다. 또는 서드파티에 공개하는 라이브러리나 API를 만드는 경우에도 오래된 인터페이스를 버리기가 어려운 때가 많습니다. 데이터 스키마도

종류에 따라서는 업데이트나 마이그레이션이 어려울 수 있습니다. 이러한 경우에는 향후 어떤 기능이 필요할지 미리 염두에 두고 설계하거나, 버전 관리 및 업데이트가 가능한 시스템을 갖추어야 합니다.

또한, YAGNI는 어디까지나 '현재 사용하지 않는 기능의 구현'을 다루고 있다는 점도 주의해야 합니다. 기능의 필요성에 대한 논의나 검증, 필요한 기능의 설계나 구현 방법은 YAGNI의 대상이 아니므로 YAGNI를 이유로 정작 필요한 과정까지 생략하는 일이 없도록 유의해야 합니다.

1.3.3 KISS

"Keep it simple stupid."[5]

KISS는 록히드사의 엔지니어였던 켈리 존슨(Kelly Johnson)이 주장했으며 '바보스러울 정도로 단순하게 만들어라'라는 의미를 담고 있습니다. 단순할수록 신규 기능을 쉽게 추가할 수 있다는 뜻입니다. 코드를 단순하게 유지하기 위해서는 YAGNI에서 주장하는 '불필요한 기능은 구현하지 않는다'는 것 외에도 사양을 변경하거나 동일한 기능을 구현할 때 단순한 방식을 채택하는 등의 노력이 필요합니다.

반드시 지양해야 할 것은 자기 만족을 위해 코드를 복잡하게 만드는 행위입니다. 예를 들어 라이브러리나 프레임워크, 디자인 패턴 등을 '사용하고 싶어서 사용한다'는 식으로 수단이 목적이 되어서는 안 됩니다. 또 이미 사용하는 프레임워크나 표준 라이브러리에서 제공하는 기능을 직접 재구현하는 것도 코드를 복잡하게 만듭니다. 불필요한 것을 추가하지 않는 것이 단순함을 향한 지름길입니다.

ReactiveX의 자바용 라이브러리인 RxJava를 사용하는 코드로 살펴보겠습니

---

5 일반적으로 stupid 앞에 쉼표를 붙인 Keep it simple, stupid가 더 유명하지만 일부 문헌에서는 쉼표를 넣지 않은 Keep it simple stupid가 원래 표현이라고 합니다.

다. 코드 1-11의 getActualDataSingle은 ioScheduler의 스레드에서 data
Provider::provide를 호출하는 함수입니다.[6]

코드 1-11 RxJava의 사용 예

```
fun getActualDataSingle(): Single<List<Int>> = Single
    .fromCallable(dataProvider::provide)
    .subscribeOn(ioScheduler)
```

여기서 getActualDataSingle 함수를 간단히 테스트하기 위해 테스트용 값을
반환하는 getStubDataSingle 함수를 구현해 보겠습니다. 코드 1-12는 1, 10,
100의 리스트 값을 Single로 반환하는 간단한 테스트 코드입니다. 코드가 단순
한 만큼 테스트 값을 확인하기도 쉽습니다.

코드 1-12 ⊙ GOOD 테스트용 값을 반환하는 함수(간단한 구현)

```
fun getStubDataSingle(): Single<List<Int>> =
    Single.just(listOf(1, 10, 100))
```

코드 1-11은 fromCallable과 subscribeOn으로 구현된 반면, 코드 1-12는
just를 사용합니다. 만약 외관상의 일관성을 중시한다면 테스트 구현을 코드
1-13과 같이 작성할 수 있습니다.

코드 1-13 ✕ BAD 테스트용 값을 반환하는 함수(외관상 일관성을 중시한 경우)

```
fun getStubDataSingle(): Single<List<Int>> = Single
    .fromCallable { listOf(1, 10, 100) }
    .subscribeOn(ioScheduler)
```

코드 1-13은 실제 구현 코드인 코드 1-11과 동일한 메서드를 사용합니다. 즉,
외관상으로는 일관됩니다. 하지만 코드 1-13을 이용한 테스트에서 무엇을 검

---

6   Single은 ReactiveX의 Future Object와 같은 개념입니다.

증해야 하는지가 모호해지는 문제가 생깁니다. 단순히 subscribeOn이 추가되었을 뿐이라면 getStubDataSingle은 여전히 단순하지만, 테스트 코드 측면에서는 '테스트용 값'을 검증하기 위한 것인지, 아니면 '스케줄러로 ioScheduler를 사용해도 문제가 발생하지 않는 것'을 검증하기 위한 것인지가 헷갈립니다. 또한, 실제 구현에서 ioScheduler가 사용된다는 사실은 getActualDataSingle에 숨겨져 있어야 합니다. 따라서 스케줄러의 테스트는 호출자가 아닌 호출 대상이 되는 getActualDataSingle의 테스트 코드에서 이루어져야 합니다. 그리므로 getStubDataSingle에서 ioScheduler를 실행하는 것은 바람직하지 않습니다. 코드 1-13과 같이 작성하면 테스트의 책임 범위가 모호해집니다.

좀 더 극단적인 예를 들어 RxJava를 지나치게 적용하면 어떻게 되는지 살펴보겠습니다. 코드 1-13에서 RxJava는 값을 생성할 스레드를 지정하기 위해 사용되었습니다. 하지만 RxJava는 스레드 전환뿐만 아니라 스트림, 이벤트 처리, 오류 처리 등 다양한 용도로 사용될 수 있습니다. 그래서 코드 1-14에서는 RxJava를 사용해 1, 10, 100의 리스트를 만들었습니다. 결국, 테스트용 값으로 무엇을 검증하고자 하는지 더욱 이해하기 어려운 코드가 되어 버렸습니다.

코드 1-14 ❌BAD 테스트용 값을 반환하는 함수(라이브러리의 과도한 사용)

```
fun getStubDataSingle(): Single<List<Int>> = Observable
    .range(1, 2)
    .reduce(listOf(1)) { list, _ -> list + list.last() * 10 }
    .subscribeOn(ioScheduler)
```

코드 1-14와 같이 라이브러리 하나로 여러 가지 일을 하는 코드는 보기에 따라서는 '아름답다'고 할 수도 있습니다. 적은 규칙으로 모델을 구축하거나, 일관된 라이브러리나 프레임워크로 모든 요소를 표현하는 것이 기술적으로 우아하다고 느끼는 사람들도 적지 않습니다. 하지만 코드를 작성한 본인이 우아한 코드라고 느낀다고 해서 다른 사람에게도 읽기 편한 코드가 되는 것은 아닙니다. **아름답고 우아한 코드가 반드시 가독성이 높다고는 할 수 없습니다.** '자신이 작성하기 편한 코드'가 아닌 '다른 사람이 읽기 편한 코드인가'에 주목해야 합니다.

1.3.4 단일 책임의 원칙

"A class should have only one reason to change."

—— *Robert C. Martin*

클래스 하나에 부여하는 책임과 역할은 오직 하나뿐이어야 한다는 의미를 가진 '단일 책임의 원칙'도 보이스카우트 원칙과 마찬가지로 로버트 C. 마틴이 제시했습니다. SOLID라는 객체지향의 원칙 중 하나이며, 번역하면 '클래스가 변경되는 이유는 단 한 가지여야 한다'입니다.

'클래스의 책임과 역할은 하나뿐이다'라는 말은 '클래스가 가진 메서드가 적을수록 좋다'는 의미로 받아들여질 수 있지만, 실제로는 그렇지 않습니다. 공개 메서드가 하나만 있더라도 클래스의 책임은 커질 수 있습니다. 가장 대표적인 예는 코드 1-15와 같이 공개 메서드 하나에서 모든 작업을 수행하는 경우입니다. 이 코드를 보면 한 클래스가 가지는 메서드 수나 코드의 행 수가 반드시 책임의 크기에 비례하지 않는다는 것을 알 수 있습니다. 이러한 피상적인 숫자는 책임의 크기를 가늠하는 데 참고 정도로만 활용하는 것을 추천합니다.

코드 1-15 ❌ BAD 뭐든지 하는 메서드를 가진 클래스

```
class Alviss {
    // 텍스트 표시, 장치 파괴, 로켓 발사 등 여러 가지를 할 수 있습니다
    fun doEverything(state: UniverseState) { ... }
}
```

기존 클래스가 가진 책임이 큰 경우, 여러 클래스로 나누어 개별 클래스의 책임을 줄일 수 있습니다. 이를 도서관의 도서 대출 상태를 관리하는 클래스(코드 1-16)를 사용하여 설명하겠습니다.

코드 1-16 ❌ BAD 도서 대출 상태를 관리하는 클래스(클래스 하나로 묶은 경우)

```
class LibraryBookRentalData(
    // 도서 정보. ID와 제목 리스트
    val bookIds: MutableList<BookId>,
```

```
    val bookNames: MutableList<String>,

    // 도서 대출 정보. 이용자 이름과 반납 기한의 맵
    val bookIdToRenterNameMap: MutableMap<BookId, String>,
    val bookIdToDueDateMap: MutableMap<BookId, Date>
){
    fun findRenterName(bookName: String): String?
    fun findDueDate(bookName: String): Date?
}
```

이 클래스는 반납 기한, 이용자 등 대출 상태를 나타내는 정보 외에도 보유 도서 목록, 전체 이용자 목록 정보도 가지고 있습니다. 이처럼 클래스 하나가 다수의 정보를 관리하는 상황에서 사양을 변경해야 할 때 영향 범위를 확인하기가 복잡합니다. 예를 들어 보유한 도서에 저자명을 추가한다고 가정해 봅시다. 저자명을 추가하는 것은 현재 책을 빌리고 있는 이용자나 반납 기한과는 아무런 관련이 없습니다. 하지만 같은 클래스 내에서 데이터를 관리하고 있다면 추가한 데이터가 이용자나 반납 기한에 영향을 미치지 않는지 확인해야 합니다. 이러한 상황을 피하기 위해 한 클래스의 책임과 역할은 하나로 한정하는 것이 좋습니다. 이 경우는 코드 1-17과 같이 나눌 수 있습니다.

코드 1-17 ⊙ GOOD 도서 대출 상태를 관리하는 클래스(클래스를 적절하게 나눈 경우)

```
class BookModel(val id: BookId, val name: String, ...)
class UserModel(val name: String, ...)

class CirculationRecord(
    val onLoanBookEntries: MutableMap<BookModel, Entry>
) {
    class Entry(val renter: UserModel, val dueDate: Date)
    ...
}
```

도서 정보를 BookModel로, 이용자 데이터를 UserModel로 분리함으로써 대출을 관리하는 CirculationRecord의 책임이 줄어들었습니다. 도서 목록이나 전체 이용자 목록은 CirculationRecord의 외부에 만들 수 있습니다. 이렇게 객체별로 모델을 나누는 방법 외에도 로직을 레이어와 컴포넌트로 나누거나, 유틸리티 메서드를 별도의 클래스로 분리하는 것은 책임 범위를 한정하는 좋은 방법입니다.

클래스가 지금 얼마나 많은 책임을 지고 있는지 확인하려면 해당 클래스가 무엇을 하고 있는지 파악하고 요약을 작성해 보는 것도 도움이 됩니다. 만약 요약이 어렵거나 요약이라고 할 수 있을 정도로 간결하게 정리되지 않는다면 그 클래스는 나누어야 한다고 판단해도 좋습니다.

1.3.5 섣부른 최적화는 만악의 근원

"We should forget about small efficiencies, say about 97% of the time:
premature optimization is the root of all evil."

—— *Donald Knuth*[7]

연산 시간 단축이나 메모리 사용량 감소와 같은 최적화를 결코 가볍게 생각해서는 안 됩니다. 컴퓨터 과학의 유명한 거장 도널드 커누스(Donald Knuth)는 최적화의 97%는 쓸모없는 일이라고 주장합니다. 충분한 효과를 기대할 수 없는 최적화는 쓸모없을 뿐만 아니라 오히려 코드를 복잡하게 만들고 가독성을 떨어뜨리는 결과를 가지고 온다고 말합니다. 효과가 미미한 최적화는 오버헤드 비용으로 되려 성능 저하를 초래할 수 있으며, 컴파일러나 옵티마이저의 최적화를 방해할 수도 있습니다. 경우에 따라서는 최적화를 컴파일러나 옵티마이저에 맡기는 것이 더 큰 효과를 얻을 수 있습니다.

코드를 복잡하게 만드는 최적화의 예로는 다음과 같은 것이 있습니다.

- 가변 객체 재사용 및 재활용
- 인스턴스 풀

---

7   Knuth, D. E. (1974). Structured Programming with go to Statements. ACM Computer Surveys, 6(4), 261–301.

- 지연 초기화

- 캐시

- 코드의 중복된 인라인 전개

한편, 코드를 복잡하게 만들지 않는 선에서의 최적화는 허용됩니다. 표준 라이브러리나 사용 중인 플랫폼에서 제공하는 최적화라면 사용해도 문제되지 않을 것입니다. 예를 들어 자바의 Integer#valueOf는 캐시된 인스턴스를 반환할 수 있습니다. 하지만 Integer를 사용하는 코드가 이를 의식할 필요는 거의 없으며, 코드가 복잡해지는 경우도 드뭅니다.

또한, 최적화를 통해 코드를 간결하게 만들 수 있다면 기꺼이 최적화를 수행해야 합니다. 다음은 가독성을 높이는 최적화의 좋은 예입니다. 코드 1-18에서는 Entry 집합을 유지하는 방법으로 리스트와 맵을 비교하고 있습니다. 두 방법 모두 expectedKey에 해당되는 Entry 인스턴스를 취득하고 있지만, 맵을 사용하는 쪽의 코드가 더 간결합니다. 맵의 구현에 따라 다르겠지만, 요소를 검색하는 데 필요한 연산 시간도 기본적으로 맵이 더 빠릅니다. 이러한 경우에는 리스트로 작성된 코드를 맵으로 재작성하는 것이 더 효율적일 수 있습니다.[8]

코드 1-18 리스트와 맵 비교

```
val expectedKey: Key = ...

// 리스트로 Entry 집합 관리
val list: List<Entry> = ...
val entry: Entry? = list.firstOrNull { entry -> entry.key == expectedKey }

// 맵으로 Entry 집합 관리
val map: Map<Key, Entry> = ...
val entry: Entry? = map[expectedKey]
```

---

8 이 경우 메모리 사용량이나 키가 중복되는 경우의 동작, 순서를 유지할 수 있는지에 따라 달라질 수 있습니다. 다시 작성할 때 이러한 점에 문제가 없는지 확인해야 합니다.

지금까지 코드를 복잡하게 만드는 최적화는 피해야 한다고 주장했지만, 현실에서는 코드의 복잡도를 높이는 최적화가 필요한 경우도 있습니다. 도널드 커누스 역시 97%의 '만악의 근원'을 다룬 후 '3%의 중요한 경우를 놓쳐서는 안 된다'[9]며 예외를 언급했습니다. 다만, 코드를 복잡하게 만드는 최적화를 할 때는 '최적화 대상'과 '개선 기대치'를 명확히 정의해야 합니다. 작업을 수행하기 전에 개선하고자 하는 것이 연산 시간인지, 메모리 또는 여타 리소스의 사용량인지, 데이터 전송량인지 등 최적화할 대상을 먼저 정합니다. 그런 다음 기존 코드가 어느 정도의 성능을 내고 있는지를 측정하여 최적화의 필요성을 시각화하는 작업이 이루어져야 합니다. 최적화한 이후에도 마찬가지로 측정하여 성능 개선과 코드의 복잡성 사이의 균형을 확인해야 합니다. 또한, 최적화 대상이 되는 기능이 얼마나 자주 사용되는지도 확인해야 합니다. 기능의 성능이 큰 폭으로 개선된다 하더라도 많이 사용되지 않는 기능이라면 최적화의 효과가 미미할 수 있습니다.

1.4 / 정리

이 장에서는 가독성이 생산성에 가져다주는 혜택, 가독성을 높이는 구체적인 방법과 요건들을 알아보았습니다. 개발에서 코드를 '읽는 작업'에 투입되는 비용이 실제로는 매우 크며, 코드의 가독성을 높이면 곧 제품의 성장 한계치를 높이게 됩니다. 이를 실현하기 위해서는 개인의 평가 기준을 포함한 업무 환경의 개선도 고려해야 합니다. 가독성이 높은 코드가 무엇인지 알아보고, 가독성을 높이기 위한 발판이 되는 아이디어를 소개했습니다. 이어 유용하게 활용할 수 있는 프로그래밍 원칙 중 다음 다섯 가지를 소개했습니다.

---

9   "Yet we should not pass up our opportunities in that critical 3%."

- **보이스카우트 규칙**: 코드를 변경할 때는 기존 코드를 함께 개선한다.
- **YAGNI**: 기능은 필요할 때만 구현한다.
- **KISS**: 구현을 단순하게 유지한다.
- **단일 책임의 원칙**: 클래스의 책임을 명확하고 작게 유지한다.
- **성급한 최적화는 만악의 근원**: 코드를 복잡하게 만드는 최적화를 피한다. 필요하다면 성능을 측정한다.

앞의 원칙을 비롯한 모든 프로그래밍 원칙은 상황에 따라 적합한 경우와 그렇지 않은 경우가 있습니다. 주의할 점은 프로그래밍 원칙을 적용하는 것 자체가 목적이 되어서는 안 된다는 것입니다. 이를 통해 무엇을 개선하고자 하는지를 의식하는 것이 중요합니다.

2^장

네이밍

코드를 작성할 때는 이름이나 주석과 같은 형태로 자연어를 다루게 됩니다. 이러한 자연어 처리는 코드의 가독성에 영향을 크게 미칩니다. 이 장에서는 어떻게 네이밍해야 가독성을 높일 수 있는지를 구체적인 예시로 설명합니다. 다만, 이 장에서 다루는 내용은 어디까지나 일반론에 지나지 않습니다. 프로그래밍 언어, 플랫폼, 혹은 프로젝트에서 요구하는 네이밍 규약이 있다면 그것을 우선적으로 따르는 것이 바람직합니다. 또한, 이 장에서는 주로 영어를 사용하는 것을 전제로 하고 있지만, 다른 자연어를 네이밍에 사용하는 경우에도 동일하게 적용할 수 있습니다. 네이밍의 대상은 프로그래밍 언어에 따라 다르겠지만, 대략 다음과 같은 것이 있습니다.

- **클래스**(인터페이스, 열거형, 구조체, 프로토콜, 트레이트 등을 포함)
- **변수**(상수, 프로퍼티, 필드, 인수, 로컬 변수 등을 포함)
- **함수**(메서드, 프로시저, 서브루틴 등을 포함)
- **범위**(패키지, 모듈, 네임스페이스 등을 포함)
- **리소스**(파일, 디렉터리, ID 등을 포함)

코드의 가독성을 높이려면 코드 네이밍은 **정확**하고 **설명적**이어야 합니다.

- **정확**: 정확하다는 것은 명명된 이름과 실제로 사용되는 의미가 일치한다는 뜻입니다. 예를 들어 isVisible이라는 변수 이름은 값이 true일 때 시각적인 무언가가 표시된다는 것을 의미합니다. 만약 변수 이름이 오디오로 사용되거나, 값이 false일 때 무언가 보이는 상태가 된다면 이름과 의미가 일치하지 않는, 정확하지 않은 이름이라고 할 수 있습니다.
- **설명적**: 설명적이라는 것은 이름만 보고도 그것이 무엇인지 알 수 있는 것을 말합니다. 예를 들어 w나 h라는 변수 이름보다 width나 height라는 변수 이름이 내용을 이해하기 쉽기 때문에 더 설명적이라고 할 수 있겠습니다. 또 다른 예로, 변수 이름이 image라면 이미지의 비트맵 데이터인지, 이미지가 존재하는 URL인지, 아니면 이미지를 표시하기 위한 뷰인지가 모호합니다. 이럴 경우 각각 imageBitmap, imageUrl, imageView로 네이밍하는 것이 더 설명적이라고 할 수 있습니다.

이번 장에서는 정확하고 설명적인 네이밍을 위한 방법을 **영문법**, **이름이 가진 함축적 의미**, **단어 선택** 세 가지 주제로 나누어 살펴보고, 이를 코딩 규약에 어떻게 적용할 수 있는지를 소개합니다.

2.1 네이밍에 사용하는 영문법

영어 단어를 사용하여 이름을 지을 때는 영문법에 가까운 형태로 어순과 형태를 정하는 것이 좋습니다. 영문법을 무시하고 단순히 단어를 나열하면 이름을 해석하기 어려워집니다. 그런 이름은 단지 어려울 뿐만 아니라 자칫 오해할 소지가 있고, 더 나아가 버그의 원인이 될 수도 있습니다.

예를 들어 어떤 클래스에 `ListenerEventMessageClickViewText`라고 네이밍을 했다고 가정해 봅시다. 이를 단순히 명사구처럼, 즉 앞부터 순서대로 읽으면 '리스너를 대상으로 하는 이벤트의 메시지(??)를 표시하는 클릭 뷰(??)의 텍스트'가 됩니다. 이렇게 읽으면 '이 클래스는 무언가의 텍스트다'라고 해석할 수 있지만, 나머지 부분의 의미를 파악하기가 어렵습니다. 그럼 다른 방식으로도 읽어보겠습니다. '리스너일 수도 있고, 이벤트일 수도 있고, 뷰일 수도 있는 클래스'. 이와 같이 `ListenerEventMessageClickViewText`에서 '이 클래스가 무엇인가'를 예상하기 위해서는 퍼즐처럼 단어 순서를 바꿔 가며 여러 가지 가능성을 찾아야 합니다. 특히 의미가 비슷한 단어가 여러 번 나오면 더욱 혼란스러울 것입니다.

이번에는 `MessageTextViewClickEventListener`라는 네이밍을 생각해 봅시다. 앞에서와 같이 이름이 명사구라고 한다면 '메시지를 표시하는 텍스트 뷰에서 발생한 클릭 이벤트의 리스너'라고 해석할 수 있습니다. 즉, 이 클래스는 이벤트 리스너임을 알 수 있으며, 더 자세한 정보는 `EventLister` 앞부분을 통해 얻을 수 있습니다. 가령 '어떤 이벤트인가?'에 대해서는 바로 앞의 Click 부분으로 'UI의 클릭 이벤트'라고 이해할 수 있습니다. 또, '무엇에 대한 클릭 이벤트인가?'라는 질문에는 그 앞의 MessageTextView로 '메시지 텍스트를 표시하는 뷰의 클릭 이벤트'라고 대답할 수 있을 것입니다. 이처럼 영문법을 의식해 네이밍하면 더 명확하게 해석하고 이해할 수 있게 도와줍니다.

네이밍할 때 어떤 영문법을 사용할 것인가는 네이밍 대상에 따라 달라집니다. 기본적으로 클래스나 변수에는 명시 또는 명사구를 사용하고, 함수에는 명령문을 사용합니다. **명사(구)**와 **명령문** 두 가지 네이밍 방식은 대부분의 프로그래밍 언어나 제품에서 공통적으로 사용되는 개념이기 때문에 더욱 주의 깊게 살펴봐야 합니다. 이제 자바와 코틀린의 예시로 어떻게 네이밍하는지 알아보겠습니다.

2.1.1 명사 또는 명사구

명사나 명사구는 HashSet과 같은 클래스나 인터페이스의 네이밍이나 imageView 와 같은 변수나 인수의 네이밍에 사용됩니다. 또, size(), length()과 같이 속성이나 상태를 반환하는 함수나 listOf()처럼 새로 생성된 객체를 반환하는 함수에도 명사(구)를 사용합니다.

명사구를 사용할 때는 '네이밍의 대상이 무엇인지를 나타내는 단어'를 마지막에 두는 것이 좋습니다. 대상을 나타내는 단어는 '가장 중요한 단어'라고 할 수 있습니다. 예를 들어 '버튼의 높이'라면 여기서 중요한 단어는 '높이'이고, '버튼의'는 '높이'의 수식어에 지나지 않습니다. 따라서 '높이'에 해당하는 height를 이름 마지막에 두고 button을 그 앞에 붙이는 것이 좋습니다. 만약 heightButton 이라는 이름이 된다면 '높이 버튼', 즉 '높이를 설정하는 버튼'으로 잘못 해석될 수 있습니다.

하지만 범위를 한정하는 단어가 많아지면 중요한 단어를 마지막에 두는 것이 어려워집니다. 예를 들어 '세로 화면 모드일 때의 버튼 높이'라는 네이밍을 할 때 마지막 단어를 height로 하면 portraitModeButtonHeight가 될 것입니다. 이 이름으로는 `portraitMode`가 무엇을 한정하는지 모호해서 '세로 화면 모드로 전환하기 위한 버튼의 높이'인지 '세로 화면 모드일 때의 버튼 높이'인지를 알 수 없게 됩니다. 이럴 때는 전치사를 사용하여 수식어를 뒤에 배치할 수 있습니다. 앞의 예에서 전치사 `in`을 사용하면 `portraitMode`를 뒤로 이동시켜 `buttonHeightInPortraitMode`라고 할 수 있습니다. 하지만 여러 곳에서 참조할 수 있는 클래스의 이름을 지을 때도 이러한 네이밍 방식을 적용하면 오히려 가독성을 떨어뜨리는 요인이 될 수 있습니다. 따라서 네이밍에 전치사를 사용하는 것은 변수나 함수의 이름, 비공개 내부 클래스 등으로 제한하는 것이 좋습니다.

또한, 전치사를 사용하는 것은 어디까지나 예외적인 경우이며, 기본적으로 역시 중요한 단어를 가장 마지막에 두는 것이 바람직합니다. 이를 위해서 더욱 신중한 단어 선택이 요구되기도 합니다. 여기서는 사용자 수를 정수로 표현하는 경우를 예로 들어보겠습니다. 우선 `numUsers`라는 변수 이름은 '인원수'를 의미하는 `num`이 마지막에 위치하지 않으므로 적절하지 않습니다. `numUsers`를 고쳐 쓴다면 `numOfUsers`가 좋은 후보인데, 가급적이면 전치사를 사용하는 것보다는 '인원수'를 의미하는 단어를 마지막에 두는 것이 좋겠습니다. 그렇다면 단어의 순서를 바꾸어 `userNumber`로 변경해 보겠습니다. 하지만 이번에는 `number`를 '사용자의 식별자(ID)를 나타내는 값'을 나타내는 단어라고 오해할 수 있습니다. 이때 `num`, `number`를 대체할 만한 단어로 count나 total을 생각할 수 있습니다. `userCount`나 `userTotal`이라는 이름은 오해의 소지가 적고, 정수 값을 나타내는 단어가 맨 마지막에 배치되어 있으므로 보다 명확해집니다.

속성이나 상태를 반환하는 함수의 경우, 함수의 인수까지 포함하여 명사구가 되도록 전치사를 사용하는 경우가 있습니다. 예를 들어 인덱스를 반환하는 `indexOf(element)`나 인수 중 최댓값을 반환하는 `maxValueIn(array)` 같은 함수를 예로 들 수 있습니다. 이 형식을 사용할 때는 중요한 단어를 전치사 바로 앞에 배치하는 것이 좋습니다.[1]

---

1   스위프트(Swift)의 경우, 인수와 다른 이름을 인수의 레이블로 지정할 수 있습니다. 따라서 스위프트에서는 `index(of: element)`나 `maxValue(in: array)`와 같이 전치사를 함수 이름에 포함하지 않고 인수의 레이블로 사용하는 경우가 많습니다.

2.1.2 명령문

프로시저나 메서드를 포함한 함수의 네이밍에는 명령문을 사용합니다. 명령문을 사용할 때는 동사 원형을 이름 앞에 붙이는 것이 좋습니다. 예를 들어 '사용자의 동작을 기록한다'라는 함수에서는 '기록하다'에 해당하는 log라는 단어를 앞에 배치하고 logUserAction이라고 네이밍합니다. 만약 명령문이 아닌 어순으로 만들거나 부사를 맨 앞에 두면 가독성이 떨어집니다. 또한 userActionLog 처럼 어순을 바꾸면 '기록하는 것'이 아닌 '기록된 것'으로 잘못 해석될 수 있습니다. 이처럼 log와 같이 여러 가지 품사로 쓰이는 단어를 사용할 때는 어순이 바뀌면 의미도 달라진다는 점에 유의해야 합니다.

앞서 언급했듯이 속성이나 상태를 반환하는 함수에 한해서는 명사(구)를 사용하기도 합니다. 명사(구)를 사용한 함수 이름을 명령문으로 바꾸고 싶다면 get, query, obtain 등의 동사를 사용할 수 있습니다. 이러한 동사를 적절히 사용함으로써 함수를 실행할 때 부수 효과(side effect)[2]를 예상하거나 실행 시간과 같이 함수를 실행하거나 평가할 때의 조건을 암시할 수 있습니다. 이를 바꿔 말하자면, 부수 효과가 있는 함수나 실행 시간이 오래 걸리는 함수는 비록 속성이나 상태를 반환하는 함수라 할지라도 명사(구)보다는 명령문이 더 적합하다고 할 수 있겠습니다.

한편, 명사(구)와 마찬가지로 인수를 취하는 경우에는 compareTo(value)와 같이 인수의 이름을 포함하여 명령문을 구성하기도 합니다.

2.1.3 그 외의 영문법

프로그래밍 언어에 따라서는 형용사나 부사, 의문문 등을 추가로 사용하기도 합니다. 이번에도 마찬가지로 자바와 코틀린의 예로 살펴보겠습니다.

---

2 함수의 내부에 닫힌 로컬 환경 이외의 환경을 변경하는 것을 사이드 이펙트 또는 부수 효과(부작용)라고 합니다. 예를 들어 수신 객체나 인수의 상태를 바꾸거나 파일, 네트워크 등의 I/O로 외부 환경에 영향을 주는 함수는 부수 효과가 있는 함수입니다. 반면, 로컬 변수만 바꾸는 함수는 이를 참조하는 클로저가 없는 한 부수 효과가 없는 함수입니다.

- **형용사나 형용사구 또는 분사**: 성질이나 상태를 나타내는 클래스나 변수에는 Iterable과 같은 형용사(구)나 Playing, Finished와 같은 분사(동사의 현재분사나 과거분사)를 사용할 수 있습니다. 특히 단일 메서드 인터페이스나 상태를 나타내는 열거자나 상수 값에 많이 사용됩니다.
- **3인칭 단수 현재형 동사 및 조동사와 그에 따른 의문문**: 참/거짓 값을 가지는 변수 또는 참/거짓 값을 반환하는 함수에서 사용합니다. 즉, contains, shouldUpdate와 같이 3인칭 단수의 현재형 동사나 조동사를 사용하거나 isTextVisible과 같이 의문문으로 네이밍합니다. 또 equalsTo(value)처럼 인수를 포함해 네이밍하는 경우도 있습니다.
- **전치사를 수반하는 부사구**: toInt, fromMemberId, asSequence와 같이 타입을 변환하는 함수 또는 onFinished와 같은 콜백에서 사용합니다.

품사나 문형은 명사(구)나 명령문과는 달리 프로그래밍 언어마다 사용하는 방식이 다릅니다. 예를 들어 파이썬에서는 sorted 함수처럼 형용사나 분사를 '특정 조건을 만족하는 새로운 객체를 반환하는 함수'로 사용하는 경우가 많습니다. 그래서 품사를 사용할 때는 그 품사나 문형이 여러 가지 의미를 갖지 않도록 주의해야 합니다. 만약 형용사와 분사의 용법을 파이썬의 방식에 맞추기로 결정했다면 그 제품에서는 형용사나 분사를 다른 목적(참/거짓 값을 나타내는 변수나 함수, 속성이나 상태를 나타내는 클래스나 변수 등)으로 사용해서는 안 됩니다.

2.1.4 문법을 무시하고 네이밍하는 이유

지금까지 이해하기 쉬운 이름을 짓기 위해 영문법이 중요하다는 것을 알아보았습니다. 하지만 실제로는 처음에 제시한 ListenerEventMessageClickViewText와 같이 문법을 무시한 이름도 종종 볼 수 있습니다. 왜 이런 경우가 발생하는지 UserActionEvent라는 이벤트 클래스(코드 2-1)로 살펴보겠습니다.

코드 2-1 이벤트 클래스 정의

```
open class UserActionEvent
```

UserActionEvent에서는 서브클래스로 더 구체적인 이벤트를 정의하는 것을 가정하고 있습니다. 여기서는 클릭과 드래그의 UI 이벤트를 정의한다고 가정하겠습니다. 명사구 문법을 따른다면 서브클래스는 코드 2-2와 같이 정의됩니다.

코드 2-2 ⊙GOOD 이벤트 클래스의 서브클래스(영문법에 따른 경우)

```
class ClickActionEvent : UserActionEvent()
class DragActionEvent : UserActionEvent()
```

앞 코드에서 ActionEvent 앞부분이 정렬되지 않아 깔끔하지 않다고 느낄 수도 있습니다. 문자열이 가지런히 정돈된 느낌이나 미려함을 중시한다면 코드 2-3과 같이 정의할 수도 있겠습니다.

코드 2-3 ✕BAD 이벤트 클래스의 서브클래스(외관상의 통일감을 중시하는 경우)

```
class UserActionEventClick : UserActionEvent()
class UserActionEventDrag : UserActionEvent()
```

UserActionEvent 부분이 나란히 정렬된 모양새를 갖추고 있기 때문에 코드 2-3이 더 보기 좋다고 느끼는 사람도 있을 겁니다. 하지만 이 이름은 변경을 거듭할수록 가독성이 급격히 떨어지게 됩니다. 가령 UserActionEventClick을 클릭하는 대상에 따라 복수의 서브클래스로 나눈다고 가정해 봅시다. 앞서와 마찬가지로 외관의 통일성을 우선한다면 코드 2-4와 같이 클릭 대상을 나타내는 단어를 마지막에 붙이게 될 것입니다.

코드 2-4 ✕BAD 클릭 대상별로 나눈 이벤트 클래스

```
class UserActionEventClickMessageText : UserActionEvent()
class UserActionEventClickProfileImage : UserActionEvent()
```

UserActionEventClick 부분이 모두 갖추어져 있기 때문에 코드를 정의한 곳에서는 이것이 클릭 이벤트를 의미한다고 해석할 수도 있습니다. 하지만 코드 2-5와 같이 이벤트 클래스를 사용하는 쪽에서는 클래스에 대한 사전 지식

이 없다면 정확하게 이해하기가 어렵습니다. 높은 확률로 `UserActionEvent ClickMessageText`를 이벤트 클래스가 아닌 텍스트 클래스로 잘못 이해할 수도 있습니다.

코드 2-5 **X BAD** 이벤트 클래스를 사용한 코드

```
mutableListOf<UserActionEventClickMessageText>()
```

예시에서 알 수 있듯이 심미성, 통일성, 일관성은 가독성을 위한 **수단**일 뿐 그 자체가 목적이 되면 안 됩니다. 네이밍에 있어 중요하게 생각해야 할 기준은 이름만으로도 코드를 이해할 수 있는지 여부이며, 외형의 미려함과 같은 개인적 취향이나 기호에 따라 결정되면 안 된다는 말입니다. 영문법에 따르는 네이밍을 이용한다면 자연스레 이러한 문제를 해결할 수 있습니다.

2.2 이름에서 알 수 있는 내용
CODE READABILITY

이름은 네이밍의 대상(클래스, 함수, 변수)이 '무엇이며, 무엇을 하는지'를 표현해야 합니다. 바꾸어 말하면 이름에서는 그 대상이 '언제, 어디서, 어떻게 사용되는지'를 언급해서는 안 됩니다. 다음 예시로 살펴보겠습니다.

적절한 이름: 대상이 무엇인지, 무엇을 하는지를 나타내는 이름

- `MessageListProvider`: 메시지 리스트를 제공하는 클래스
- `userId`: 사용자 ID
- `showErrorDialog`: 오류 대화 상자를 표시하는 함수

부적절한 이름: 언제, 어디서, 어떻게 사용되는지를 나타내는 이름

- `onMessageReceived`: 메시지를 받았을 때 호출되는 함수
- `isCalledFromEditScreen`: 편집 화면에서 호출되었을 때 true가 되는 값
- `idForNetworkQuery`: 네트워크 쿼리에 사용되는 고유한 식별자(사용자의 ID일 수도 있고, 쿼리의 식별자일 수도 있음)

대상이 무엇인지, 무엇을 하는지를 네이밍으로 설명함으로 **대상의 책임 범위가 어디까지인지**, 그리고 **대상을 사용하는 코드가 무엇을 수행하는지** 이 두 가지가 더 명확해집니다. 책임 범위가 분명해지면 관련 없는 기능이 대상에 추가되는 것을 방지할 수 있습니다. 다음으로, 대상을 사용하는 코드의 동작이 명확해지면 단순히 가독성이 향상될 뿐 아니라 착오로 발생하는 버그를 미연에 방지할 수도 있습니다. 자세한 이점을 설명하기 위해 인수 이름과 함수 이름을 예로 들겠습니다.

2.2.1 인수 이름

먼저, 사용자 목록을 가져와서 표시하는 showUserList라는 함수가 있다고 가정해 봅시다. 함수의 '목록 가져오기' 동작은 실패할 수도 있는데, 이때 동작은 다음과 같습니다.

- 호출자가 LandingScreen이라는 클래스인 경우: 오류 대화 상자를 표시함
- 호출자가 그 외의 다른 클래스인 경우: 아무것도 하지 않음

showUserList는 참/거짓 값을 인수로 받아 그 값에 따라 오류 대화 상자의 표시 여부를 결정합니다.[3] 이 인수를 담을 매개변수는 'true일 때 무엇을 하는지'에 초점을 두고 네이밍해야 합니다. 즉, 코드 2-6과 같이 '실패 시 대화 상자를 표시해야 한다면 true'라고 네이밍하는 것이 바람직합니다. 반면, 코드 2-7

---

3   이 장에서는 네이밍에 초점을 맞추지만, 참/거짓 값인 인수에 따라 동작을 변경하는 구조 자체에도 문제가 있습니다. 자세한 내용은 6.2.3절을 참고하기 바랍니다.

과 같이 '호출자가 LandingScreen일 때 true'라고 네이밍하는 것은 매개변수의
참/거짓 값이 '무엇을 하는지'가 아닌, '누가 호출하는지'를 설명하기 때문에 적
절하지 않습니다.

코드 2-6 **◉ GOOD** '무엇을 하는지'를 설명하는 매개변수 이름

```
fun showUserList(shouldShowDialogOnError: Boolean)
```

코드 2-7 **✕ BAD** '어디서 호출하는지'를 설명하는 매개변수 이름

```
fun showUserList(isCalledFromLandingScreen: Boolean)
```

코드 2-6과 같이 shouldShowDialogOnError로 네이밍하면 true나 false가 전
달되었을 때 어떤 일이 일어나는지 함수 선언만 봐도 알 수 있습니다. 하지만
코드 2-7의 isCalledFromLandingScreen이라는 이름은 인수 값에 따라 어떤
일이 일어나는지 알려면 함수 내부의 코드를 읽어야만 합니다.

문제는 여기서 그치지 않습니다. isCalledFromLandingScreen은 사양을 조금
만 변경해도 함수 이름이 가진 의미와 실제 함수가 수행하는 기능에 차이가 발
생하게 됩니다. LandingScreen과는 별개 화면인 EditScreen이라는 화면에서
도 오류 대화 상자를 표시하도록 사양이 변경되었다고 가정해 봅시다. 이 경
우, 코드 2-8과 같이 LandingScreen이 아님에도 isCalledFromLandingScreen
에 true를 전달하는 코드가 작성될 수 있습니다. 이처럼 호출하는 대상을 나
타내는 네이밍은 그 이름이 가진 의미와 실체가 어긋나기 쉽습니다. 더구나
showUserList 부분만 보고는 어긋난 것을 알아차릴 수가 없으며, EditScreen
을 호출하는 부분을 봐야만 이를 파악할 수 있습니다.

코드 2-8 **✕ BAD** 인수의 이름과 실체가 어긋나는 예

```
class EditScreen {
    fun ...() {
        // 여기가 LandingScreen은 아니지만, 오류 대화 상자는 표시하고 싶다
        showHistory(isCalledFromLandingScreen = true)
```

```
        }
}
```

또 다른 문제는 isCalledFromLandingScreen은 값의 책임 범위가 명확하지 않기 때문에 원래 목적과 다른 용도로 사용될 수 있다는 점입니다. 예를 들자면 코드 2-9와 같이 isCalledFromLandingScreen이 헤더 제목을 결정하기 위해 사용될 수도 있습니다.

코드 2-9 ❌ BAD 인수 이름이 원래의 목적과 다른 용도로 사용되는 예

```
fun showUserList(isCalledFromLandingScreen: Boolean) {
    // 사용자 목록 표시를 위한 코드
    ...
    // 제목 표시에 isCalledFromLandingScreen을 사용
    headerView.title = if (isCalledFromLandingScreen) {
        LANDING_SCREEN_TITLE
    } else {
        OTHER_SCREEN_TITLE
    }
}
```

코드 2-8과 코드 2-9가 동시에 변경된다면 상황은 더욱 심각해집니다. EditScreen에서 showUserList를 호출할 때도 LANDING_SCREEN_TITLE이 제목으로 표시되는 버그가 발생합니다. 이때 shouldShowDialogOnError로 네이밍한다면 인수의 목적을 대화 상자의 표시를 결정하는 의미로 한정할 수 있기 때문에 이러한 버그를 미연에 방지할 수 있습니다.

2.2.2 함수 이름

다음으로 '메시지를 받았을 때 내용을 표시하는' 함수를 네이밍해 보겠습니다. 함수 이름은 '내용을 표시한다'는 점에 초점을 맞추어 showReceivedMessage로 하겠습니다(코드 2-10). 반면에 '메시지를 받았을 때'에 착안하여

onMessageReceived로 네이밍하는 것은 적절하지 않습니다(코드 2-11). 마찬가지로 '메시지를 받으면 저장한다'는 함수의 경우라면 storeReceivedMessage는 적절하지만, onMessageReceived는 적절하지 않습니다.

코드 2-10 ⊙ GOOD '무엇을 하는지'를 설명하는 함수 이름

```kotlin
class MessageViewPresenter {
    fun showReceivedMessage(model: MessageModel) { ... }
}

class MessageRepository {
    fun storeReceivedMessage(model: MessageModel) { ... }
}
```

코드 2-11 ✗ BAD '언제 호출해야 하는지'를 설명하는 함수 이름

```kotlin
class MessageViewPresenter {
    fun onMessageReceived(model: MessageModel) { ... }
}

class MessageRepository {
    fun onMessageReceived(model: MessageModel) { ... }
}
```

두 가지 네이밍 방법의 차이는 호출하는 쪽의 코드를 비교해 보면 더욱 명확해집니다. 코드 2-12는 적절한 이름의 호출자 코드이지만, 코드 2-13은 부적절한 이름의 호출자 코드입니다.

코드 2-12 ⊙ GOOD 코드 2-10의 함수를 호출하는 코드

```kotlin
presenter.showReceivedMessage(messageModel)
repository.storeReceivedMessage(messageModel)
```

코드 2-13 ✗ BAD 코드 2-11의 함수를 호출하는 코드

```kotlin
presenter.onMessageReceived(messageModel)
repository.onMessageReceived(messageModel)
```

코드 2-12는 presenter와 repository로 무엇을 하고자 하는지 명확하게 알 수 있지만, 코드 2-13에서는 onMessageReceived 함수가 무엇을 하는지 알 수 없습니다. 코드 2-13이 구체적으로 어떤 처리를 하는지 알기 위해서는 세부 구현까지 읽어 봐야 합니다. 또한, 호출자 입장에서는 onMessageReceived를 호출하는 시점이 곧 '메시지를 받았을 때'라는 점을 잘 알고 있으므로 '언제 호출되는지'에 대한 이름은 정보를 더 많이 제공하는 데 도움이 되지 않습니다.

그뿐만 아니라 onMessageReceived로 네이밍하면 해당 함수의 책임 범위도 모호해집니다. 이 예제에서 MessageViewPresenter 클래스는 메시지를 표시하는 역할만 책임져야 하지만, 코드 2-14처럼 다른 클래스의 onMessageReceived를 호출하는 코드가 섞여 있어도 함수 이름만 봐서는 이상함을 알아차릴 수 없습니다.

코드 2-14 ❌ BAD 모호한 책임 범위로 적절하지 않은 함수를 호출하는 예시

```
class MessageViewPresenter {
    fun onMessageReceived(model: MessageModel) {
        // 메시지를 표시하기 위한 코드
        ...

        // 다음처럼 부적절한 코드가 추가되어도 눈치채기 어렵다
        repository.onMessageReceived(model)
    }
}
```

더군다나 코드 2-13과 같이 MessageViewPresenter.onMessageReceived를 호출하는 쪽에서도 MessageRepository.onMessageReceived를 실행하고 있을 가능성이 있습니다. 이러한 상황에서는 메시지가 이중으로 저장되는 버그가 발생하게 됩니다.

showReceivedMessage라고 네이밍한다면 함수 내부에서 storeReceivedMessage가 호출되는 것이 함수의 책임 범위를 벗어난 것임을 알 수 있습니다. 인수로 전달된 메시지 모델이 표시된 내용 이외의 목적으로 사용되면 안 된다는 것을 함수 이름을 통해 알 수 있기 때문입니다.

2.2.3 예외: 추상 메서드

지금까지 이름에는 그 대상이 '무엇이며, 무엇을 할 것인가'를 명시해야 한다고
설명했지만, 여기에도 예외가 있습니다. 예를 들어 콜백으로 정의된 추상 메서
드 등은 선언 시점에 '무엇을 할 것인지'가 정해져 있지 않은 경우가 많습니다.

이럴 때는 onClicked, onSwiped, onDestroyed, onNewMessage 등과 같이 '언제,
어디서 호출되는지'를 기준으로 네이밍하는 것이 좋습니다. 다만, 추상 메서드
라도 메서드 목적이 명확하다면 '무엇을 하는가'를 기준으로 네이밍해야 합니
다. 예를 들어 '클릭되었을 때 선택 상태를 바꾼다'는 구현을 기대하는 추상 메
서드는 onClicked가 아닌 toggleSelectionState로 이름을 지을 수 있습니다.
이렇게 하면 추상 메서드가 다른 목적으로 구현되는 것을 방지할 수 있고, 추상
메서드를 호출하는 쪽의 코드도 더 쉽게 이해할 수 있습니다.

2.3 단어 선택

CODE READABILITY

설명적인 네이밍을 위해서는 영문법이나 이름이 나타내는 내용뿐만 아니라 어
떤 단어를 사용해야 하는지도 주의해야 합니다. 여기서는 다음 네 가지 항목에
내해 알아보겠습니다.

- 모호하지 않은 단어 선택하기
- 혼란스러운 약어 피하기
- 단위나 실체를 나타내는 단어 추가하기
- 긍정적인 단어 사용하기

2.3.1 모호하지 않은 단어 선택하기

네이밍에 사용할 단어를 선택할 때 의미가 제한적인 단어를 사용하면 오해의 소지를 줄일 수 있습니다. 예를 들어 값의 한계를 나타내는 limit이라는 단어는 그것이 상한선인지 하한선인지 모호합니다. 그보다는 max나 min을 사용해야 어느 쪽의 한계인지가 더 명확합니다. 여기서는 주의해야 할 단어 중 flag, check, old 세 가지를 예로 들어보겠습니다.

모호한 단어의 예 1: flag

flag가 참/거짓 값으로 사용될 경우에는 true와 false의 값이 각각 무엇을 나타내는지 모호합니다. 예를 들어 initializationFlag라는 이름은 다음과 같은 의미를 가질 수 있습니다.

- 초기화 중: isInitializing
- 초기화 완료: wasInitialized
- 초기화 가능: canInitialize, isInitializable
- 초기화해야 함: shouldInitialize, isInitializationRequired, requires Initialization

따라서 flag를 사용하기보다 위 형식 중 하나를 선택하는 것이 좋습니다. wasInitialized라는 이름의 경우 '값이 true이면 초기화가 완료되었다'는 의미로 볼 수 있습니다. 반면에 flag를 사용한다면 의미를 알기 위해서 그것을 정의하고 할당하는 코드나 주석을 읽어야만 합니다. 더욱이 flag를 사용할 때 참과 거짓이 뒤바뀔 가능성도 고려해야 합니다. 경우에 따라서는 initializationFlag가 isNotInitialized(아직 초기화되지 않음)를 의미할 수도 있습니다.

참/거짓 값에 flag를 사용하고 싶을 때는 true 값이 무엇을 나타내는지 고려하여 네이밍하는 것이 좋습니다. 자바나 코틀린에서는 is, was, contains, requires 등의 3인칭 단수 동사나 should, can, will 등 조동사를 사용하는 것이 적절합니다.

모호한 단어의 예 2: check

check는 무언가를 확인, 검사하다는 의미를 가지고 있지만, 함수 이름으로 사용하면 '확인하고자 하는 조건이 무엇인지', '조건이 맞지 않을 때 무엇을 할 것인지', '상태를 변경하는지' 등 여러 의문이 발생합니다. 예를 들어 checkMessage라는 이름은 다음과 같은 의미를 가질 수 있습니다(이 외에도 많은 의미를 가질 수 있습니다).

- 조건에 부합하는지 여부를 반환값 또는 예외로 알려준다: hasNewMessage, isMessageFormatValid, throwIfMessageIdEmpty
- 조건을 충족하는 것을 반환한다: takeSentMessages, takeMessages IfNotEmpty
- 외부에서 가져온다: queryNewMessages, fetchQueuedMessageList
- 내부 상태를 업데이트 또는 동기화한다: updateStoredMessages, syncMessageListWithServer
- 외부에 통지한다: notifyMessageArrival, sendMessageReadEvent

check를 대체하려면 먼저 수신 객체 또는 인수의 상태가 함수가 호출되기 전과 후에 어떻게 변하는지를 주목하는 것이 좋습니다. 상태를 변한다면 변경 내용으로 네이밍의 힌트를 얻을 수 있습니다. 함수 상태가 변하지 않는다면 반환값이나 예외에 초점을 맞춰 이름을 적절히 붙일 수 있습니다.

모호한 단어의 예 3: old

old 형용사가 이름의 일부에 사용된 경우, 어떠한 상태를 old라고 하는 것인지가 모호합니다. 다음과 같이 '비교 대상이 있는지', '어떤 조건을 충족하는지'에 주목한다면 덜 모호한 단어를 선택할 수 있습니다.

- 하나 앞의 인덱스 또는 한 단계 앞의 상태: previous
- 무효화된 값: invalidated, expired

- 변경되기 전의 값: original, unedited
- 이미 취득/저장된 값: fetched, cached, stored
- 권장되지 않는 클래스, 함수, 변수: deprecated

같은 '무효화된 값'이더라도 외부에서 발생한 이벤트에 의해 무효화되었다면 invalidated를 사용하고, 예정된 시각에 무효화된 경우라면 expired를 사용하는 것이 좋습니다.

지정한 시각까지 메시지를 가져오는 함수 getOldMessages(receivedTimeIn Millis: Long)이 있다고 했을 때 여기서 old는 receivedTimeInMillis 이전의 '범위'를 나타냅니다. 이처럼 old가 일정한 범위를 나타내는 경우에는 before, until, by 등으로 대체할 수 있습니다. 따라서 이 함수의 이름을 getReceived MessagesBefore(timeInMillis: Long)으로 바꿀 수 있습니다.

모호하지 않은 단어 찾기

의미가 더욱 분명한 단어를 찾으려면 사전이나 유의어 사전을 활용하는 것도 좋은 방법입니다. 유의어의 의미 차이를 비교하여 오해의 소지가 적은 단어를 선택하는 것이 중요합니다. 유의어 사전에서도 좋은 후보를 찾지 못했다면 같은 단어를 사용하는 다른 상황을 가정하여 비교해 보는 것도 좋은 방법입니다. 예를 들어 값을 가져오는 함수의 이름으로 get밖에 떠오르지 않는다면 다음과 같은 데이터 소스나 상태 변경 여부 등의 요소에서 힌트를 얻을 수 있습니다.

- 데이터 소스: 이미 가지고 있는 값을 그대로 사용할지, 계산해서 가져올지, 네트워크로 가져올지
- 상태 변경 여부: 아무것도 변경하지 않는지, 캐싱할 것인지, 원래 데이터를 삭제하는지

이러한 차이점을 비교하면 get 대신 find, search, pop, calculate, fetch, query, load 등의 단어를 떠올릴 수 있습니다.

2.3.2 혼란스러운 약어 피하기

네이밍에 약어를 사용하면 가독성을 떨어뜨릴 수 있습니다. 약어를 사용하지 않았다면 이름만 보고도 내용을 이해할 수 있을 코드가 약어 때문에 그 뜻을 기억해 내야 하는 경우가 많기 때문입니다. 보통 인지하는 것보다 상기하는 것이 사고에 더 큰 부담이 되므로[4], 약어를 사용하지 않는 것이 곧 코드의 가독성을 높이는 결과로 이어집니다.

특히 개인이 임의로 정의한 약어는 가급적 사용하지 말아야 합니다. 예를 들어 illegalMessage라는 이름은 쉽게 이해할 수 있는 반면, im이라는 약어를 읽을 때는 이것의 정의가 무엇인지 생각해야 합니다. im은 inputMethod를 의미할 수도 있고 혹은 instanceManager를 의미할 수도 있는데, 만약 im의 의미를 기억하지 못한다면 정의된 코드를 찾아 다시 확인해야 합니다. 즉, 애매한 의미의 약어는 코드를 읽는 속도를 더디게 만듭니다. 게다가 정의된 부분을 다시 읽는 동안 원래 읽고 있던 코드를 잊어버리는 경우도 생깁니다. 이러한 문제를 방지하려면 약어를 사용할 때는 정의를 찾아보지 않고도 그 의미를 알 수 있을지를 고려해야 합니다. 즉, '해당 코드를 사용하는 사람이 이해하기 쉬운지'가 약어를 사용해도 좋을지를 판단하는 기준이 되어야 합니다.

반대로 일반적으로 통용되는 약어는 사용해도 좋습니다. TCP나 URL 등은 오히려 원래의 단어를 기억하지 못하는 사람이 더 많을 수 있습니다. 이럴 때는 Transmission Control Protocol보다 TCP라는 약어를 사용하는 것이 더 이해하기가 쉽습니다. 그 외에도 자바의 millis(밀리초)와 같이[5], 프로그래밍 언어나 플랫폼에서 이미 통용되는 약어가 있다면 이를 사용해도 무방합니다. 또 string을 str으로 표기하는 것처럼 사실상 표준화되어 사용되는 약어도 제한된 범위 내에서는 사용해도 좋습니다. 하지만 str을 stream이나 sortedTransactionRecord의 의미로 사용하는 등 통용되지 않는 약어를 사용

---

4 《100 Things Every Designer Needs to Know About People》(New Riders Press, 2011)

5 자바의 표준 API에는 Clock#millis, System#currentTimeMillis, Calendar#getTimeInMillis와 같은 메서드가 있습니다. 따라서 millis는 사실상 자바의 표준 약어라고 할 수 있습니다.

하면 혼란을 초래할 수 있습니다. 또한, 공용 클래스 이름이나 함수 이름의 경우에는 군이 약어를 사용하지 않고 string으로 작성하는 것이 더 바람직합니다. 다시 한번 강조하지만 약어를 사용할지 여부는 그 약어로 더 쉽게 이해할 수 있는지, 그 이름의 범주가 얼마나 넓은지, 오해를 불러일으킬 소지가 있는지 등을 기준으로 판단하는 것이 좋습니다.

때로는 개인이 정의한 약어가 아닌, 프로젝트에서 사용하는 제품 고유의 약어도 있습니다. 이러한 약어를 사용하는 경우에는 새로 합류하는 팀원이 그 의미를 이해할 수 있도록 주석으로 설명하거나 용어집을 따로 마련하는 것이 좋습니다.

2.3.3 단위나 실체를 나타내는 단어 추가하기

정수 등 값의 타입만 봐서는 무슨 단위인지 알 수 없는 경우, 단위를 나타내는 문구를 추가하는 것이 좋습니다. 예를 들어 timeout이라는 정수형 변수가 있다면 단위가 밀리초인지, 초인지, 분인지, 시인지 알 수가 없습니다. 주석과 같은 문서화를 통해 단위를 명시하는 것도 하나의 방법이겠지만, timeoutInSeconds나 timeoutInMillis처럼 네이밍하면 해당 변수를 사용하는 코드를 읽을 때도 단위를 알 수 있습니다. 마찬가지로 UI의 너비나 높이 등의 길이를 표현할 때도 네이밍에 pixels, points, inches와 같은 단위를 활용하는 것이 좋습니다.

단위뿐만 아니라 전혀 다른 종류의 값이 동일한 타입으로 사용되는 경우도 있습니다. 색상을 표현하는 방법으로 32비트의 ARGB 값을 사용할 수도 있고, 색상을 정의한 리소스의 ID를 사용할 수도 있습니다. 둘이 같은 정수형이라면 '표현 방식'을 나타내는 단어로 명확하게 구분할 수 있습니다. 가령 배경색 지정이라면 각각 backgroundArgbColor와 backgroundColorId로 네이밍하면 색상 값의 표현 방식을 구분하기 쉬워집니다.

이외에도 루프의 인덱스로 i, j, k 등이 사용되기도 하는데, 이 역시 messageIndex와 같이 '어떤 인덱스인지'를 명확히 하는 것이 좋습니다. 특히 다중 루프의 경우에는 의미 있는 인덱스 이름을 짓는 것이 중요합니다. 예를 들어 행렬을 스캔할 때 해당 인덱스의 이름을 i와 j로 하면 행과 열을 혼동할 수도 있습니다. 하지만 row와 col이라는 이름을 사용하면 행과 열이 뒤바뀌는 버그를 미리 예방할 수 있습니다.

단위나 실체를 나타내는 단어를 이름에 썼다면 그 이름이 문법적으로 올바른지 다시 한번 확인하기 바랍니다.[6]

COLUMN ▶ 단위를 타입으로 표시

이름으로 단위를 나타내는 것 외에도 단위별로 타입을 직접 만드는 방법이 있습니다. 길이를 나타내는 단위로 인치와 센티미터를 사용한다면 다음과 같이 각 단위를 클래스로 정의해서 이를 이용할 수 있습니다.

```
class Inch(val value: Int)
class Centimeter(val value: Int)
```

다음은 setWidth 함수의 인수를 Inch로 지정합니다.

```
fun setWidth(width: Inch) = ...
```

이렇게 하면 setWidth(Centimeter(10))와 같은 코드가 작성되었을 때 컴파일 오류가 발생하므로 단위가 잘못될 가능성이 줄어듭니다. 스칼라(Scala)에서 불투명 타입(opaque type)이나 값 클래스(value class)를 사용했을 때, 코틀린에서 인라인 클래스를 사용했을 때는 런타임 오버헤드 부담 없이도 정적 유효성 검사를 할 수 있습니다.

이 외에도 코틀린의 kotlin.time.Duration과 같이 여러 단위를 통합하여 다룰 수 있는 클래스를 만드는 것도 효과적인 방법입니다.

6　timeout의 단위로 seconds를 사용하는 경우, timeoutSeconds처럼 '타임아웃의 초 수'라고 쓰는 것보다 timeoutInSeconds처럼 '초 단위로 나타낸 타임아웃'이라고 표현하는 것이 영어 표현으로서는 자연스럽습니다. 하지만 단위 앞에 전치사가 없어도 오해의 소지가 적기 때문에 생략하는 경우가 많습니다(예 코틀린의 표준 함수 getTimeMicros와 measureTimeMillis).

2.3.4 긍정적인 단어 사용하기

enabled와 disabled 같이 긍정과 부정의 단어가 모두 존재한다면 긍정적인 단어를 사용하는 편이 가독성을 더 높일 수 있습니다. 특히 부정 연산자를 사용하는 코드에서 둘을 비교해 보면 !isEnabled와 !isDisabled가 되는데, 후자는 이중 부정이 되기 때문에 읽기 어렵습니다. 단, 부정적인 표현을 사용해도 좋은 상황도 있습니다. isEnabled와 같이 부정 연산을 수반하는 경우나 disabled 상태가 특별한 의미를 갖는 경우입니다.

만약 disabled와 같은 부정적인 단어가 없다면 not, no, non 등의 부정어를 사용하여 isNotEmpty와 같이 할 수도 있습니다. 하지만 여기에 !isNotEmpty와 같은 부정 연산자를 사용하면 가독성이 떨어집니다. 이럴 때는 부정 연산자를 사용하는 것보다 부정을 반전시켜 isEmpty로 쓰는 것이 더 좋습니다.

특히 isNotDisabled와 같이 부정적인 단어와 부정어를 모두 사용하는 네이밍은 피해야 합니다. 이름만으로도 이중 부정이 되는데, 여기에 부정 연산자까지 더해지면 !isNotDisabled가 되어 부정이 3중으로 겹칩니다. 이럴 때는 긍정적인 단어로 대체하고 부정어를 붙임으로써 의미를 바꾸지 않고도 가독성을 높일 수 있습니다. 예를 들어 isNotDisabled는 로직의 변경 없이 isEnabled로 바꿀 수 있습니다.

2.4 언어, 플랫폼, 코딩 규약

CODE READABILITY

다시 한번 강조하지만, 이 장에서 설명한 내용은 어디까지나 일반론입니다. 사용하는 언어나 프로젝트에서 정한 네이밍 규약이 있는 경우, 그 규약을 우선해야 합니다. 설령 납득할 수 없는 규약이더라도 개인이 임의로 판단해 그것을 어겨서는 안 됩니다. 가독성을 떨어뜨리는 네이밍 규약이 있다면 규약 자체의 개선을 모색해야 합니다.

네이밍 규약이 엄격하게 정의되어 있지 않더라도 사용하는 언어나 라이브러리, 플랫폼에서 사실상 표준으로 통용되는 네이밍 규약이 있다면 이를 우선하여 적용해야 합니다. 앞서 2.3.1절에서 check는 명확하지 않으므로 피하는 것이 바람직하다고 하였으나, 코틀린 표준 라이브러리에는 checkNotNull이라는 함수가 있습니다. checkNotNull 함수는 기본적으로 전달받은 인수를 그대로 반환하지만, 매개변수로 null이 전달되면 IllegalStateException을 발생시킵니다. 코틀린을 사용하는 프로젝트라면 이를 표준으로 간주하고 '보통은 인수 그대로를 반환하지만 특정 조건에서는 IllegalStateException을 발생시키는 함수'를 만들 때 표준 라이브러리의 checkNotEmpty와 같이 check를 사용해도 좋습니다. 하지만 그 외의 경우에는 가급적 사용하지 말아야 합니다. 예를 들어 코틀린에서 참/거짓 값을 반환하는 함수를 네이밍할 때 check를 사용하지 않는 것이 좋습니다.

2.5 / 정리

이 장에서는 가독성을 향상시키는 네이밍 방법에 대해 영문법, 이름에 담긴 내용, 단어 선택을 중점으로 설명하였습니다.

문법

- 명사(구): 가장 중요한 단어를 이름 마지막에 넣기
- 명령문: 동사 원형을 이름 앞에 두기

이름이 나타내는 내용

- 표현해야 할 내용: 대상이 무엇인지, 무엇을 하는 것인지
- 표현하지 말아야 할 내용: 언제, 누가, 어떻게 사용하는지

단어의 선택

- 모호하지 않은 단어 선택하기
- 혼란스러운 약어 피하기
- 단위나 실체를 나타내는 단어 추가하기
- 긍정적인 단어 사용하기

3^장

주석

아무리 네이밍을 잘하고 코드를 간결하게 작성해도 그것만으로 가독성을 높일 수 있는 것은 아닙니다. 이름만으로는 코드 내용을 설명할 수 없는 경우나 직관적이지 않은 코드가 꼭 필요한 경우에는 코드의 내용, 의도, 목적을 주석으로 보완하는 것이 좋습니다. 그러나 무분별하게 주석을 추가하면 오히려 코드의 가독성과 유지보수성을 떨어뜨립니다. 이 장에서는 주석의 목적과 작성 시 주의 사항을 비롯해 주석을 어떻게 작성하는지를 알아보겠습니다.

3.1 주석의 종류와 목적

대부분의 주석은 일부 예외를 제외하고 **문서화 주석**과 **비형식 주석** 두 가지로 분류할 수 있습니다. 문서화 주석은 형식적인 설명으로 클래스, 함수, 변수를 선언하거나 정의할 때 사용됩니다. Dokka, Javadoc, Doxygen과 같은 도구를 사용하면 문서화 주석에서 API 레퍼런스나 사양서를 자동으로 생성할 수 있습니다. 반면 비형식 주석은 인라인 주석, 블록 주석 등의 형태로 정의나 선언뿐만 아니라 전반적인 소스 코드에 작성됩니다. 코드 3-1에서는 문서화 주석과 비형식 주석이 모두 작성되어 있습니다.

코드 3-1 주석의 예

```
/**
 * 문서화 주석의 예
 *
 * 주로 someFunction이 무엇을 하는지에 대한 설명과
 * 사용 시 주의 사항 등을 작성한다
 */
fun someFunction() {
    // 비형식 주석의 예 1
    // 이 경우 anotherFunction을 호출한 이유와 의도를 설명한다
```

```
anotherFunction(/* 비형식 주석의 예 2 : 인수에 대하여 */ argument)

    /* 비형식 주석의 예 3
       이렇게 여러 줄에 걸쳐서 작성하기도 한다 */
}
```

주석을 적절히 작성하면 코드를 더 쉽게 이해할 수 있고, 실수하기 쉬운 부분에 주의를 환기시키거나 리팩터링을 유도할 수 있습니다. 하지만 이러한 이점이 없는 경우에는 굳이 주석을 작성하지 않아도 됩니다. 불필요한 주석을 피하려면 코드를 작성하기 전에 주석의 목적을 명확하게 해야 합니다. 다음으로 대표적인 주석의 목적을 알아보겠습니다.

코드를 좀 더 빠르게 이해하기 위해

코드의 개요나 의도, 이유를 설명하면 코드를 이해하는 데 걸리는 시간을 줄일 수 있습니다. 이는 특히 복잡한 알고리즘을 구현하거나, 채택한 라이브러리나 플랫폼의 사용법이 복잡한 경우에 효과적입니다. 이러한 경우에는 코드를 단순하고 간결하게 작성하는 것에 한계가 있기 때문에 가독성이 떨어지기 십상이지만, 적절한 주석을 작성하여 이를 보완할 수 있습니다. 주석 덕분에 코드를 자세히 읽지 않고도 동작을 이해할 수 있기 때문에 결과적으로 코드를 읽는 시간이 단축됩니다. 이때 주석은 설명을 간결하게 요약하여 높은 수준으로 추상화(abstraction)하되, 세분화(granularity)하여 작성하는 것이 좋습니다.

또한, 동작을 문장으로 설명하기 어려운 경우에는 코드나 값의 예시를 주석에 포함하는 것도 좋은 방법입니다. 클래스를 설명하는 주석이라면 표준적인 사용법을, 함수에 대한 주석이라면 인수, 반환값, 부수 효과의 예시를 보여 주는 것이 좋습니다.

실수를 방지하기 위해

비록 코드를 이해하는 데 걸리는 시간을 줄일 수 있다고 해도 내용을 잘못 이해한다면 버그로 이어질 수 있습니다. 클래스, 함수, 변수를 사용할 때 주의해야 할 경계 조건(boundary condition)이나 특별한 제약 조건이 있다면 그 조건에 대한 내용을 주석으로 작성하는 것이 좋습니다. 예를 들어 정수형의 인수를 받지만, 그 인수가 음수여야만 제대로 동작하는 함수가 있다고 했을 때 '전달된 인수는 음수이어야 한다'는 제약 조건을 기술해야 합니다. 또 제약 조건을 위반했을 때, 즉 음수가 전달되었을 경우에는 어떤 일이 일어나는지도 설명하는 것이 좋습니다.

또한, 현재 코드를 누군가가 잘못 리팩터링할 가능성이 있을 때도 주석이 유용합니다. 언뜻 봐서는 왜 존재하는지 알 수 없는 코드가 있을 때, 그것이 필요한 이유에 대한 설명이 없다면 '이 함수를 호출할 필요가 없을 것 같으니 없애자', '이 조건 분기는 발생하지 않을 것 같으니 단순화하자'와 같은 오해로 인해 그 코드가 삭제될 수도 있습니다. 주석으로 이를 설명해 둔다면 잘못된 리팩터링을 예방할 수 있습니다.

리팩터링을 쉽게 하기 위해

주석을 작성하면 리팩터링에 대한 힌트를 얻을 수도 있습니다. 주석과 리팩터링은 언뜻 보면 연관성이 없어 보입니다. 하지만 코드에 대한 설명을 주석이라는 형태로 문서화함으로써 미처 발견하지 못했던 문제점을 찾아내고, 이를 토대로 리팩터링의 방향을 정하기도 합니다.

주석 작성으로 코드에서 문제를 발견할 수 있는 예제를 살펴보겠습니다. 여기서는 키워드와 그 의미를 등록하는 사전 클래스 Dictionary를 예로 들겠습니다. 사전에 새로운 키워드와 의미(description)를 쌍으로 등록하려면 코드 3-2와 같이 add라는 메서드를 사용해야 합니다.

코드 3-2 ❌ BAD 메서드 Dictionary.add의 문서화 주석

```
/**
 * 키워드와 그 의미의 쌍 newData를 추가
 *
```

```
 * 추가한 값은 getDescription으로 참조할 수 있다
 * 이미 추가된 키워드인 경우, 함수는 아무것도 하지 않고 false를 반환
 * 그렇지 않으면 추가한 후 true를 반환
 */
fun add(newData: Pair<String, String>): Boolean
```

add 메서드의 동작 자체는 간단한데, 그에 비해 꽤 장황하게 설명하고 있습니다. 이런 경우, 메서드나 매개변수의 네이밍이 적절치 못하거나 메서드의 사양이 필요 이상으로 복잡하기 때문일 수 있습니다. add 메서드를 살펴보면 다음과 같은 문제점을 발견할 수 있습니다.

1. add라는 메서드 이름의 의미가 실제 동작에 비해 너무 광범위하다. 이 메서드는 임의의 객체가 아닌 키워드와 그 의미를 쌍으로 추가한다.

2. newData라는 매개변수 이름에서 얻을 수 있는 정보가 부족하다. 인수 타입으로 Pair를 사용하기 때문에 키워드와 그 의미에 대한 정보가 누락되어 있다.

3. 이미 키워드가 추가된 경우의 동작이 MutableMap 등 일반적인 컬렉션 클래스의 동작과 다르다. 대부분의 컬렉션 구현은 중복된 경우 덮어쓰는 방식이므로 '중복 시 무시'라는 사양은 직관적이지 않다. 또한, 키워드가 중복될 경우 무시하는 동작 때문에 없어도 되는 반환값을 필요로 한다.

이 세 가지 문제를 해결하기 위해 다음 세 가지 개선 사항을 고려할 수 있습니다.

1. 함수 이름을 좀 더 설명적인 것(registerDescription)으로 한다.

2. 인수를 분리하여 각각 keyword, description으로 네이밍한다.

3. keyword가 중복되는 경우, 덮어쓰도록 사양을 변경하고 반환값을 삭제한다 (Unit으로 변경).

코드 3-3은 개선 사항을 적용한 결과입니다. 설명할 내용이 줄어들었기 때문에 주석도 짧아졌습니다.

코드 3-3 ⊙ GOOD 메서드 Dictionary.add의 개선 예시

```
/**
 * 키워드(keyword)와 의미(description)를 새로 추가
 * 또는 덮어쓰기
 *
 * 추가한 값은 getDescription으로 참조할 수 있다
 */
fun registerDescription(keyword: String, description: String)
```

이처럼 필요한 주석의 길이와 동작의 복잡성은 어느 정도 상관관계를 가집니다. 만약 단순해야 할 코드에 긴 주석이 필요하다면 코드에 개선할 여지가 없는지 확인해야 합시다.

그 외의 목적

주석은 코드를 이해하기 위한 목적뿐만 아니라 개발할 때 보조하는 툴을 위해서도 작성됩니다. 이러한 주석에는 다양한 종류가 있는데, 그중 일부를 소개합니다.

- **통합 개발 환경(IDE)이나 편집기를 위한 주석**: `// TODO: ...` 또는 `// FIXME: ...` 등 특정 태그를 사용하여 미완성된 작업을 표시하거나 `// <editor-fold>`를 사용하여 표시된 코드의 폴딩(folding) 범위를 지정할 수 있습니다.

- **메타프로그래밍을 위한 주석**: 특정 형식으로 작성된 주석을 기반으로 코드를 생성하거나 다른 프로그래밍 언어의 코드를 주석으로 삽입하는 경우가 있습니다. 유닉스(UNIX) 스크립트 파일에서 인터프리터를 지정하는 셔뱅(shebang, #!)도 인터프리터가 해석하는 언어에서는 대부분 주석으로 처리됩니다.

- **타입이나 제약 조건을 검증하고 해석하기 위한 주석**: 정적 타입이 아닌 프로그래밍 언어에 '정적 타입 검사'을 도입하기 위해 타입을 주석으로 선언하거나 함수 호출 시 제약 조건을 주석으로 기술하는 경우가 있습니다(⑩ 파이썬 PEP 484 스타일의 타입 힌트, 클로저 컴파일러의 타입 주석).

- **지속적 통합 및 테스트를 위한 주석**: 잘못 판별된 경고를 억제하거나 테스트 커버리지를 계산할 때 일부 코드를 제외하기 위해 특수한 주석을 사용할 수 있습니다.

이러한 주석은 언어나 플랫폼에 따라 주석이 아닌 다른 형태의 것이 사용되기도 합니다. 예를 들어 자바에서는 경고를 억제하거나 테스트 범위를 지정하기 위해 주석 대신 애너테이션(annotation)을 주로 사용합니다.

3.2 문서화 주석

문서화 주석은 선언이나 정의를 정해진 형식으로 작성하는 주석입니다. 기본적으로 클래스, 함수, 변수의 선언이나 정의를 설명하는 형태로 작성하는 경우가 많습니다. 프로그래밍 언어에 따라서는 네임스페이스, 패키지, 모듈 등 코드 범위를 나타내는 요소에 대해서도 작성합니다.

문서화 주석의 형식은 프로그래밍 언어나 문서화 도구에 따라 달라지는데, 자바나 코틀린으로 문서를 작성하는 경우에는 각각 Javadoc, KDoc을 사용하는 경우가 많습니다. 두 경우 모두 /**로 시작하는 주석이 문서화 주석으로 해석됩니다.

또한, 문서화 주석을 통해 API 레퍼런스를 자동으로 생성할 수 있습니다. 그림 3-1과 같이 IDE나 편집기에서 참조된 코드에 대한 설명을 표시할 수도 있습니다. 이는 특히 여러 파일, 패키지, 모듈로 분산된 프로젝트 구조에서 개발하거나 라이브러리 코드를 이용할 때 매우 유용하게 활용할 수 있습니다.

이 절에서는 피해야 할 문서화 주석 유형, 즉 안티패턴을 먼저 소개합니다. 그리고 안티패턴을 바탕으로 문서화 주석을 어떻게 구성해야 하는지, 또 각 구성 요소에서 주의해야 할 점은 무엇인지를 알아보겠습니다.

```
/**
 * 문서화 주석 표시를 확인하기 위한 클래스
 * 클래스의 상세설명
 */
// 인라인 주석. 이것은 문서화 주석으로 표시되지 않음.
class Foo

val foo = Foo ()
```

foo.kt
public final class **Foo**

문서화 주석 표시를 확인하기 위한 클래스.
클래스의 상세 설명
 • foo

3.2.1 안티패턴

API 레퍼런스를 생성하거나 코드를 참조할 때 문서화 주석을 사용하기 때문에 코드 내용을 읽지 않아도 '이 코드가 무엇을 하는지, 무엇을 위해 만들어진 것인지'를 이해할 수 있어야 합니다. 따라서 문서화 주석을 작성할 때는 비형식 주석에 비해 주의해야 할 점이 많습니다. 주의점을 이해하기 위해 다음 6가지 안티패턴을 살펴보겠습니다.

1. 자동으로 생성된 문서를 방치한다.

2. 선언과 같은 내용을 반복하여 쓴다.

3. 코드를 자연어로 직역한다.

4. 개요를 작성하지 않는다.

5. 구현의 세부 내용을 언급한다.

6. 코드를 사용하는 쪽을 언급한다.

안티패턴 1: 자동으로 생성된 문서를 방치한다

IDE나 편집기에 따라서는 클래스나 함수를 정의할 때 예제 코드를 출력하는 기능을 제공합니다. 또 예제 코드 출력과 동시에 문서화 주석의 템플릿까지 출력할 수 있는 것도 많습니다. 예를 들어 함수 이름과 매개변수, 반환값 타입을 지정하면 코드 3-4와 같은 템플릿이 만들어집니다.

코드 3-4 ❌BAD IDE가 출력한 템플릿

```
/**
 * @param keyword
 * @return
 */
fun getDescription(keyword: String): String { }
```

자동으로 출력된 문서화 주석은 그 자체로는 아무런 정보를 담고 있지 않습니다. @param과 @return은 각각 매개변수와 반환값을 설명하기 위한 태그입니다. 하지만 생성된 태그에 아무런 설명을 추가하지 않으면 자동으로 작성된 것 이상의 정보를 얻을 수 없습니다. 자동 생성된 템플릿을 사용할 때는 반드시 의미 있는 정보를 추가해야 합니다.

안티패턴 2: 선언과 같은 내용을 반복하여 쓴다

문서화 주석이 클래스, 함수, 변수의 선언과 동일한 정보만 가지고 있다면 그 주석은 필요 없다고 할 수 있습니다. 코드 3-5에 작성된 주석은 오직 함수 이름과 매개변수 이름에서 얻을 수 있는 정보만 담고 있습니다.

코드 3-5 ❌BAD 선언문과 같은 수준의 정보만 담긴 문서화 주석

```
/**
 * [keyword]에 대한 설명을 취득한다
 */
fun getDescription(keyword: String): String { ... }
```

이를 개선하려면 정보를 추가하여 의미 있는 주석으로 만들거나, 혹은 아예 주석 자체를 삭제하는 것이 좋습니다. 만약 앞의 예시에 정보를 추가한다면 다음과 같은 설명을 생각해볼 수 있습니다.

- 키워드의 의미(description)가 정의되지 않은 경우 어떤 일이 일어나는지 설명한다.
- 만약 쌍을 이루는 메서드(registerDescription)가 있다면 그것을 언급한나.
- 이 메서드의 계산량이 일정하지 않거나, I/O 접근이 필요하여 즉각적으로 끝나지 않는 경우, 이에 대한 주의 사항을 기록한다.

안티패턴 3: 코드를 자연어로 직역한다

코드 3–6처럼 코드를 자연어로 단순하게 직역한 주석만으로는 코드를 이해하기 어렵습니다.

코드 3–6 ❌ BAD 코드를 자연어로 단순히 직역한 문서화 주석

```
/**
 * 만약 conditionA가 성립하면 doA()를 호출한다
 * 그렇지 않다면 doB()를 호출한다
 * 만약 conditionC가 성립한다면 ... (생략)...
 */
fun getDescription(keyword: String): String {
    if (conditionA) {
        doA()
    } else {
        doB()
        if (conditionC) { ... }
    }
}
```

문서화 주석은 코드를 읽지 않아도 '코드가 무엇인지, 무엇을 하는지'를 이해할 수 있어야 합니다. 만약 문서화 주석이 코드와 같은 수준의 추상도로 작성된다

면 주석을 읽는 것과 코드를 읽는 것이 별반 다르지 않을 것입니다. 문서화 주석에서는 코드 구조를 재구성하여 추상화 수준을 높여야 하며, 코드를 쉽게 이해하도록 하기 위해 개요를 첫 문장에 작성하는 것이 좋습니다.

안티패턴 4: 개요를 작성하지 않는다

코드 3-7의 주석은 예외를 처리하는 동작을 설명하기 때문에 지금까지의 안티패턴과는 달리 의미 있는 정보를 제공합니다. 그러나 주석만으로는 실제로 무엇을 하는 메서드인지 이해하기가 어렵습니다.

코드 3-7 ❌ BAD 예외 처리의 동작만 설명하는 주석

```
/**
 * 전달받은 키워드 keyword가 빈 문자열인 경우 예외를 발생시킨다
 */
fun getDescription(keyword: String): String
```

코드를 이해하기 쉽도록 하려면 예외 처리나 경계 조건과 같은 세부적인 사양보다 핵심이 되는 동작의 개요를 먼저 작성하는 것이 좋습니다. 코드 3-7 예제의 경우, 빈 문자열이 아닌 키워드가 주어졌을 때의 동작을 먼저 작성해야 합니다.

안티패턴 5: 구현의 세부 내용을 언급한다

문서화 주석을 작성할 때 '이것을 읽는 사람이 구현의 상세를 알고 있을 것'을 전제해서는 안 됩니다. 이미 코드의 세부 내용을 알고 있는 사람이라면 굳이 주석을 읽을 필요가 없을 것입니다. 코드 3-8의 문서화 주석에서는 공개(public) 멤버 함수를 설명하기 위해 비공개(private) 멤버를 언급하고 있습니다. 따라서 이 함수의 기본적인 동작을 이해하려면 비공개 멤버, 즉 구현의 세부 사항까지 살펴봐야 합니다.

코드 3-8 **✕ BAD** 공개 메서드 설명에 비공개 멤버를 언급하는 문서화 주석

```
/**
* 비공개 멤버 dictionary가 가지는 문자열을 반환한다
*/
fun getDescription(keyword: String): String
```

이와 같은 안티패턴을 피하려면 다음처럼 '좋지 않은 설명'을 하고 있는지 확인하는 것이 좋습니다.

- 접근이 제한된 요소를 사용해 설명하기(**예** 비공개 멤버를 사용하여 공개 멤버 설명하기 등)
- 추상 클래스와 그 멤버를 구현 클래스(concrete class)를 사용해 설명하기 (**예** 상속 클래스를 사용하여 인터페이스 설명하기 등)

특히 구현 클래스를 사용해 추상 클래스를 설명할 때 구현 클래스가 변경되거나 새롭게 추가되면 추상 클래스의 문서화 주석이 부정확해지기 쉽습니다.

안티패턴 6: 코드를 사용하는 쪽을 언급한다

문서화 주석이 설명하는 범위는 선언이나 정의에 국한되어야 합니다. 즉, 해당 코드를 사용하는 쪽(값을 참조하거나 함수를 호출하는 쪽)을 언급해서는 안 됩니다. 따라서 코드 3-9와 같은 문서화 주석은 피해야 합니다.

코드 3-9 **✕ BAD** '사용되는 쪽'을 언급한 주석

```
/**
* ...(개요)...
* 이 함수는 UserProfilePresenter에서 사용됨
*/
fun getDescription(keyword: String): String
```

사용하는 코드에 대한 언급은 유지보수 측면에서 심각한 문제를 유발할 수도

있습니다. getDescription의 사양을 변경하는 경우, 해당 주석을 동시에 업데이트하는 것은 쉽습니다. 반면, getDescription을 사용하는 코드가 새로 추가되거나 삭제될 때마다 주석을 업데이트하는 것은 여간 번거로운 일이 아닙니다. 다른 모듈이나 저장소에서도 getDescription이 사용되는 상황을 가정하면 주석을 지속적으로 업데이트하는 것이 현실적이지 않음을 쉽게 짐작할 수 있습니다. 따라서 사용되는 쪽의 코드를 언급한 주석은 실제 코드와 맞지 않는, 즉 쓸모 없는 주석이 되기 쉽습니다.

사용되는 쪽을 언급하면 '불필요하게 강한 의존 관계를 만들 수 있다'는 또 다른 문제점이 생깁니다. 그 언급으로 인해 호출자가 한정되어 버리기 때문에 호출자의 제약 조건에 의존하는 코드가 호출 대상에 쓰일 수 있습니다. 코드 3-9에서 만약 UserProfilePresenter가 특정 키워드만 전달한다면 이를 전제로 getDescription을 구현할 수밖에 없습니다. 이는 새롭게 getDescription을 호출하는 코드가 추가될 때 버그의 원인이 될 수 있습니다.

3.2.2 문서화 주석의 구성

지금까지 문서화 주석을 작성할 때의 안티패턴에 대해 알아보았습니다. 이러한 안티패턴으로 문서화 주석을 작성할 때 필요한 것이 무엇인지 알 수 있었습니다.

- 코드가 무엇인지, 어떤 일을 하는지를 먼저 간결하게 설명한다.
- 코드보다 더 높은 수준의 추상도와 세밀함을 유지한다.
- 구현의 상세한 내용이나 코드를 사용하는 쪽을 언급하지 않는다.

한편, 문서화 주석의 설명을 충분하고 이해하기 쉽도록 하기 위해서 예외적인 상황이나 제약 조건, 기본적인 사용법 등에 대한 설명이 필요한 경우도 있습니다. 따라서 문서화 주석의 구성은 **요약**을 먼저 작성하고, 그다음에 **세부적인 내용**을 보충하는 것이 좋습니다. 요약은 먼저 해당 코드가 무엇인지, 무엇을 하는지를 간략하게 설명합니다. 요약에 이어서 사양의 상세한 내용이나 부연 설명을 기술합니다. 이렇게 구성하면 코드 전체를 이해할 수 있는 문서가 됩니다.

다음 절에서는 이러한 요약과 세부적인 내용을 어떻게 작성해야 하는지에 대해 설명하겠습니다.

3.2.3 문서화 주석의 요약

요약에서는 해당 클래스, 함수, 변수가 무엇이고, 무엇을 하는지를 간략하게 설명합니다. 문서화 도구에 따라서는 요약을 특별하게 취급하는 경우도 있습니다. 예를 들어 Javadoc에서 출력된 API 레퍼런스에서는 메서드 이름으로만 요약된 목록이 표시되고, 그 아래 문서화 주석으로 각 메서드의 상세를 설명합니다.

어느 부분이 요약으로 인식되는지는 문서화 도구에 따라 달라집니다. Javadoc에서는 첫 번째 문장, 즉 첫 번째 마침표[1]가 나오는 위치까지 요약되며(코드 3-10), KDoc에서는 첫 번째 빈 줄까지 요약됩니다(코드 3-11).

코드 3-10 Javadoc이 구별하는 요약

```
/**
 * 이 문장은 Javadoc의 요약. 두 번째 문장 이후(마침표 이후)는 상세
 * 즉, 이 줄은 상세
 */
```

코드 3-11 KDoc이 구별하는 요약

```
/**
 * 이 문장은 KDoc의 요약. 두 번째 문장인 이 줄도 요약
 *
 * 빈 줄 뒤에는 상세. 즉, 이 문장은 상세
 */
```

---

1   언어, 국가 설정에 따라 다릅니다.

요약에서 사용할 문법

요약문을 작성할 때는 문서화 도구나 규약에 규정된 문법을 따르는 것이 좋습니다. 예를 들어 오라클(Oracle)의 Javadoc 스타일 가이드에서는 요약문을 완전한 문장과 절로 작성할 수 있다고 설명합니다.[2]

만약 코딩 규약에 규정되어 있지 않다면 표준 라이브러리나 API의 레퍼런스 형식을 따르는 것도 좋은 방법입니다. 코틀린, 자바, 스위프트, 오브젝티브-C(Objective-C)의 표준 라이브러리나 표준 API의 영문판 문서에서는 요약의 첫 문장은 주로 다음과 같은 형식으로 되어 있습니다.

- **클래스 및 변수**: 명사구

  코틀린의 List 클래스 예시: 'A generic ordered collection of elements.'[3]

- **함수**: 3인칭 단수 동사로 시작하고 주어가 생략된 불완전한 문장

  스위프트의 Array에서 add 메서드 예시: 'Adds a new element at the end of the array.'[4]

단, 함수 중 추상 메서드에 한해서는 '무엇을 하는지'가 상속 대상에서만 결정되는 경우가 있습니다(콜백 인터페이스 등). 이 경우 요약의 첫 단어로 동사의 과거분사 등을 사용할 수 있습니다. 예를 들어 onClicked...와 같이 '언제 호출되는지'만 정해져 있는 함수의 요약은 Called when ... 또는 Invoked if ... 와 같이 작성할 수 있습니다.

요약에서 설명하는 내용

요약에서는 그 코드가 무엇인지, 무엇을 하는지를 최대한 간결하게 설명합니다. 하지만 자세하게 작성된 코드를 높은 수준으로 추상화된 자연어로 재구성

---

2 https://www.oracle.com/technical-resources/articles/java/javadoc-tool.html#styleguide

3 https://kotlinlang.org/api/latest/jvm/stdlib/kotlin.collections/-list/#list

4 https://developer.apple.com/documentation/swift/array/3126937-append

하는 것은 쉬운 일이 아닙니다. 여기서는 쉽게 요약할 수 있는 두 가지 기법을 소개합니다.

기법 1: 중요한 코드 찾기

첫 번째 기법은 코드에서 가장 중요한 요소를 찾아내어 이를 바탕으로 요약을 구성하는 방법입니다. 코드 3-12의 함수로 그 과정을 설명하겠습니다.

코드 3-12 기법 1의 예제

```
fun ...(user: UserModel) {
    if (!user.isValid) return
    val rawProfileImage = getProfileImage(user.id, ...)
    val roundProfileImage = applyRoundFilter(rawProfileImage, ...)
    profileView.setImage(roundProfileImage)
}
```

이 함수의 각 행에서 수행하는 작업은 다음과 같습니다.

- 사용자의 모델 객체가 유효하지 않으면 조기 반환하기
- 사용자 ID를 사용하여 프로필 이미지 가져오기
- 프로필 이미지를 원형으로 자르기
- 프로필 이미지를 뷰에 표시하기

여기서 가장 중요한 작업에 해당하는 행은 마지막 행입니다. 이 함수의 목적은 프로필 이미지를 표시하는 것이며, 다른 행은 이를 위한 전처리에 불과합니다. 마지막 행을 사용하여 요약하면 코드 3-13과 같습니다.

코드 3-13 요약

```
/**
 * 프로필 이미지를 표시한다
 */
```

'프로필 이미지 표시'가 가장 중요한 기능인 만큼 함수 이름도 비슷할 것입니다. 하지만 이대로라면 함수 이름과 주석에서 설명하는 내용이 같아지므로 요약에 설명을 좀 더 보충해 보겠습니다. 이번 예시에서는 다음 내용들이 보충 설명의 후보가 될 수 있습니다.

- 어떤 프로필 이미지인가: 사용자, 이미지의 형식과 해상도, 이미지의 데이터 소스
- 어떻게 표시할 것인가: 이미지의 가공 방법, 표시할 뷰의 종류
- 제약 조건이 있는지: 유효한 사용자의 조건, 유효한 뷰의 조건

'사용자'와 '이미지 가공'에 대한 내용을 추가한 경우, 요약은 코드 3-14와 같이 작성할 수 있습니다.

코드 3-14 ⊙ GOOD 요약에 대한 설명을 추가한 예시

```
/**
 * 해당 사용자 user에 해당하는 프로필 이미지를
 * 원 모양으로 잘라내어 표시한다
 */
```

여기까지 함수의 요약을 작성하는 방법을 설명했지만, 클래스나 변수에 대해서도 같은 방법을 사용할 수 있습니다. 클래스의 경우 해당 멤버(메서드, 필드, 프로퍼티 등)를 목록으로 나열한 후 중요한 멤버가 무엇인지 생각해 보면 됩니다. 변수의 경우, 그것을 정의하고 업데이트하는 코드를 열거하고 이를 힌트로 삼으면 이 변수가 '무엇인지'를 알 수 있습니다.

기법 2: 코드의 공통점 찾기

두 번째 기법은 코드의 공통점을 찾아 추상화하는 방법입니다. 함수에 따라서는 같은 중요도를 가진 코드가 연속으로 이어지는 경우가 있습니다. 이럴 때 한 가지 요소만 뽑아 요약하면 오히려 오해의 소지가 생길 수 있습니다. 다음 코드를 예로 들어 살펴보겠습니다.

코드 3-15 기법 2의 예제

```
fun ...(receivedMessage: MessageModel) {
    contentTextView.text = receivedMessage.contentText
    senderNameView.text = receivedMessage.senderName
    timestampView.text = receivedMessage.sentTimeText
}
```

코드 3-15에서는 수신 메시지 모델을 사용해 본문 텍스트 contentTextView,
발신자 이름 senderNameView, 발신 시각 timestampView 세 가지 레이아웃을
업데이트하고 있습니다. 이 중에서 contentTextView의 업데이트가 가장 중요
해 보이기 때문에 이것으로만 요약하면 코드 3-16과 같이 오해를 일으킬 수
있는 표현이 되어 버립니다.

코드 3-16 ❌ BAD 한 가지 요소만으로 무리하게 작성된 요약

```
/**
 * 수신된 메시지 receivedMessage의 본문 텍스트를 표시합니다
 */
```

이 요약을 보면 발신자 이름과 발신 시각이 업데이트되지 않는 것으로 오해
할 수 있습니다. 이를 수정하려면 '본문 텍스트 표시'의 추상도를 높여 '발신자
이름'과 '발신 시각'이 포함되도록 하거나, 모든 요소를 열거해야 합니다. 코드
3-17은 두 가지 개선 사항을 모두 적용한 예시입니다. 또 다른 대안으로 열거
부분은 요약에 포함시키지 않고 내용을 상세하게 설명하는 방법도 있습니다.

코드 3-17 ⊙ GOOD 코드의 공통점을 이용해 작성한 요약

```
/**
 * 수신된 메시지 receivedMessage의 본문 텍스트를 표시합니다
 * 표시 레이아웃(본문 텍스트, 발신자 이름, 발신 시각)을 업데이트합니다
 */
```

이 기법 역시 함수뿐만 아니라 클래스나 변수의 요약에도 적용할 수 있습니다.

중요한 코드를 찾을 때와 마찬가지로 클래스 내 멤버를 열거하거나 변수를 정의하거나 업데이트하는 코드를 열거한 후 공통점을 찾으면 됩니다.

3.2.4 문서화 주석의 상세

요약에서 다 설명하지 못한 사항이 있을 때는 상세(자세한 설명)를 추가할 수 있습니다. 모든 문서화 주석에 반드시 필요한 것은 아니지만 주의해야 할 사항이나 이해를 돕기 위한 보충 설명이 필요한 경우에는 작성하는 것이 좋습니다. 상세는 요약과 달리 완전한 문장으로 작성하는 것이 일반적입니다. 또한, 상세를 한국어로 작성할 때는 경어체 사용 등의 형식을 요약과 통일시켜야 합니다.

상세에 포함되는 항목은 매우 다양하지만, 여기서는 다음 세 가지를 소개합니다.

- 기본적인 사용법
- 반환값의 보충 설명
- 제약 조건과 오류 발생 시 동작

기본적인 사용법

요약은 코드가 '무엇이고 무엇을 하는지'를 설명하는 반면, 상세는 그 코드의 사용법을 구체적으로 설명함으로써 개발자가 더 쉽게 코드를 사용하도록 돕습니다. 예를 들어 '메시지'를 화면에 표시하기 위한 프레젠테이션 클래스 MessageViewPresenter를 만든다고 했을 때, 이 클래스의 요약에는 '메시지를 표시하기 위한 클래스'라는 설명을 적고, 상세에는 이 클래스의 구체적인 사용 방법을 설명합니다(코드 3-18).

코드 3-18 ⊙ GOOD 요약과 상세를 작성한 주석

```
/**
 * 메시지 내용(본문 텍스트, 발신자 이름, 발신 시각)을
 * 레이아웃에 바인딩하여 표시하는 프레젠테이션 클래스
 *
```

```
* 메시지 모델 MessageModel을 updateLayout에 전달하여
* 모든 표시 내용을 업데이트한다
*/
class MessageViewPresenter(messageLayout: Layout)
```

해당 클래스의 주요 메서드가 무엇인지를 문서화 주석에 명시하면 클래스에 대한 이해를 도울 수 있습니다. 물론 멤버의 자세한 사양에 대해서는 클래스 주석에 작성하는 것보다 각 멤버의 주석으로 작성하는 것이 더 적절합니다.

사용법을 설명할 때는 인수, 대입할 값, 샘플 코드 등 구체적인 예제를 사용해도 좋습니다. 코드 3-19에서는 함수 동작을 쉽게 이해할 수 있도록, 인수와 그에 따르는 반환값의 예시를 보여 줍니다.

코드 3-19 ⊙ GOOD 실제 인수와 반환값의 상세한 예를 보여 주는 문서화 주석

```
/**
* 주어진 문자열을 쉼표 ","로 분리하여 문자열 리스트로 반환한다
*
* 예를 들어 "a, bc ,,d"를 인수로 주면
* listOf("a", "bc", "", "d")를 반환한다
*/
fun splitByComma(string: String): List<String> = ...
```

값이나 샘플 코드 등 구체적인 예시를 제시하면 경계 조건이나 특수한 값의 처리 방법 등을 직관적으로 이해할 수 있습니다. 코드 3-19의 경우 splitByComma라는 함수 이름만으로는 '쉼표 앞뒤의 공백이 남는지, 지워지는지', '쉼표 사이에 문자가 없는 경우 빈 문자열이 생성되는지, 생략되는지' 등 자세한 내용을 알 수 없습니다. 하지만 이러한 동작을 이해할 수 있는 실제 인수 "a, bc ,,d"를 예로 들어 설명하면 상세나 코드의 세세한 부분까지 읽을 필요가 없어집니다.

반환값의 보충 설명

부수 효과가 있는 함수를 만든 경우, 기본적으로 부수 효과가 무엇인지 알 수 있도록 함수 이름을 정해야 합니다. 하지만 만약 함수가 부수 효과와 반환값을 둘 다 가지고 있는 경우에는 함수 이름만으로 반환값을 설명하기 어려워집니다. 코드 3-20의 함수 setSelectedState는 '상태를 업데이트한다'는 점에 착안하여 네이밍하였지만, 이름만으로는 참/거짓 값을 반환한다는 것을 알 수 없습니다.

코드 3-20 상태를 변경하면서 반환값을 반환하는 함수

```
fun setSelectedState(isSelected: Boolean): Boolean { ... }
```

많은 프로그래밍 언어에서는 반환값 자체에 이름을 부여할 수 없기 때문에 반환값의 의미가 모호해질 수 있습니다. 예를 들어 setSelectedState의 반환값은 다음과 같은 의미일 수 있습니다.

- isToggled: 함수 호출 이전과 이후의 상태가 다른 경우 true를 반환
- wasSelected: 함수 호출 이전의 상태를 반환
- isSuccessfullyUpdated: 함수가 정상적으로 종료된 경우 true를 반환
- isSelected: 인수의 isSelected를 그대로 반환

이와 같은 경우에는 반환값을 문서화 주석으로 설명해야 합니다. 요약에서 반환값을 설명할 수 있으면 좋겠지만, 요약은 기본적으로 부수 효과에 대한 내용을 중심으로 작성해야 합니다. 만약 요약에서 반환값을 언급할 여유가 없다면 코드 3-21과 같이 별도의 문장으로 내용을 설명하는 것이 좋습니다.

코드 3-21 ◉ GOOD 반환값에 대한 내용 설명

```
/**
 * ...(요약)...
 *
 * 또한 반환값은 이 함수가 호출되기 전의 선택 상태를 의미한다
 */
fun setSelectedState(isSelected: Boolean): Boolean
```

또한, 반환값이 가질 수 있는 범위가 제한적이라면 이를 문서화 주석으로 보완하는 것도 좋습니다. 이것도 요약으로 정리하기 어렵다면 코드 3-22와 같이 상세에 자세한 설명을 추가해도 좋습니다.

코드 3-22 ⊙ GOOD 반환값의 제약 조건을 상세하게 설명

```
/**
 * ...(요약)...
 *
 * 반환되는 값은 \[0.0, 1.0\] 범위로 제한된다
 */
fun getDownloadProgress(): Float
```

클래스나 변수가 가질 수 있는 상태에 대해서도 마찬가지입니다. 예를 들어 val downloadProgress: Float 변수가 있고 그 값의 범위가 0.0 ~ 1.0으로 제한된다면 문서화 주석에 이를 언급하는 것이 좋습니다.

앞의 예시에서는 반환값 내용을 주석으로 설명했지만, 만약 문서화 도구가 태그 기능을 지원한다면 @return과 같은 태그를 사용해도 좋습니다. 단, 코틀린 표준 규약에서는 가능하면 태그보다 문장으로 설명하기를 권장합니다.[5]

제약과 예외 동작

일부 함수는 올바르게 사용하기 위해 호출 시 상태에 제약 조건을 두는 경우도 있습니다.[6] 예를 들어 동영상을 재생하는 VideoPlayer라는 클래스가 있다고 가정해 봅시다. VideoPlayer는 동영상을 재생(play)하거나 탐색(seek)하는 메서드를 가지고 있는데, 이를 호출하기 전에 prepare라는 메서드로 동영상 파일을 로드해야 한다는 제약이 있습니다. 이처럼 호출에 제약이 있는 경우, 클래스나 메서드의 문서화 주석으로 이를 명시해야 합니다. 또한, 제약 조건을 위반했을 때 어떤 일이 발생하는지도 설명해야 합니다. 코드 3-23에서는 문서화 주석으

---

5   https://kotlinlang.org/docs/coding-conventions.html#documentation-comments
6   기본으로 제약 조건이 있는 함수를 만드는 것 자체를 피해야 합니다. 자세한 내용은 6.2.1절을 참고하세요.

로 play, seek 메서드를 호출할 때의 제약 조건과 이를 위반했을 때의 동작을
자세히 설명합니다.

코드 3-23 ⊙ GOOD 호출 시 상태의 제약 조건을 설명하는 문서화 주석

```
/**
 * ...(요약)...
 *
 * ...(재생 방법에 대한 상세)...
 * play 또는 seek를 호출하기 전에는
 * prepare로 동영상 파일을 미리 로드해야 한다
 *
 * 만약 prepare 없이 play나 seek가 호출된 경우
 * 예외 ResourceNotReadyException을 발생시킨다
 */
class VideoPlayer(videoPath: String)
```

수신 객체의 상태뿐만 아니라 인수에 제약을 두는 경우도 있습니다. 코드
3-24의 valueAt 함수는 position의 값이 특정 범위 내에 포함되는 것을 기대
합니다. 문서화 주석의 요약에서는 position이 범위 내에 있을 때의 동작을 중
심으로 설명하기 때문에 범위를 벗어났을 때의 동작까지 설명하려고 하면 너무
길어질 수 있습니다. 이 경우, 범위를 벗어난 position에 대한 동작은 문서화
주석의 상세에 설명하는 것이 좋습니다.

코드 3-24 ⊙ GOOD 인수의 제약 조건을 설명하는 문서화 주석

```
/**
 * ...(요약)...
 *
 * 리스트의 범위를 벗어난 position이 전달되면 null을 반환한다
 */
fun valueAt(position: Int): T?
```

함수 호출 시 상태나 인수 이외에도 코드를 사용하는 데 있어 특별히 주의해야
할 점이 있다면 그 부분도 명시해야 합니다. 주의해야 할 사항으로 다음과 같은

것들을 생각해볼 수 있습니다. 기본적으로 세세한 부분은 요약에 작성하는 것
보다는 상세에서 풀어서 작성하는 것이 바람직합니다.

- 인스턴스가 유효한 수명 주기
- 함수를 호출할 때의 스레드
- 재입력 가능성과 실행 후 재호출 여부
- 실행 시간, 소비 메모리, 기타 사용 리소스
- 외부 환경(네트워크, 로컬 스토리지 등)

3.3 비형식 주석

코드 3-1에서 살펴본 바와 같이 비형식 주석은 정의나 선언 외에도 작성할 수
있으며, 자바나 코틀린의 경우에는 // 주석 또는 /* 주석 */의 형태로 작성합
니다. 비형식 주석도 문서화 주석과 마찬가지로 코드를 더 빨리 이해하기 위한
것이며 실수를 방지하고 리팩터링을 쉽게 하기 위해서 작성합니다. 다만, 문서
화 주석과 비형식 주석의 역할은 다음과 같은 차이가 있습니다.

- 문서화 주석: 코드를 읽지 않고도 내용을 파악할 수 있도록 하는 주석
- 비형식 주석: 코드를 읽을 때 이해를 돕기 위한 주석

역할이 다르므로 비형식 주석은 문서화 주석과 달리 요약이 필수는 아닙니다.
일반적으로 '해당 코드가 무엇인지'에 대한 설명을 생략하고, 코드를 작성한 배
경이나 이유 또는 주의점만 적습니다.

또한, 비형식 주석은 형식이 없기 때문에 서식에 얽매이지 않고 다양한 내용을
다룰 수 있으며 주로 규모가 큰 코드를 분할하거나 직관적이지 않은 코드를 설
명할 경우에 작성합니다.

3.3.1 규모가 큰 코드 분할하기

기본적으로 규모가 큰 코드는 별도의 클래스나 함수로 추출하여 분할하는 것이 바람직하지만, 분할이 적합하지 않은 경우도 있습니다. 때로는 특정 코드 블록을 다른 코드에서는 볼 수 없도록 숨기고 싶거나, 분할하기에는 코드의 규모가 애매하게 큰 경우도 있습니다. 이럴 때는 코드 3-25와 같이 하나의 함수 내에서 빈 줄을 사용하여 여러 개의 코드 블록을 만들 수 있습니다.

코드 3-25 함수 내에 빈 줄을 추가하여 코드 블록을 만드는 예시

```
fun ...() {
    val messageCache = ...
    val messageKey = ...
    val messageModel = messageCache[messageKey]

    if (messageModel == null || ...) { ...
        ...
        ...
        ...
    }
}
```

위 예시에서는 빈 줄을 기준으로 위 코드에서 messageModel을 가져온 뒤 아래 코드에서 그 값을 사용하고 있습니다. 따라서 아래 코드의 if 블록 안에 함수의 핵심이 되는 코드가 있을 거라 예상할 수 있습니다. 하지만 if의 조건 messageModel == null이 무엇을 의미하는지는 이해하기 어렵습니다. 더군다나 중요한 코드가 if 블록 안에 들어 있기 때문에 이런 코드를 대각선 읽기[7]로 이해하기는 어려울 것입니다. 이렇듯 코드 블록을 만들었는데도 빠르게 읽어 내려가기가 어렵다면 블록마다 비형식 주석을 작성하는 것이 좋습니다. 코드 3-26에서는 두 코드 블록 안에 각 코드에 대한 요약을 작성하였습니다.

---

7 역주 속독법의 한 종류로 대각선으로 빠르게 훑으면서 읽는 방법입니다.

코드 3-26 ⊙GOOD 코드 블록에 주석을 추가하는 예

```
fun ...() {
    // 메시지 모델을 캐시에서 가져온다
    val messageCache = ...
    val messageKey = ...
    val messageModel = messageCache[messageKey]

    // 메시지 모델이 캐시에 존재하지 않으면 데이터베이스에서 가져온다
    if (messageModel == null || ...) { ...
        ...
        ...
        ...
    }
}
```

비형식 주석의 요약을 작성하는 경우에도 문서화 주석의 요약과 마찬가지로 주석의 추상도를 높게 유지하고 세분화하여 작성하는 것이 중요합니다. 코드와 같은 수준으로 추상화 또는 세분화된 요약은 단순히 코드를 자연어로 직역한 것에 불과하므로 코드를 이해하는 데 실질적인 도움이 되지 않습니다.

요약을 작성함으로써 얻을 수 있는 또 다른 이점은 리팩터링에 대한 힌트를 제공할 수 있다는 점입니다. 위 예시의 경우, '// 메시지 모델이 캐시에 존재하지 않으면…'이라는 주석이 작성된 이유를 messageModel == null이 이해하기 어려운 코드이기 때문이라고 유추할 수 있습니다. 따라서 messageModel이라는 이름을 cachedMessageModel로 바꾸면 가독성이 개선될 것입니다. 이렇게 가독성이 개선되어 주석을 지워도 된다면 이것만으로도 훌륭한 리팩터링 결과라고 할 수 있습니다.

3.3.2 직관적이지 않은 코드 설명하기

직관적으로 이해하기 어려운 코드가 있다면 비형식 주석으로 보완해서 가독성을 크게 향상시킬 수 있습니다. 오해의 소지가 있는 코드에는 주의 사항을 추가

하고, 충분히 생각해야 이해할 수 있는 코드에는 이해를 돕는 설명을 추가하는 것이 좋습니다. 특히, 방치해 두면 누군가가 잘못된 방식으로 리팩터링할 여지가 있는 코드에는 반드시 주석으로 주의 사항을 알려야 합니다.

코드 3-27은 문자열을 치환하는 코드이지만 직관적이지 않은 코드를 포함하고 있습니다. 이 예시에서 어떤 주석이 필요할지 알아보겠습니다.

코드 3-27 문자열을 치환하는 코드

```
class WordReplacementEntry(
    val startIndex: Int,
    val endIndex: Int,
    val newText: String
)

fun ...() {
    val stringBuilder: StringBuilder = ...
    val entries: List<WordReplacementEntry> = ...

    for (entry in entries.reverse()) {
        stringBuilder.replace(entry.startIndex, entry.endIndex, entry.
newText)
    }
}
```

이 코드는 entries를 사용해 stringBuilder 내부의 문자를 치환합니다. 각 entry는 startIndex, endIndex, newText 세 가지 값으로 구성되며, startIndex에서 endIndex까지의 범위에 해당하는 문자열을 newText로 대체합니다. 즉, 문자열 "foo"에 WordReplacementEntry(0, 1, "b")를 적용하면 "boo"로 치환됩니다. 이 코드에서 주목해야 할 곳은 for 구문 내의 reverse입니다. 왜 여기서 reverse를 호출해야 하는지 직관적으로는 이해하기 어렵습니다.

여기서 reverse를 호출해야 하는 이유는 다음과 같은 두 가지 숨겨진 조건이 있기 때문입니다.

- entries는 startIndex로 오름차순으로 정렬되어 있다.

- 문자열의 길이는 치환 이전과 이후가 달라질 수 있다.

구체적인 값을 예로 들어 자세히 살펴보겠습니다. 코드 3-28은 stringBuilder 의 초깃값과 entries 값의 예시입니다.

코드 3-28 stringBuilder와 entries 값의 예시

```
val stringBuilder = StringBuilder("Unreadable.")
val entries = listOf(
    WordReplacementEntry(0, 3, "R"),
    WordReplacementEntry(10, 11, "!"),
)
```

코드를 읽었을 때 문자열 Unreadable.의 앞 세 문자 Unr은 R로, 마지막 문자 .는 !로 치환되어 결괏값은 Readable!이 될 거라 예상할 수 있습니다. 그런데 실제로는 (10, 11, "!") 치환에 앞서 (0, 3, "R") 치환이 먼저 일어나므로 문 자열은 길이 9의 "Readable."이 됩니다. 이래서는 (10, 11, "!") 치환을 이어 서 수행할 수 없게 됩니다. 치환이 서로 간섭하지 않도록 하려면 문자열 뒤부터 차례대로 치환해야 합니다. 바로 여기에 reverse를 호출해야 하는 이유가 있습 니다. 이러한 설명을 코드 3-29와 같이 주석에 추가하는 것이 좋습니다.

코드 3-29 ⊙GOOD reverse가 필요한 이유를 설명하는 주석

```
// 대체할 항목이 startIndex로 오름차순으로 정렬되어 있기 때문에
// reverse()를 호출해야 함. 오름차순으로 정렬된 상태 그대로라면
// 치환 전과 후의 문자열 길이가 달라졌을 때 뒤에 이어지는 치환의 인덱스가 틀어진다
for (entry in entries.reverse()) {
```

만약 이러한 설명으로도 충분치 않다면 코드 3-28과 같은 구체적인 값을 예로 들어 설명하는 것도 좋은 방법입니다. 함수 내의 주석이 지나치게 길어지면 함 수 전체의 흐름을 읽기가 어려워질 수도 있지만, 'reverse를 삭제하면 안 되는 이유가 있다'는 정보를 알릴 수 있다면 주석으로서의 가치는 충분합니다. 최소

한 reverse 호출이 무의미한 것으로 오해하여 잘못된 리팩터링이 이루어져 그 결과가 버그로 이어지는 상황을 예방할 수 있습니다. 주석의 길이와 상세한 정도는 특정 코드를 이해할 필요성과 다른 코드의 가독성에 미치는 영향을 고려하여 적절한 균형을 맞춰야 합니다.

직관적으로 이해할 수 없는 코드의 또 다른 대표적인 예로서, 사용 중인 라이브러리나 플랫폼이 가진 문제를 회피하기 위한 코드를 들 수 있습니다. 이러한 코드 역시 왜 필요한지를 이해하기가 어렵습니다. 문제 회피 코드가 불필요한 것으로 오인하여 삭제되는 경우가 발생하지 않도록 코드 3-29와 같이 주석으로 필요성을 설명해야 합니다. 이때 모든 상세 내용을 주석에 담을 필요는 없습니다. 이슈 또는 작업 관리 시스템의 티켓 번호나 상세 정보가 담긴 문서의 링크 등을 활용하여 주석을 간소화할 수 있습니다(코드 3-30). 단, 티켓 번호나 링크만 작성하고 주석에 아무런 설명을 하지 않는 것은 바람직하지 않습니다. 주석에 간단한 설명을 적고, 더 자세한 내용을 알고 싶을 때는 티켓 번호나 링크를 참조할 수 있도록 해야 합니다.

코드 3-30 ⊙ GOOD 이슈 관리 시스템의 티켓 정보를 담은 주석

```
// foo 호출은 Device-X 고유의 색상 표시 문제를 회피하기 위한 것입니다.
// (자세한 내용은 ISSUE-123456 참고)
```

3.4 정리

이 장에서는 주석을 크게 문서화 주석과 비형식 주석으로 나누어 각 작성 방법에 대해 설명했습니다.

문서화 주석은 선언이나 정의 부분에 작성하며, 코드를 자세히 읽지 않고도 개요를 이해할 수 있도록 하기 위한 것입니다. 문서화 주석에는 해당 코드가 무엇인지, 무엇을 하는지를 설명하는 요약을 반드시 포함해야 하며, 요약에 이어 세부적인 제약 조건이나 사용 예시 등의 상세를 작성합니다.

반면, 비형식 주석은 코드를 읽는 데 도움을 주는 역할을 하며, 규모가 큰 코드의 분할이나 직관적이지 않은 코드를 설명하기 위해 작성합니다. 비형식 주석을 작성함으로써 코드의 대각선 읽기를 가능하게 하거나 잘못된 코드 변경을 방지할 수도 있습니다.

4^장

상태

불필요한 실행 상태(state)의 수를 줄이거나 상태 전이를 단순하게 하면 코드의 전체 동작을 이해하기가 한결 수월해질 뿐 아니라 코드를 더욱 견고하게 만드는 효과도 있습니다. 대표적인 예로는 가변(mutable) 값을 불변(immutable) 값으로 대체하거나, 부수 효과가 없는 함수를 사용하는 방법 등이 있습니다.

단, 불변 값이나 부수 효과가 없는 함수를 사용하는 등 상태를 줄이는 작업은 어디까지나 가독성과 견고함을 향상시키기 위한 수단일 뿐 그 자체가 목적이 되어서는 안 됩니다. 이 장에서는 오히려 가변 값을 사용하는 것이 더 직관적인 코드를 작성할 수도 있다는 사실을 예시를 통해 알아보고, 이를 바탕으로 **직교**(orthogonal)와 **비직교**(non-orthogonal)라는 변수 간의 관계를 소개하겠습니다. 이 두 가지 관계를 이해한다면 코드의 가독성과 견고함을 더욱 향상시킬 수 있을 것입니다.

4.1 가변 값이 더 적합한 경우

기본적으로 불변 값을 사용하여 불필요한 상태나 상태 전이를 없애는 것이 바람직하지만, 이것이 최선인지는 더 깊이 고민해 보는 것이 좋습니다. 여기에서는 가변 값을 사용해야 더 직관적인 코드가 될 수 있는 경우를 이진 트리(binary tree)의 너비 우선 탐색(breadth first search, BFS)을 통해 살펴보겠습니다. 코드 4-1에서는 이진 트리의 노드를 정의하고 있는데, left와 right의 타입 Node?는 null을 허용하는 Node를 뜻합니다. 따라서 그림 4-1과 같이 각 노드는 정수 값과 함께 좌우에 각각 자식 노드를 가질 수 있습니다.

코드 4-1 이진 트리의 노드 정의

```
class Node(val value: Int, val left: Node?, val right: Node?)
```

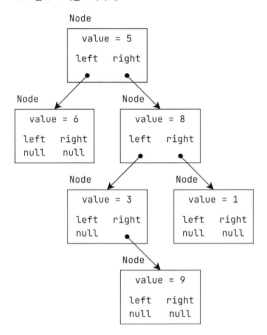

이제 노드로 만든 이진 트리의 너비 우선 탐색을 가변 큐(queue)를 이용하는 방법과 불변 리스트 및 재귀 호출을 이용하는 방법 두 가지로 구현해 보겠습니다. 먼저 코드 4-2는 가변 큐를 이용해 구현한 코드입니다. 인수 valueToFind에는 찾고자 하는 값을, 인수 root에는 이진 트리의 루트 노드를 전달합니다.

코드 4-2 가변 큐를 이용한 너비 우선 탐색 구현

```
fun search(valueToFind: Int, root: Node): Node? {
    val queue = ArrayDeque<Node>()
    var node: Node? = root
    while (node != null && node.value != valueToFind) {
        node.left?.let(queue::add)
        node.right?.let(queue::add)
        node = queue.poll()
    }
    return node
}
```

이 알고리즘은 먼저 큐의 맨 앞에서 노드 하나를 가져옵니다. 가져온 노드가 자식 노드를 가지고 있다면 그 자식 노드를 큐의 마지막에 추가합니다. 그리고 while 조건식을 사용하여 원하는 값을 찾아내거나 큐가 비어 있는 경우에는 함수를 종료합니다. 큐가 비어 있다는 뜻은 모든 노드를 탐색했지만 원하는 값을 찾지 못했음을 의미합니다. 이 함수를 실행하는 동안 node의 참조 대상과 queue 내부의 상태는 계속해서 변합니다.

반면, 불변 리스트와 재귀 호출을 이용해 구현한 코드는 코드 4-3과 같습니다. 이 코드는 함수를 한 번 호출하는 동안 모든 인수와 로컬 함수의 참조 또는 참조 대상의 내부 상태를 불변으로 유지합니다.

코드 4-3 불변 리스트와 재귀 호출을 이용한 너비 우선 탐색 구현

```
fun search(valueToFind: Int, root: Node): Node? =
    innerSearch(valueToFind, listOf(root))

private tailrec fun innerSearch(valueToFind: Int, queue: List<Node>):
Node? {
    val node = queue.firstOrNull()
    if (node == null || node.value == valueToFind) {
        return node
    }
    val nextQueue = queue.subList(1, queue.size) +
        (node.left?.let(::listOf) ?: emptyList()) +
        (node.right?.let(::listOf) ?: emptyList())
    return innerSearch(valueToFind, nextQueue)
}
```

코드 4-3에서 가변 큐를 이용하는 구현의 기본적인 동작은 코드 4-2와 동일합니다. 즉, 두 코드 모두 원하는 값을 찾을 때까지, 혹은 모든 노드를 탐색할 때까지 노드를 전이하는 동작을 수행합니다. 다른 점은 리스트를 불변 상태로 만들기 위해 재귀 호출을 사용하여 상태를 변경한다는 것입니다.

이 두 가지를 비교했을 때 가변 큐를 이용하는 코드 4-2가 더 읽기 쉽다고 느낄 사람이 많을 것입니다. 코드 4-3이 더 읽기 어려운 이유로는 다음 두 가지를 들 수 있습니다.

- 외부에서 queue를 전달할 수 없게 하려면 외부에 공개하는 함수 search와 재귀 호출 함수 innerSearch를 분리해야 한다.
- innerSearch의 인수 valueToFind와 queue가 호출할 때마다 값이 달라지는지 혹은 동일한 값이 사용되는지 알 수가 없다.

인수 값에만 초점을 맞추면 재귀 호출 중에 valueToFind의 값이 변하지 않고, queue의 값만 변한다는 것을 알 수 있습니다. 하지만 코드 전체를 읽지 않고는 이를 확신할 수 없습니다. valueToFind가 재귀 중에 변하지 않는다는 것을 명확히 하려면 로컬 함수[1] 등이 필요합니다. 로컬 함수를 사용하면 함수 정의가 중첩되므로 함수의 흐름을 하향식으로 이해하기 어려워진다는 단점이 생깁니다.

여기에서는 재귀 호출에 대한 단점을 일부러 부각시키기 위해 이진 트리의 너비 우선 탐색을 예로 들었습니다. 만약 깊이 우선 탐색을 사용했다면 재귀 호출을 사용하더라도 간단하게 구현할 수 있었을 것입니다. 이 예시를 통해 주장하고자 하는 것은 구현 대상에 따라 가변 상태나 부수 효과를 이용하는 것이 가독성 측면에서 더 유리할 수 있다는 점입니다. 또, 루프를 구현하기 위해 재귀 호출이나 합성곱 함수(예 코틀린의 fold, reduce 등)를 사용해야 한다면 이는 가독성과 견고함을 향상시키기 위한 수단으로만 사용해야 합니다. 또한, 부분적인 불변성이나 부수 효과에만 초점을 맞추지 말고, 코드 전체의 상태 수와 전이의 복잡도 또한 확인해 봐야 합니다.

---

1   함수 내에 정의된 함수를 말합니다.

4.2 변수 간의 관계, 직교

이번에는 두 변수의 관계를 나타내는 직교라는 개념을 소개하겠습니다. 두 변수가 서로 연관성이 없거나 두 변수의 값이 서로에게 영향을 주지 않는 경우, 이들 변수의 관계를 '직교'라고 합니다. 클래스나 모듈을 정의할 때는 변수의 관계가 직교하도록 설계하는 것이 좋습니다. 직교가 아닌(비직교) 관계를 방치하면 잘못된 상태가 만들어지고 결국 가독성과 견고함이 떨어지게 됩니다. 이 절에서는 먼저 직교에 대한 정의와 함께 비직교 관계를 제거하는 방법 중 **함수로 대체**하는 방법과 **합 타입**(sum type)**으로 대체**하는 방법을 소개합니다.

4.2.1 직교의 정의

먼저 '두 변수의 관계가 **직교**한다'는 개념을 다음과 같이 정의합니다.

> "두 변수가 있을 때 한쪽이 취할 수 있는 값의 범위가 다른 한쪽의 값에 영향을 받지 않는, 즉 값이 독립적인 두 변수의 관계를 직교라고 한다."

한편, 직교하지 않는 관계를 **비직교**로 정의합니다.

직교 개념을 좀 더 쉽게 이해할 수 있도록 예를 들어 설명하겠습니다. '코인'이라는 서비스에서 코인 보유량을 표시하는 화면(그림 4-2)이 있다고 가정하겠습니다. 화면 상단에는 현재 보유하고 있는 코인을 표시하고, 그 아래에는 코인의 거래 내역을 보여 줍니다. 코인의 거래 내역은 아코디언(accordion) 버튼으로 펼치거나 숨길 수 있도록 합니다. 이러한 상황에서의 직교, 비직교 관계를 구체적으로 살펴보겠습니다.

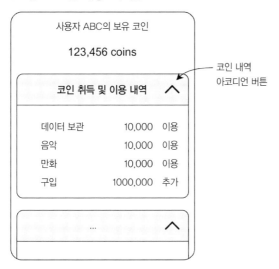

코드 4-4의 코인 보유량 화면의 클래스 OwnedCoinScreen을 통해 직교 관계를 알아보겠습니다. 프로퍼티 ownedCoins와 isTransactionHistoryShown은 각각 '코인 보유량'과 '거래 내역의 표시 상태'를 나타냅니다. 이때 '거래 내역의 표시 상태'는 '코인 보유량'에는 영향을 주지 않습니다. 한편, 코인 보유량이 어떤 값을 가지더라도 거래 내역을 펼치고 닫을 수 있어야 합니다. 따라서 ownedCoins와 isTransactionHistoryShown 각 변수에 어떤 값이 설정되더라도 서로의 값에는 아무런 영향을 미치지 않습니다. 이러한 두 변수를 직교 관계에 있다고 말합니다.

코드 4-4 직교 관계(코인 보유량과 거래 내역 표시 상태)

```
class OwnedCoinScreen {
    private var ownedCoins: Int = ...
    private var isTransactionHistoryShown: Boolean = ...
    ...
}
```

이번에는 코드 4-5의 `CoinDisplayModel` 클래스로 비직교 관계를 알아보겠습니다. `CoinDisplayModel`은 코인 보유량을 의미하는 `ownedCoins`와 이를 화면에 표시하기 위한 문자열 `ownedCoinText`를 가지고 있습니다. 즉, `CoinDisplayModel(1, "1 coin")`이나 `CoinDisplayModel(2, "2 coins")` 같은 인스턴스가 생성되는 것을 가정합니다. 하지만 `CoinDisplayModel(3, "10 coins")`라는 인스턴스가 생성되었다면 이는 분명히 버그일 것입니다. 이처럼 잘못된 값의 조합이 있을 경우, 한쪽 변수의 값이 다른 변수 값에 영향을 미치고 있다고 볼 수 있습니다. 따라서 이 두 변수의 관계는 직교하지 않습니다.

코드 4-5 ❌BAD 비직교 관계(코인 보유량과 표시 텍스트)

```
class CoinDisplayModel(
    val ownedCoins: Int,
    val ownedCoinText: String
)
```

또 다른 비직교 관계의 예를 살펴보겠습니다. 코인 보유 상태인 `CoinStatus`를 서버에서 조회하는 기능을 구현하고자 하는데, 네트워크 문제로 조회에 실패할 수 있다고 가정하겠습니다. 조회에 실패했을 경우에는 어떤 오류가 발생했는지에 대해 사용자에게 보여 주고, 오류의 유형을 보관해야 합니다. 코드 4-6의 `CoinStatusResponse`는 조회에 대한 응답 클래스이며, 성공 시에는 `coinStatus`가 non-null이, 실패 시에는 `errorType`이 non-null이 됩니다.

코드 4-6 ❌BAD 비직교 관계(코인 보유 상태 조회에 대한 응답)

```
class CoinStatusResponse(
    /**
     * 코인 보유량, 사용 내역 등 코인 보유 상태를 보여 주는 모델
     *
     * 코인 보유 상태 조회에 실패하면 이 값은 null이 된다
     */
    val coinStatus: CoinStatus?,

    /**
```

```
    * 코인 보유 상태 조회에 실패한 경우, 실패 이유를 나타내는 값
    *
    * coinStatus의 취득에 성공하면 이 값은 null이 된다
    */
    val errorType: ErrorType?
)
```

위의 coinStatus와 errorType에도 잘못된 값의 조합이 있습니다. 만약 coin
Status와 errorType이 모두 non-null이 되거나, 반대로 둘 다 null이 된다
면 조회에 성공했다고도, 실패했다고도 할 수 없습니다. 즉, coinStatus와
errorType은 직교 관계가 아닙니다.

비직교 관계를 배제하는 것은 코드의 가독성과 견고함을 높이기 위한 매우 중
요한 기법입니다. 두 변수가 가변적이고 값들이 잘못 조합될 수 있는 경우에는
값을 업데이트할 때마다 값의 조합이 유효한지 확인해야 합니다. 만약 이를 확
인하지 않으면 버그가 발생할 수 있습니다. 또한, CoinStatusResponse와 같이
변수 값이 변하지 않는 경우에도 CoinStatusResponse(null, null)처럼 잘못
된 값의 조합이 만들어질 수 있으므로 이러한 조합을 어떻게 처리할 것인지에
대한 고민도 필요합니다.

4.2.2 방법: 함수로 대체하기

가장 먼저 떠올릴 수 있는 해결 방법은 변수 자체를 제거하는 것입니다. 변수가
없어지면 자연스레 비직교 관계도 제거될 것입니다. 변수를 제거할 대표적인
방법으로 '두 변수 중 하나를 함수로 대체하기'가 있습니다.

그러나 변수가 항상 함수로 대체 가능하지는 않습니다. 먼저 대체할 수 있는
지를 판단해야 하는데 이를 위해서는 **종속 관계**라는 개념이 필요합니다. 코
드 4-5에서 코인 보유량 ownedCoins의 값이 결정되면 이를 표시하는 문자
열 ownedCoinText의 값도 함께 결정됩니다. 예를 들어 ownedCoins가 1이라면
ownedCoinText는 "1 coin"이 됩니다. 이처럼 한 변수 A의 값이 확정됨으로써

다른 변수 B의 값이 확정되는 경우에 'B는 A에 종속되어 있다'고 정의합니다.

변수 B가 변수 A에 종속되어 있다면 A를 사용하는 함수로 B를 대체할 수 있습니다. 코인 보유량을 표시하는 문자열 ownedCoinText는 코드 4-7과 같이 getOwnedCoinText라는 함수로 대체할 수 있습니다. 이 getOwnedCoinText 함수의 반환값은 매번 ownedCoins로부터 만들어지기 때문에 부정확한 값이 될 수 없습니다.

코드 4-7 ◉ GOOD ownedCoinText를 함수로 대체하기

```
class CoinDisplayModel(val ownedCoins: Int) {
    fun getOwnedCoinText(): String {
        val suffix = if (ownedCoins == 1) "coin" else "coins"
        return "$ownedCoins $suffix"
    }
}
```

코틀린의 경우에는 함수 대신에 연산 프로퍼티 val owned CoinText: String get() = ...를 사용할 수도 있습니다.

클래스를 정의할 때 종속 관계가 없도록 설계하는 것이 이상적이지만, 때로는 이러한 설계가 어려운 경우도 있습니다. 예를 들어 ownedCoinText를 연산하는 데 부하가 많이 걸린다면 조회할 때마다 연산하지 않고, 한 번 연산된 결과를 반복해서 사용하고 싶을 것입니다. 이를 단순하게 구현하려고 하면 코드 4-8 과 같이 두 값을 가진 클래스를 만들게 되고, 결국 잘못된 값의 조합을 가진 인스턴스가 얼마든지 만들어질 수 있습니다.

코드 4-8 ✖ BAD 잘못된 값의 조합을 갖게 되는 구현

```
class CoinDisplayModel(
    val ownedCoins: Int,
    val ownedCoinText: String
)

fun getCoinDisplayModel(): CoinDisplayModel {
```

```
    val ownedCoins = ...
    val ownedCoinText = ... // ownedCoins를 사용하여 텍스트 생성
    return CoinDisplayModel(ownedCoins, ownedCoinText)
}
```

이런 경우에는 잘못된 값의 조합을 만들지 못하도록 인스턴스 생성이나 상태를
업데이트하는 인터페이스를 제한하는 것이 좋습니다. 코드 4-9와 같이 인스턴
스를 생성할 때 연산을 수행하거나 또는 코드 4-10과 같이 생성자(constructor)
를 비공개로 설정한 후에 팩토리 함수를 제공하는 방법이 있습니다.[2] 이렇게
하면 ownedCoinText의 연산을 은닉할 수 있고, CoinDisplayModel은 직교 관계
가 아닌 두 값을 가지고 있음에도 불구하고 ownedCoinText가 ownedCoins에서
만들어진 문자열이란 것을 보장할 수 있습니다.

코드 4-9 ⊙ GOOD 인스턴스 생성 시 ownedCoinText를 결정하는 예시

```
class CoinDisplayModel(val ownedCoins: Int) {
    val ownedCoinText: String = ... // ownedCoins를 사용하여 텍스트 생성
}
```

코드 4-10 ⊙ GOOD 팩토리 함수 내에서 ownedCoinText를 결정하는 예시

```
class CoinDisplayModel private constructor(
    val ownedCoins: Int,
    val ownedCoinText: String
) {
    companion object {
        fun create(ownedCoins: Int): CoinDisplayModel {
            val ownedCoinText = ... // ownedCoins를 사용하여 텍스트 생성
            return CoinDisplayModel(ownedCoins, ownedCoinText)
        }
    }
}
```

---

2   companion object 내의 함수는 자바의 static 메서드에 해당합니다.

ownedCoinText를 변수로 유지하면서 ownedCoins의 값을 바꾸려면 ownedCoins
와 ownedCoinText를 동시에 업데이트하는 함수를 별도로 준비해야 합니
다. 코드 4-11에서 ownedCoins와 ownedCoinText를 업데이트하기 위해서는
updateOwnedCoins를 호출해야 합니다. 따라서 두 값이 동시에, 그리고 올바른
값으로 업데이트되는 것을 보장할 수 있습니다.[3]

코드 4-11 ⊙GOOD ownedCoins를 업데이트할 수 있게 한 예시

```
class CoinDisplayModel {
    var ownedCoins: Int = 0
        private set

    var ownedCoinText: String = createCoinText(ownedCoins)
        private set

    fun updateOwnedCoins(newCoinCount: Int) {
        ownedCoins = newCoinCount
        ownedCoinText = createCoinText(ownedCoins)
    }

    companion object {
        private fun createCoinText(ownedCoins: Int): String = ...
    }
}
```

4.2.3 방법: 합 타입으로 대체하기

두 값이 종속 관계가 아닌 경우에는 값을 함수로 대체하는 방법을 사용할 수 없
습니다. 예를 들어 코드 4-6의 CoinStatusResponse에서 coinStatus가 null
이라면 errorType이 non-null이 되는 것은 확실하지만, 구체적인 값까지는 알
수가 없습니다. 반대로 errorType이 null이라는 것을 안다고 해도 그것으로

---

3 코드 4-11에서는 private set을 사용하여 ownedCoins와 ownedCoinText의 값을 외부에서 직접 업데이트
   하는 것을 금지하고 있습니다.

coinStatus의 값을 특정할 수는 없습니다.

이와 같이 직교 관계도, 종속 관계도 아닌 경우에는 **합 타입**(sum type)을 사용할 수 있습니다. 합 타입이란 여러 타입을 묶어서 그중 하나의 값을 갖는 타입을 말합니다. 예를 들어 Int와 Boolean의 합 타입을 IntOrBool이라고 했을 때 IntOrBool의 인스턴스는 Int나 Boolean 중 어느 한쪽 타입의 값을 가지게 됩니다.[4] 합 타입은 자바(15 이후[5]), 스칼라, 코틀린에서 sealed class로 구현되어 있으며, CoinStatusResponse를 코틀린의 sealed class로 대체하면 코드 4-12와 같습니다.

코드 4-12 ⊙GOOD sealed class를 이용한 CoinStatusResponse 구현

```
sealed class CoinStatusResponse {
    /**
     * 코인 보유 상태 취득에 성공했음을 의미하는 응답
     */
    class Success(val coinStatus: CoinStatus) : CoinStatusResponse()

    /**
     * 코인 보유 상태 취득에 실패했음을 의미하는 응답
     */
    class Error(val errorType: ErrorType) : CoinStatusResponse()
}
```

sealed class는 외부에서 자식 클래스를 추가할 수 없는 클래스입니다. CoinStatusResponse에는 Success와 Error가 자식 클래스로 정의되어 있지만, 외부에서 새로운 자식 클래스를 추가할 수는 없습니다. 즉, CoinStatusResponse의 인스턴스가 전달되면 반드시 Success 또는 Error 중 하나가 반환됩니다. 이는 동시에 CoinStatusResponse가 전달될 때 반드시 CoinStatus와 ErrorType

---

4   합 타입에서는 같은 타입을 묶어도 각각의 값이 어떤 타입인지를 구별합니다. 예를 들어 IntOrInt라는 합 타입은 왼쪽과 오른쪽이 구별되어 '왼쪽 Int 또는 오른쪽 Int 중 어느 한쪽의 값을 갖는 타입'을 의미합니다.

5   자바 15와 16에서 sealed class는 프리뷰 버전으로 사용할 수 있습니다. 스탠더드 버전은 자바 17 이상에서 사용할 수 있습니다.

중 하나를 가지고 있다는 것을 뜻합니다. 이렇게 하면 CoinStatus와 ErrorType
이 둘 다 가지고 있거나, 둘 다 가지고 있지 않은 잘못된 상태를 제거할 수 있습
니다.

자바 14 이전 버전 등 프로그래밍 언어에 따라 합 타입을 사용할 수 없는 경우
도 있습니다. 이런 경우에는 종속도, 직교도 아닌 관계를 구현하기 위해 합 타
입에 해당하는 작은 클래스를 만드는 방법이 있습니다. 이러한 클래스를 구현
하려면 합 타입의 대상이 될 모든 값을 필드나 프로퍼티로 만들어서 생성자를
제한하는 방식으로 구현해야 합니다.

코드 4-13의 CoinStatusResponse 구현에서는 coinStatus와 errorType을
@Nullable의 필드로 가지고 있습니다. 그리고 외부에서 인스턴스를 생성하
는 방법을 asResult와 asError 두 함수로 제한하고 있습니다. 이렇게 하면
coinStatus와 errorType 중 어느 하나는 null이고, 다른 하나는 null이 아님
을 보장할 수 있습니다. 물론, 필드의 타입은 이 제약 조건을 보장할 수 없기 때
문에 정적 타입 검증의 이점을 누릴 수는 없지만, 대신 잘못된 값의 조합을 고
려하지 않아도 되므로 이 인스턴스는 다루기가 쉬워진다는 이점이 생깁니다.

코드 4-13 ⊙ GOOD sealed class를 사용하지 않을 경우의 CoinStatusResponse 구현(자바 14)

```java
public class CoinStatusResponse {
    @Nullable private final CoinStatus coinStatus;
    @Nullable private final ErrorType errorType;

    private CoinStatusResponse(
        @Nullable CoinStatus coinStatus,
        @Nullable ErrorType errorType) {
            this.coinStatus = coinStatus;
            this.errorType = errorType;
    }
    ...

    @NotNull
    public static CoinStatusResponse asResult(@NotNull CoinStatus
coinStatus) {
```

```
        return new CoinStatusResponse(coinStatus, null);
    }

    @NotNull
    public static CoinStatusResponse asError(@NotNull ErrorType
errorType) {
        return new CoinStatusResponse(null, errorType);
    }
}
```

종속도, 직교도 아닌 관계를 구현할 때 일반적인 합 타입으로는 구현이 어려운 경우가 있습니다. 그 대표적인 예가 참/거짓 값의 조합입니다.

CoinStatusResponse의 결과를 화면에 표시하는 경우를 예로 들어 설명하겠습니다. 그림 4-3과 같이 '결과를 표시하는 레이아웃'과 '오류를 표시하는 레이아웃'이 있다고 가정하겠습니다. 응답을 받기 전까지는 어느 쪽의 레이아웃도 표시되지 않으며, 응답을 받으면 그 값에 따라 두 레이아웃 중 하나만 표시됩니다.

❤ 그림 4-3 CoinStatusResponse에 따른 화면 표시

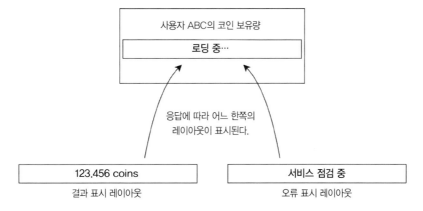

두 레이아웃의 표시 상태를 나타내기 위해 코드 4-14에서 참/거짓 값 두 개를 가진 클래스를 사용한다고 해 보겠습니다. 이때 응답을 받기 전까지는 두 레이아웃 모두 표시되지 않으므로 두 값 모두 false가 되며, 응답을 받은 후에는 두 값 중 하나가 true가 됩니다. 하지만 두 레이아웃이 동시에 표시되는 경우는 없

으므로 두 값 모두 true가 되는 경우는 잘못된 조합이라고 할 수 있습니다(표 4-1).

코드 4-14 **✕ BAD** 레이아웃의 표시 상태를 두 개의 참/거짓 값으로 표시하는 클래스

```
class ShownLayoutState(
    val isResultLayoutShown: Boolean,
    val isErrorLayoutShown: Boolean
)
```

▼ 표 4-1 isResultLayoutShown과 isErrorLayoutShown 값의 조합

isResultLayoutShown	isErrorLayoutShown	값 조합의 적합성
false	false	적합
false	true	적합
true	false	적합
true	true	부적합

코드 4-14에서의 문제점은 레이아웃 표시 상태가 가질 수 있는 경우의 수가 세 개임에도 불구하고 ShowLayoutState로 네 가지 상태를 구현할 수 있다는 것입니다. 오직 세 가지의 상태만 표시하기 위해서라면 코드 4-15와 같은 열거형을 사용할 수 있습니다.

코드 4-15 **◉ GOOD** 레이아웃 표시 상태를 나타내는 열거형

```
enum class ShownLayoutType { NOTHING, RESULT, ERROR }
```

열거형은 합 타입의 특수한 형태라고 할 수 있는데, '각 열거자에 해당하는 인스턴스 수는 단 하나이다'라는 제약이 있습니다. 코틀린에서 enum class를 열거형, sealed class는 합 타입으로 볼 수 있습니다.[6] 제약이 강한 타입일수록

6　러스트(Rust)와 스위프트의 enum은 응용할 수 있는 범위가 매우 넓으며, enum으로 합 타입을 구현할 수도 있습니다. 때문에 인스턴스 수에 대한 제약이 없습니다(더 정확하게는 곱 타입(product type)의 합 타입을 정의할 수 있습니다).

정적 검증이 더 쉬우므로 열거형과 합 타입을 별도로 제공하는 언어에서는 이를 적극적으로 사용하는 것이 좋습니다.

COLUMN ➤ 대수적 데이터 타입

대수적 데이터 타입(algebraic data type)이란 쉽게 말해 곱하기(곱 타입)와 더하기(합 타입)를 조합하여 구현할 수 있는 자료형을 말합니다.[7] 예를 들어 Int와 Boolean의 곱 타입을 Foo라고 하면 Foo의 인스턴스는 Int의 값과 Boolean의 값을 동시에 하나씩 가지게 됩니다. 물론 'Int와 Int'처럼 동일한 타입을 조합하여 곱 타입을 구성할 수도 있습니다. 곱 타입은 수학에서의 곱집합에 해당하며, 앞의 Foo가 취할 수 있는 값은 Int와 Boolean이 각각 가질 수 있는 값의 곱집합과 같습니다. 한편 합 타입은 본문에서 설명한 바와 같이 여러 타입 중 하나만 선택하도록 조합한 타입이며, 이는 수학에서의 합집합에 해당됩니다.

곱 타입은 많은 프로그래밍 언어에서 구조체, 클래스 등의 자료 구조로 구현할 수 있습니다. 즉, 합 타입을 구현할 수 있는 언어라면 대체로 대수적 데이터 타입 또한 구현 가능하다고 봐도 무방합니다. 합 타입을 구현하는 방법에는 여러 가지가 있는데 자바, 스칼라, 코틀린에서는 sealed class로, C++에서는 variant[8]로, 스위프트에서는 enum의 연관 값(associated value)으로 구현할 수 있습니다.

한편, 하스켈(Haskell)의 data와 같이 곱 타입과 합 타입으로 된 서로 다른 구문을 사용하지 않아도 포괄적인 대수적 데이터 타입을 구현할 수 있는 프로그래밍 언어도 있습니다.

4.3 상태 전이의 설계

상태 전이를 적절히 설계하면 코드의 가독성과 견고함을 향상시킬 수 있습니다.

이번 절에서는 **불변성**(immutability), **멱등성**(idempotency), **비순환**(acyclic)이라는 상

---

[7]   정확하게는 재귀적으로 타입을 정의할 수 있어야 하므로 재귀 데이터 타입도 구현할 수 있어야 합니다.

[8]   단, C++17의 variant는 C++ Boost 라이브러리의 variant와 달리 재귀 데이터 타입을 직접 표현할 수 없기 때문에 C++17의 variant를 사용하여 재귀 데이터 타입을 구현하려면 별도의 구조체를 만들어 해당 포인터와 조합해야 합니다.

태 전이 종류를 통해 '잘못된 상태 전이'가 일어나지 않도록 설계하는 방법을 알아보겠습니다

4.3.1 불변성

역설적이지만, 처음부터 상태 전이가 일어나지 않는, 즉 **불변성**을 가진 자료 구조를 사용하면 잘못된 싱태 전이가 일어나지 않을 것입니다. 불변성이란 정의, 대입, 객체 생성 이후에 상태가 변하지 않거나 외부에서 관찰할 수 없는 성질을 말합니다. 예를 들어 코드 4-16과 같이 모든 프로퍼티가 치환이 불가능하고 변하지 않는 값만 가지고 있다면, 해당 클래스의 인스턴스는 모두 불변성을 가집니다.[9]

코드 4-16 불변성의 인스턴스를 가진 클래스의 예시

```
// 모든 프로퍼티가 치환 불가능한 불변의 값을 가진다면
// 해당 클래스의 인스턴스는 불변성을 가진다
class Immutable(val value: Int)
class AnotherImmutable(val immutable: Immutable)

// 프로퍼티가 없는 클래스의 인스턴스도 불변성을 가진다
class YetAnotherImmutable()
```

한편, 코드 4-17과 같이 프로퍼티가 치환되거나, 프로퍼티가 가진 값 또는 참조하는 값의 변경이 가능한 경우에는 그 클래스의 인스턴스는 가변이 됩니다.

코드 4-17 인스턴스가 가변이 되는 클래스

```
// 치환이 가능한 프로퍼티가 있다면 비록 그 값 자체가 불변이라 하더라도
// 해당 클래스의 인스턴스는 가변이 된다
```

---

9 언어 기능으로 클래스 상속이 있는 경우, 인스턴스의 불변성을 보장하기 위해서는 해당 클래스의 상속을 금지해야 합니다. 코틀린에서는 명시적으로 abstract, sealed, open으로 한정하지 않는 한 해당 클래스를 상속할 수 없습니다(자바의 final과 같습니다).

```
class Mutable(var value: Int)
class AnotherMutable(var immutable: Immutable)

// 치환이 불가능하더라도 가변 값을 가진 프로퍼티가 있다면
// 해당 클래스의 인스턴스도 가변이 된다
class YetAnotherMutable(val mutable: Mutable)
```

불변과 읽기 전용의 차이점

불변(immutable)과 **읽기 전용**(unmodifiable, read-only)은 전혀 다른 개념이라는 점
에 유의해야 합니다. 예를 들어 코틀린의 List는 값을 변경하는 메서드를 가지
고 있지 않으므로 읽기 전용이라고 할 수 있습니다. 하지만 값을 변경하는 메서
드가 없다고 해서 불변성을 보장할 수 있는 것은 아닙니다. 코드 4-18과 같이
List 인스턴스에 대한 참조를 유지하고 있다 하더라도 별도의 참조를 통해 값
이 변경될 수 있습니다.

코드 4-18 읽기 전용 리스트가 변경되는 예시

```
val mutableList = mutableListOf(1)
val list: List<Int> = mutableList
println(list) // "[1]"이 출력됨

mutableList += 2
println(list) // "[1, 2]"가 출력됨
```

List와 같은 읽기 전용 클래스에서 불변성을 보장하고 싶다면 인스턴스를 생
성하는 쪽에서 명시적으로 참조를 포기(코드 4-19)하거나 인스턴스를 받는 쪽
에서 복사(코드 4-20)하면 됩니다. 또한, 스위프트의 Array에 구현되어 있는
copy-on-write 구조[10]를 활용하는 방법도 있습니다.

---

10 값의 변경이 발생했을 때 객체를 복사하는 구조를 말합니다.

코드 4-19 ● GOOD 참조를 포기하는 방법으로 분리하기

```
class ListProvider {
    // 변경 가능한 리스트를 만든 후 명시적으로 참조를 포기한다
    // 사실상 ListProvider가 리스트를 변경하지 않는다는 것을 보장할 수 있다
    fun createList(): List<Int> = mutableListOf()

    private val mutableList: MutableList<Int> = mutableListOf()

    // 기존의 가변 리스트를 반환하는 경우에도 복사본을 만들고
    // 그 복사본에 대한 참조를 포기한다
    // 이후에는 ListProvider에 의해 반환값이 변경되지 않음을 보장할 수 있다
    fun getCopiedList(): List<Int> = mutableList.toList()
}
```

코드 4-20 ● GOOD 인수의 복사본을 만드는 방법으로 분리하기

```
class ListHolder {
    private var list: List<Int> = emptyList()

    fun setList(newList: List<Int>) {
        // newList를 호출하는 쪽에서
        // MutableList로 보유하고 있을 수도 있다
        //
        // toList로 리스트의 복사본을 만들면
        // 추후에 newList에 변경이 가해진다고 하더라도
        // list는 그 영향을 받지 않도록 한다
        list = newList.toList()
    }
}
```

값과 참조의 가변성

변경 가능한 변수를 만들 때는 참조와 참조 대상이 되는 객체를 모두 변경되게
설정하면 안 됩니다. 예를 들어 코드 4-21에서의 mutableList와 같은 변수를
만드는 것은 피해야 합니다. 이 변수의 값을 변경하는 방법은 새로운 리스트를
mutableList에 대입하는 방법과 기존의 mutableList를 변경하는 방법 두 가지

가 있는데, 여기서 문제가 되는 것은 mutableList에 대한 참조를 유지하는 경우입니다. 코드 4-22와 같이 mutableList의 참조를 list에 유지한 상태에서 clearList 함수를 호출했을 때 그 호출이 list에도 영향을 미치는지는 알기 어렵습니다.[11]

코드 4-21 ❌ BAD 참조와 참조 대상이 되는 객체 모두 가변성을 가지는 예시

```kotlin
class DiscouragedMutable {
    var mutableList: MutableList<Int> = mutableListOf()
        private set

    fun clearList() {
        // 변경 방법 1:
        // mutableList.clear()로 현재 리스트를 빈 상태로 변경한다

        // 변경 방법 2:
        // mutableList = mutableListOf()로 새로운 빈 리스트를 대입한다
    }
}
```

코드 4-22 ❌ BAD 코드 4-21의 사용 예시

```kotlin
val discouragedMutable = DiscouragedMutable()
val list = discouragedMutable.mutableList

// clearList가 list에도 영향을 미치는지 알 수 없다
discouragedMutable.clearList()

println(list) // list가 비어 있을 수도 있고, 변경되지 않을 수도 있다
```

또, 이러한 변수가 존재하면 메서드에 따라 서로 다른 변경 방법을 사용하게 되는 상황도 발생합니다. 코드 4-23에서 clearList는 새로운 빈 리스트를 대입하고, addElement는 현재 리스트의 값을 변경하고 있습니다. 코드 4-24와 같

---

11 원칙적으로 가변 객체를 외부에 공유하는 것 자체를 피해야 합니다. 자세한 내용은 6.2.1절의 안티패턴 2를 참고하세요.

이 mutableList에 대한 참조를 list에 유지하면 어떤 동작이 list에 영향을 주고, 또 어떤 동작이 주지 않는지 파악하기가 어려워집니다.

코드 4-23 ✖BAD 여러 가지 변경 방법이 혼재된 클래스

```kotlin
class DiscouragedMutable {
    var mutableList: MutableList<Int> = mutableListOf()
        private set

    fun clearList() {
        // 새로운 빈 리스트를 대입한다
        // 이미 mutableList에 대한 참조를 가지고 있더라도,
        // 그것에는 영향을 주지 않는다
        mutableList = mutableListOf()
    }

    fun addElement(value: Int) {
        // 현재 리스트의 값을 변경한다
        // 이미 mutableList에 대한 참조를 가지고 있다면
        // 그 참조가 가리키는 리스트의 내용도 변경된다
        mutableList += value
    }
}
```

코드 4-24 ✖BAD 코드 4-23의 사용 예시

```kotlin
val discouragedMutable = DiscouragedMutable()

val list = discouragedMutable.mutableList
println(list) // "[]"이 출력된다

discouragedMutable.addElement(1)
println(list) // "[1]"이 출력된다(addElement의 영향을 받음)

discouragedMutable.clearList()
println(list) // "[1]"이 출력된다("[]"가 아님)

discouragedMutable.addElement(2)
println(list) // "[1]"이 출력된다("[2]"가 아님)
```

이러한 상황을 피하려면 변수를 가변으로 만들 때는 '참조는 변경 가능하게, 객체는 읽기 전용(var list: List⟨Int⟩)으로' 또는 '참조는 읽기 전용으로, 객체는 변경 가능(val mutable List: List⟨Int⟩)하게' 중 하나를 선택하는 것이 좋습니다.

하지만 가변 객체라도 참조를 변경 가능하게 하는 것이 좋을 때가 있습니다. 가변 객체 자체가 초기 상태로 되돌릴 수 있는 방법을 제공하지 않는 경우가 그렇습니다. 예를 들어 IntList라는 클래스가 remove, clear 등의 메서드를 제공하지 않고 add만 제공할 때 IntList의 내용을 모두 비우려면 새로운 인스턴스를 생성하여 교체하는 방법밖에 없습니다.

부분적인 불변성

어떤 클래스의 일부 프로퍼티가 가변이라고 해서 무조건 나머지 프로퍼티도 가변이어야 하는 것은 아닙니다. 변하지 않는 값이라면 그 프로퍼티를 불변으로 설정하여 클래스의 인스턴스가 취할 수 있는 상태의 수를 줄일 수 있습니다.

또한, 가변 프로퍼티라고 해도 **값의 수명 주기**(그 값이 얼마나 오랫동안 변하지 않는지)는 프로퍼티에 따라 다릅니다. 이를 코드 4-25의 UserDetailScreen을 통해 설명하겠습니다. UserDetailScreen 클래스는 수많은 가변 프로퍼티를 가지고 있지만, 업데이트되는 시점은 크게 두 가지로 나눌 수 있습니다. userName과 같은 사용자의 기본 정보는 업데이트가 빈번하지 않을 것입니다. 반면, onlineStatus와 같이 현재의 상태를 나타내는 프로퍼티는 userName에 비해 자주 업데이트될 것입니다. UserDetailScreen에서는 업데이트 빈도의 차이를 고려하여 updateUserProfile과 updateOnlineStatus로 메서드를 구분하고 있습니다. 하지만 프로퍼티의 정의만으로는 그 사실을 알기 어렵습니다.

코드 4-25 ❌ BAD 가변적 프로퍼티를 나열한 클래스

```
class UserDetailScreen {
    private var userName: String = ...
    private var phoneNumberText: String = ...
```

```
    private var timeZone: TimeZone = ...
    private var onlineStatus: OnlineStatus = ...
    private var statusMessage: String = ...

    fun updateUserProfile() {
        ...
        userName = ...
        phoneNumberText = ...
        timeZone = ...
    }

    fun updateOnlineStatus() {
        ...
        onlineStatus = ...
        statusMessage = ...
    }
}
```

이를 개선하기 위해서는 가변 프로퍼티를 수명 주기에 따라 분류하고, 작은 데이터 모델을 만들어 부분적으로 불변성을 구현하는 것이 좋습니다. 코드 4-26에서는 프로퍼티를 UserProfile과 UserStatus 두 가지로 나누고 각 클래스 내에서 val로 선언하였습니다. 이로써 userName, phoneNumberText, timeZone은 반드시 동시에 업데이트된다는 점과 userName, onlineStatus는 각각 업데이트되는 타이밍이 다르다는 점을 강조할 수 있습니다.

코드 4-26 ⊙ GOOD 수명 주기별 프로퍼티를 정리한 클래스

```
class UserDetailScreen {
    private var userProfile: UserProfile = ...
    private var userStatus: UserStatus = ...

    fun updateUserProfile() {
        ...
        userProfile = UserProfile(...)
    }
```

```
    fun updateOnlineStatus() {
        ...
        userStatus = UserStatus(...)
    }

    private class UserProfile(
        val userName: String,
        val phoneNumberText: String,
        val timeZone: TimeZone
    )

    private class UserStatus(
        val onlineStatus: OnlineStatus,
        val statusMessage: String
    )
}
```

updateUserProfile이 자주 호출되지 않는다면 userProfile도 val로 바꾸어 프로필을 업데이트할 때 UserDetailScreen의 인스턴스를 새로 생성하는 방법도 좋을 것 같습니다. 이 개선안도 수명 주기별로 프로퍼티를 분류하면 파악하기가 더욱 쉬워질 것입니다.

4.3.2 멱등성

객체가 취할 수 있는 상태의 수가 두 개 이하이고, 그 상태를 전환하는 함수가 한 개인 경우, 가능하면 함수가 **멱등성**(idempotent)을 지니도록 만드는 것이 좋습니다. 멱등성이란 한 번 실행한 결과와 여러 번 실행한 결과가 동일하다는 개념입니다. 예를 들어 코드 4-27의 close 함수는 멱등성을 지닙니다. Closable의 인스턴스를 생성한 직후는 OPEN 상태이지만, 한 번 close를 호출하면 그 이후부터는 줄곧 CLOSED 상태입니다. 설령 두 번 이상 close를 호출하더라도 CLOSED 상태는 유지됩니다(코드 4-28).

코드 4-27 ● GOOD 멱등 함수 close

```kotlin
class Closable {
// false는 OPEN, true는 CLOSED의 상태를 나타냄
private var isClosed: Boolean = false

    fun close() {
        if (isClosed) {
            return
        }
        isClosed = true

        ... // 닫기 처리(생략)
    }
}
```

코드 4-28 ● GOOD 코드 4-27의 close 호출

```kotlin
val closable = Closable() // OPEN 상태
closable.close() // CLOSED 상태
closable.close() // 유효한 호출. CLOSED 상태를 유지
```

이와 같이 멱등성을 이용하면 잘못된 상태 전이가 발생하지 않도록 설계할 수 있고, 내부 상태를 숨기는 것도 가능합니다.

잘못된 상태 전이 제거하기

멱등성을 지닌 함수는 그 함수를 호출하기 전에 현재 상태를 확인하지 않아도 됩니다. 반면, 멱등성이 없는 함수인 경우에는 해당 호출이 잘못된 상태를 유발하지 않는지 미리 확인해야 합니다. 앞서 다룬 멱등 함수 close(코드 4-27)와 멱등성을 가지지 않은 close(코드 4-29)를 비교해 보겠습니다. 멱등성을 가지는 경우에도 그렇지 않은 경우에도 OPEN 상태에서 close를 호출하면 CLOSED 상태로 전이되는 점은 동일합니다. 그러나 호출 이전의 상태를 확인해야 하는지 여부에서는 차이가 있습니다. 코드 4-30에서 알 수 있듯이, 멱등성이 없는 close를 호출할 경우에는 미리 isClosed로 상태를 확인해야 합니다.

하지만 close를 호출할 때마다 꼭 상태를 확인해야 한다면 코드가 복잡해질 뿐만 아니라, 상태 확인을 하지 않았을 때는 버그가 발생할 수도 있다는 문제가 있습니다.

코드 4-29 **✗ BAD** 멱등하지 않은 함수 close

```
class NonIdempotentClosable {
    // false는 OPEN, true는 CLOSED의 상태를 나타냄
    private var isClosed: Boolean = false

    fun close() {
        if (isClosed) {
            // 이미 CLOSED인 경우 예외를 발생
            error("...")
        }
        isClosed = true

        ... // 닫기 처리(생략)
    }
}
```

코드 4-30 **✗ BAD** 코드 4-29의 close 호출

```
val nonIdempotentClosable: NonIdempotentClosable = ...

// close를 호출하기 전에 isClosed를 확인해야 합니다
if (!nonIdempotentClosable.isClosed) {
    nonIdempotentClosable.close()
}

// isClosed를 확인하는 것을 잊어버리면 예외가 발생할 수 있습니다
nonIdempotentClosable.close()
```

이처럼 함수가 멱등성을 지니게 하면 호출자는 '잘못된 호출'이 일어날 것을 가정하지 않아도 됩니다. 이러한 특성은 코드의 가독성과 견고함을 개선하는 데 있어 매우 유용하므로 멱등성을 가지지 않는 상태 전이에 적용하면 좋을 것입

니다. 이는 상태 수가 세 개 이상인 경우나 함수가 두 개 이상 있는 상태 전이에도 응용할 수 있습니다. 코드 4–31의 ThreeStateCounter는 메서드 호출 횟수를 0회(NONE), 1회(SINGLE), 2회 이상(MULTIPLE)으로 카운트하는 클래스입니다. 이 클래스는 세 가지 상태를 가지므로 accumulate는 멱등성을 가지지 않지만, MULTIPLE 상태에서 accumulate를 호출해도 MULTIPLE 상태가 그대로 유지된다는 특성을 활용하면 호출자의 코드를 간소화할 수 있습니다.

코드 4–31 ⊙GOOD 잘못된 상태 전이가 없는 구현 예시

```
class ThreeStateCounter(...) {
    var count: Count = Count.NONE
        private set

    fun accumulate() {
        count = if (count == Count.NONE) Count.SINGLE else Count.MULTIPLE
    }

    enum class Count { NONE, SINGLE, MULTIPLE }
}
```

내부 상태 은닉하기

캐시와 지연 평가를 사용하는 함수를 구현할 때는 멱등성을 활용하여 내부 상태를 숨길 수 있습니다. 코드 4–32의 CachedIntValue 클래스를 통해 이를 알아보겠습니다. getValue가 처음 호출될 때 이 클래스는 valueProvider를 사용하여 정수 값을 가져옵니다. 하지만 두 번째부터는 cachedValue의 프로퍼티에 캐시된 값을 반환합니다. 이 클래스를 사용하는 입장에서는 값이 캐싱되어 있는지에 대한 정보가 은닉되어 있으므로 캐시된 값을 신경 쓰지 않아도 됩니다. 이처럼 값을 취득하기 위해서 어떠한 동작을 실행해야 할 때 그 결괏값을 반복해서 사용해도 된다면 멱등성을 이용하여 내부 상태를 숨길 수 있습니다.[12]

---

12 코틀린의 경우 표준 라이브러리의 lazy 함수를 사용하면 됩니다. 여기서는 이해를 돕기 위해 CachedIntValue 를 구현해 보았습니다.

코드 4-32 ●GOOD 내부 상태를 은닉한 캐시 클래스

```
class CachedIntValue(private val valueProvider: () -> Int) {
    private var cachedValue: Int? = null

    fun getValue(): Int = cachedValue ?: loadNewValue()

    /** valueProvider에서 가져온 값을 캐싱하여 반환값으로 사용 */
    private fun loadNewValue(): Int {
        val value = valueProvider()
        cachedValue = value
        return value
    }
}
```

주의해야 할 것은 멱등성과 유사하지만 실제로는 멱등성을 지니지 않는 상태
전이입니다. 코드 4-33의 CachedIntValue 클래스는 코드 4-32와 매우 유사
하지만 결정적으로 다른 점이 있습니다.

코드 4-33 ✕BAD 멱등성을 갖지 않는 캐시 클래스

```
class CachedIntValue(private val valueProvider: () -> Int?) {
    private var cachedValue: Int? = null

    fun getValue(): Int? = cachedValue ?: loadNewValue()

    /** valueProvider에서 가져온 값을 캐싱하여 반환값으로 사용 */

    private fun loadNewValue(): Int? {
        val value = valueProvider()
        cachedValue = value
        return value
    }
}
```

코드 4-33에서 valueProvider의 반환값 타입은 Int?이므로 null이 반환될 수
있습니다. 따라서 처음 getValue를 호출했을 때 valueProvider가 null을 반환

하면 cachedValue도 null을 유지합니다. 이 상황에서 다시 getValue를 호출하면 valueProvider도 또다시 호출됩니다. 그 결과, getValue의 첫 번째 호출과 두 번째 호출에서는 반환값이 다를 수 있으며, 코드 4-34의 부등호가 성립될 수 있습니다. 하지만 getValue는 상태를 은닉하는 듯한 함수 이름을 가지고 있기 때문에 혼란을 초래할 가능성이 다분합니다.[13]

코드 4-34 ❌ BAD 코드 4-33의 getValue를 두 번 호출하는 코드

```
val cachedIntValue = CachedIntValue { ... }

// 아래 결과는 true가 될 수 있지만, 부자연스러워 보인다
cachedIntValue.getValue() != cachedIntValue.getValue()
```

멱등성을 지니지 않았음에도 불구하고 내부 상태를 숨긴다면 자칫 오해를 일으킬 코드가 되기 쉽고, 더 나아가 버그의 원인이 될 수도 있습니다. 이럴 때는 내부 상태를 변경할 수 있다는 점을 이름이나 주석으로 명시하는 것이 좋습니다. 코드 4-33의 getValue에는 getCachedValueOrInvoke와 같은 함수 이름이 더 적합해 보입니다. 간단하고 단순한 방법이지만, 의도적으로 함수 이름을 길게 만들어서 주의해야 할 점이 있다는 사실을 알릴 수도 있습니다.

4.3.3 비순환

원래 상태로 돌아가는 전이가 있다면 그 상태 전이는 **순환**한다고 할 수 있습니다. 그림 4-4의 상태 전이는 State1 → State2 → State3 → State1순으로 전이하여 원래 상태로 돌아가므로 상태 전이가 순환한다고 할 수 있습니다. 반면 그림 4-5의 상태 전이에서는 분기와 합류는 있지만, 원래 상태로 돌아가는 전이는 없습니다. 그림 4-5로 표현된 것과 같은 상태 전이를 **비순환**(acyclic)이라고 부릅니다. 그림 4-6에서는 State2와 State3에 셀프 루프(self-loop, 전이 대상이

---

13 연산 프로퍼티를 사용할 때는 특히 주의해야 합니다.

자기 자신을 가르키는 상태)가 있으므로 순환한다고 할 수 있지만, 셀프 루프를 제거하면 상태 전이도 비순환이 됩니다.

가변 객체를 설계할 때는 그림 4-6과 같이 셀프 루프를 제거하면 비순환이 되도록 상태 전이를 구성하는 것이 좋습니다.[14] 한편, 그림 4-4와 같이 다른 상태를 거쳐 다시 원래 상태로 돌아가는 순환은 피하는 것이 좋습니다. 또 그림 4-6과 같은 상태 전이를 구현하려면 가변 객체를 재사용하지 않는 것이 중요합니다. 가변 객체를 재사용하는 것이 성능 향상에 도움이 될 수는 있지만, 자칫 성급한 최적화가 될 수 있으니 주의해야 합니다.

▼ 그림 4-4 순환이 있는 상태 전이

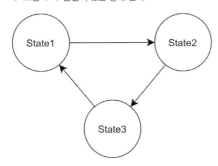

▼ 그림 4-5 비순환 상태 전이

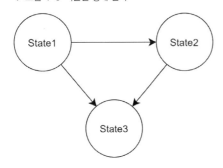

---

14 잘못된 상태 전이를 만들지 않기 위해서라도 종료 상태인 State3이 셀프 루프를 갖도록 하는 것이 더 바람직합니다. 따라서 그림 4-5보다 그림 4-6이 더 올바른 상태 전이의 설계라고 할 수 있습니다. 자세한 내용은 4.3.2절을 참고하기 바랍니다.

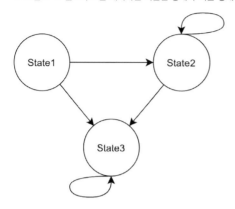

이후, 이 책에서 설명을 쉽게 하기 위해 순환/비순환이라고 말할 때 셀프 루프의 유무는 고려하지 않겠습니다.

순환과 비순환 비교하기

비순환 상태 전이가 왜 바람직한지 DurationLogger라는 클래스를 예로 들어 설명하겠습니다. 이 클래스의 목적은 처리 시간을 측정하여 로그로 출력하는 것입니다. DurationLogger 클래스의 설계 기준으로 로그마다 새로운 인스턴스를 만드는 방법(비순환 상태 전이)과 여러 로그에서 한 인스턴스를 재사용하는 방법(순환 상태 전이), 두 가지를 비교해 보겠습니다.

먼저, 로깅마다 새로운 인스턴스를 사용하는 예시를 코드 4-35에서 살펴보겠습니다. 이 구현 예에서는 인스턴스 하나가 로그 하나에 해당하므로 기록에 사용할 문자열 tag를 생성자의 매개변수로 전달합니다.

코드 4-35 ✔ GOOD 일회용 인스턴스 DurationLogger 구현 예시

```
class DurationLogger(private val tag: String, private val logger: Logger) {
    private var state: State = State.Measuring(System.nanoTime())

    fun finishMeasurement() {
        val measuringState = state as? State.Measuring
```

```
        ? : return

    val durationInNanos =
        System.nanoTime() - measuringState.startedTimeInNanos
    logger.log("[$tag] 경과시간: $durationInNanos nsec")
    state = State.Finished
    }

    private sealed class State {
        class Measuring(val startedTimeInNanos: Long) : State()
        object Finished : State()
    }
}
```

DurationLogger 클래스의 상태 전이를 그림으로 표현하면 그림 4-7과 같습니다. 상태 전이에서는 Finished → Measuring → Finished 또는 Measuring → Finished → Measuring 등 다른 상태를 거쳐 원래 상태로 돌아가는 전이가 없습니다. 즉, 비순환 상태인 것을 알 수 있습니다.[15]

▼ 그림 4-7 코드 4-35의 상태 전이

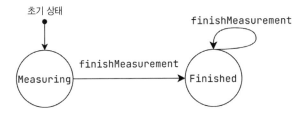

DurationLogger 클래스를 사용하여 로그를 출력하고 싶다면 측정할 대상 코드가 실행될 때마다 코드 4-36과 같이 새로운 인스턴스를 만들어야 합니다.

코드 4-36 ⊙ GOOD 코드 4-35의 사용 예시

```
fun runSomeHeavyTask() {
```

---

15 이 상태 전이의 예시에 한해서는 멱등성을 동시에 충족합니다.

```
    // 측정 시작
    val durationLogger = DurationLogger("Some heavy task", logger)
    ...
    // 측정 종료 & 로그 출력
    durationLogger.finishMeasurement()
}

fun runAnotherHeavyTask() {
    // 측정 시작
    val durationLogger = DurationLogger("Another heavy task", logger)
    ...
    // 측정 종료 & 로그 출력
    durationLogger.finishMeasurement()
}
```

한편, 코드 4-37은 여러 로그에 동일한 인스턴스를 사용할 수 있도록 구현한 예시로, startMeasurement와 finishMeasurement를 번갈아 호출하여 인스턴스 하나를 반복해서 사용할 수 있습니다. 이를 위해 로그에서 사용하는 문자열 tag와 로그가 시작되는 시간은 startMeasurement에서 생성되는 State.Measuring에 저장됩니다.

코드 4-37 ❌ BAD 인스턴스를 재사용할 수 있는 DurationLogger 구현 예시

```
class DurationLogger(private val logger: Logger) {
    private var state: State = State.Stopped

    fun startMeasurement(tag: String) {
        if (state == State.Stopped) {
            state = Measuring(tag, System.nanoTime())
        }
    }

    fun finishMeasurement() {
        val measuringState = state as? State.Measuring
            ?: return
        val durationInNanos =
            System.nanoTime() - measuringState.startedTimeInNanos
```

132

```
        logger.log("[${measuringState.tag}] 경과시간: $durationInNanos
nsec")
        state = State.Stopped
}

private sealed class State {
    class Measuring(val tag: String, val startedTimeInNanos: Long) : State()
    object Stopped : State()
    }
}
```

그림 4–8은 DurationLogger 클래스의 상태 전이를 보여 줍니다. 그림에서 알 수 있듯이, 클래스에는 Stopped → Measuring → Stopped 또는 Measuring → Stopped → Measuring → Stopped → Measuring 등 다른 상태를 거쳐 다시 원래 상태로 돌아가는 전이가 존재합니다. 즉, 상태 전이에 순환이 있음을 알 수 있습니다.

▼ 그림 4-8 코드 4-37의 상태 전이

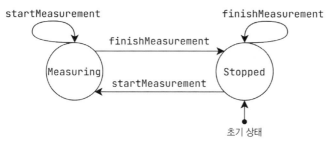

DurationLogger 클래스를 사용하어 로그를 출력힌다면 코드 4 38과 같이 인스턴스 하나를 반복해 사용할 수 있습니다. 이러한 설계는 특히 인스턴스 생성과 초기화 비용이 매우 높은 경우에 효과적입니다. 하지만 코드의 견고함 측면에서 봤을 때 상태 전이에 순환이 있는 클래스에서는 이 설계가 적합하지 않습니다. 코드 4–39처럼 사용하면 버그가 발생할 수 있기 때문입니다. 이 코드에서는 runSomeHeavyTask 안에서 재귀적으로 자기 자신을 호출하거나 runAnotherHeavyTask를 호출하고 있습니다. 하지만 호출한 곳에서도 동일한

durationLogger를 사용하고 있기 때문에 호출자와 호출 대상의 상태가 서로 간섭하게 되어 시간을 제대로 측정할 수가 없습니다. 이처럼 인스턴스를 재사용할 때는 호출하는 쪽에서 올바른 방법으로 사용되는지 주의를 기울여야 합니다. 덧붙이자면, 사용할 때 주의가 필요한 설계는 버그의 원인이 될 뿐만 아니라 가독성을 떨어뜨리는 원인이 되기도 합니다.

코드 4-38 **✕ BAD** 코드 4-37의 사용 예시

```kotlin
private val durationLogger = DurationLogger(logger)

fun runSomeHeavyTask() {
    // 측정 시작
    durationLogger.startMeasurement("Some heavy task")
    ...
    // 측정 종료 & 로그 출력
    durationLogger.finishMeasurement()
}

fun runAnotherHeavyTask() {
    // 측정 시작
    durationLogger.startMeasurement("Another heavy task")
    ...
    // 측정 종료 & 로그 출력
    durationLogger.finishMeasurement()
}
```

코드 4-39 **✕ BAD** 버그가 포함된 코드 4-37의 사용 예시

```kotlin
fun runSomeHeavyTask() {
    durationLogger.startMeasurement("Some heavy task")

    if (...) {
        // 버그: 이미 startMeasurement가 호출되었기 때문에
        // 호출한 쪽에서 시작 시간이 제대로 설정되지 않음
        runSomeHeavyTask()
    } else {
        // 버그: 위의 재귀 호출과 비슷한 버그가 발생
```

```
        runAnotherHeavyTask()
    }

    // 버그: 위의 if에서 이미 finishMeasurement가 호출되어
    // 이후 로직은 측정되지 않음
    ...
    durationLogger.finishMeasurement()
}
```

물론 DurationLogger를 적절히 설계하여 반복적으로 사용하게 함으로써 위의 문제를 해결할 수 있습니다. 하지만 이 경우에는 DurationLogger의 설계 자체가 매우 복잡해집니다. 또한, DurationLogger의 내부 구현으로 인해 일회용 인스턴스가 필요한 경우가 많을 것입니다. 특별한 이유가 없는 한 인스턴스를 일회용으로 만들어 상태 전이가 순환하지 않도록 설계하는 것이 단순하면서도 견고한 클래스를 만드는 방법이 될 것입니다.

순환이 필요한 경우

상태 전이에 순환이 없도록 설계하는 것이 바람직하지만, 사양 때문에 불가피한 상황도 있습니다. 이럴 때는 순환의 규모를 제한하고, 전체적으로 봤을 때 마치 비순환인 것처럼 설계하는 것이 좋습니다.

코드 4-35의 DurationLogger 클래스에 일시적으로 측정을 중지하는 기능을 추가한다고 가정하겠습니다. 구체적으로는 Measuring의 상태를 Paused(일시정지)와 Running(측정) 두 가지 상태로 나눕니다. 이때 Paused와 Running은 번갈아 가며 상태가 바뀌기 때문에 상태 전이의 순환은 불가피합니다. 그러나 단순히 순환이 필요하다는 이유로 그림 4-9와 같이 복잡한 상태 전이를 설계해서는 안 됩니다. 그림 4-9에서는 Finished(측정 종료) 상태에서도 Paused나 Running 상태로 돌아갈 수가 있습니다.

▼ 그림 4-9 큰 순환이 있는 상태 전이

▼ 그림 4-9 큰 순환이 있는 상태 전이

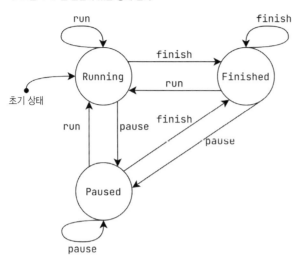

이러한 상태 전이를 구현하기 위해서는 조건 분기가 매우 복잡해지기 때문에 순환의 크기는 그림 4-10처럼 최소한으로 제한해야 합니다. 이렇게 순환의 크기를 제한하면 순환이 포함된 전체 상태가 마치 순환이 없는 하나의 큰 상태로 보이게 할 수 있습니다(그림 4-11).

▼ 그림 4-10 순환을 작게 제한한 상태 전이

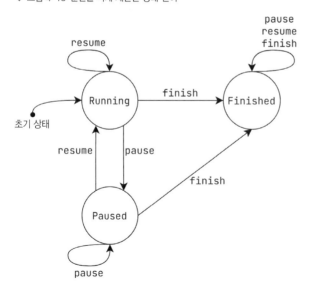

▼ 그림 4-11 그림 4-10을 전체적인 시각에서 본 상태 전환

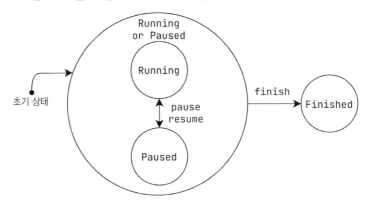

4.4 정리

이 장에서는 여러 변수 간의 관계와 상태 전이 설계라는 두 가지 관점에서 상태를 단순화하는 방법을 알아보았습니다. 먼저, 변수 간의 관계에 직교라는 개념이 잘못된 값의 조합을 제거하는 데 있어 매우 중요하다는 것을 설명하였습니다. 직교하지 않는 관계를 제거하기 위한 기법으로는 변수를 함수로 대체하는 방법과 합 타입으로 대체하는 방법, 두 가지를 소개하였습니다. 다음으로 상태 전이 설계에서는 불변성, 멱등성과 같은 바람직한 특성과 순환/비순환 상태 전이의 특징을 설명했습니다. 가능하면 비순환 상태 전이를 사용하는 것이 좋지만, 순환이 필요한 경우에는 그 범위를 제한해야 한다는 점을 강조했습니다.

memo

5장

함수

함수 이름, 인수, 반환값의 타입, 주석 등의 정보로 함수 동작을 정확하게 예측할 수 있다면 함수 내부의 코드를 읽는 데 드는 비용을 절감할 수 있습니다. 나아가 호출하는 쪽의 코드만으로도 동작을 예측할 수 있다면 주석이나 문서를 읽을 필요도 없어져 비용은 더욱 절감될 것입니다. 설령 함수의 내부를 읽어야 하는 상황이 발생하더라도 함수의 동작을 예측할 수 있다면 세세한 부분까지 읽지 않고도 빠르게 파악할 수 있습니다. 특히 '동작을 예측하기 쉬운 함수'는 디버깅을 할 때 이슈를 더욱 수월하게 파악할 수 있습니다.

이러한 함수를 통해 예측하고자 하는 동작은 주로 다음 세 가지입니다.

- 반환값이 가질 수 있는 값과 그 값이 무엇을 의미하는지
- 어떠한 부수 효과를 가지는지
- 오류로 취급되는 조건과 그때의 동작은 무엇인지

또한, 기존의 함수가 예측하기 쉬운 것인지를 확인하려면 다음 세 가지 사항을 살펴봐야 합니다.

- 함수 이름의 의미와 함수의 동작이 일치하는지
- 함수 이름이 충분히 구체적인지
- 문서화 주석의 요약을 쉽게 작성할 수 있는지

이러한 조건을 충족하지 못한다면 함수의 책임이 모호하거나 함수 흐름이 명확하지 않을 수 있습니다. 만약 그런 함수를 대상으로 네이밍 또는 문서화를 하더라도 그 내용이 정확하지 않거나 애매해지기 쉽습니다. 그 결과, 함수를 만든 사람이 의도한 동작과, 함수를 읽는 사람이 예측한 동작이 서로 달라질 수 있습니다. 이는 가독성에 문제가 있을 뿐 아니라 버그를 발생시키는 원인이 되기도 합니다. 이 장에서는 동작을 예측하기 쉬운 함수를 작성하는 방법을 함수의 **책임**과 **흐름** 두 가지 관점에서 설명합니다.

5.1 함수의 책임

1장에서 소개한 '단일 책임의 원칙'은 클래스뿐만 아니라 함수에도 적용되어야 한다는 것이 필자의 입장입니다. 예를 들어 queryUserModel(userId: UserId): UserModel이라는 함수가 있다고 했을 때 이 함수의 책임은 사용자의 데이터 모델을 가져오는 것에만 국한되어야 합니다. 이 함수의 동작에는 데이터 수집을 위해 데이터베이스나 네트워크 등에 접근하는 과정이 포함될 수 있습니다. 하지만 그 과정에서 데이터를 삭제하거나 업데이트하는 등, 관련 없는 동작까지 처리한다면 이 함수는 복수의 책임을 지게 됩니다.

함수가 여러 책임을 지게 되면 함수의 동작을 추상적으로 이해하기가 어려워집니다. 또한 함수의 재사용이 어려워지고 코드 복제의 원인이 되는 등 설계에 악영향을 끼칠 수도 있습니다. 하나의 함수가 지는 책임은 오직 하나이어야 하며, 이를 위해서는 함수를 적절히 분할해야 합니다.

5.1.1 함수 분할의 기본 방침

함수가 하나의 책임만 가지고 있는지를 판단하기 위해서는 먼저 문서화 주석을 작성해 보는 것이 좋습니다. 예를 들어 코드 5-1의 요약은 '메시지 모델을 뷰에 반영한다'와 같이 작성할 수 있습니다.

코드 5-1 ⊙ GOOD 쉽게 요약할 수 있는 함수

```
fun ...(messageModel: MessageModel) {
    messageView.text = messageModel.contentText
    senderNameView.text = messageModel.senderName
    timestampView.text = messageModel.sentTimeText
}
```

한편, 코드 5-2는 요약하기가 쉽지 않습니다. 무리해서 쓴다면 '메시지 모델을 뷰에 반영하고, 해당 메시지 모델을 저장한다'와 '수신한 메시지 모델을 처리한다'의 두 가지 동작을 모두 기재하거나 아니면 정보량이 거의 없어질 때까지 추상화 수준을 높여야 합니다. 이처럼 요약을 작성하기 어렵다면 그 함수는 여러 책임을 지고 있을 가능성이 높습니다.

코드 5-2 **✖ BAD** 요약하기 어려운 함수

```kotlin
fun ...(messageModel: MessageModel) {
    messageView.text = messageModel.contentText
    senderNameView.text = messageModel.senderName
    timestampView.text = messageModel.sentTimeText

    doOnTransaction {
        ...
        messageDatabase.insertNewMessage(messageModel)
    }
}
```

코드 5-2의 예시라면 메시지를 뷰에 반영하는 동작과 메시지를 저장하는 동작으로 함수를 나눌 수 있습니다(코드 5-3).

코드 5-3 **⊙ GOOD** 함수 분할 예시

```kotlin
fun bindMessageToLayout(messageModel: MessageModel) {
    messageView.text = messageModel.contentText
    senderNameView.text = messageModel.senderName

    timestampView.text = messageModel.sentTimeText
}

fun storeMessageToDatabase(messageModel: MessageModel) {
    doOnTransaction {
        ...
        messageDatabase.insertNewMessage(messageModel)
    }
}
```

이렇게 분할하면 각 함수는 책임을 하나만 지게 됩니다. 문서화 주석의 요약도 각각 '메시지 모델을 뷰에 반영한다'와 '메시지 모델을 데이터베이스에 저장한다'와 같이 구체적이면서도 간결하게 작성할 수 있습니다.

5.1.2 명령과 쿼리의 분리

함수를 분할하는 데 있어서 명령과 쿼리 분리 원칙(command-query separation, CQS)[1]은 매우 중요한 기준이 됩니다. 이 원칙은 상태를 변경하기 위한 함수(**명령**)와 상태를 알기 위한 함수(**쿼리**)를 분리해야 한다는 개념입니다. 명령과 쿼리는 각각 다음과 같은 형태를 갖습니다.

- **명령**: 수신 객체나 인수, 외부의 상태를 변경하는 함수. 반환값을 가지지 않는다.
- **쿼리**: 반환값으로 정보를 취득하는 함수. 수신 객체나 인수, 외부의 상태는 변경하지 않는다.

결괏값을 반환하는 함수에서는 수신 객체나 인수, 외부 상태를 변경하면 안 됩니다. 반대로 상태를 변경하는 함수라면 결괏값을 반환하지 않아야 합니다. 즉, 반환값의 타입이 Unit이나 void여야 합니다.

명령과 쿼리 분리 원칙의 필요성을 알기 위해서 IntList라는 정수 값의 리스트 클래스를 예로 들어 보겠습니다(코드 5-4). IntList 클래스에는 두 개의 IntList를 연결하는 함수 append가 있습니다.[2]

---

1 이 개념은 〈Object-oriented Software Construction〉(Prentice-Hall, 1988)에서 소개된 바 있습니다. 그러나 이 문헌에서는 개념 자체에 대한 설명만 하고 있으며, 특별한 명칭을 지정하지는 않았습니다. command-query separation이라는 이름은 이후에 붙여진 것으로 추정됩니다.

2 infix는 함수를 중위 표기할 수 있도록 하는 수식어입니다. 이 예시에서는 a.append(b) 대신 a append b라고 쓸 수 있도록 합니다.

코드 5-4 정수 값 리스트의 클래스

```
class IntList(vararg elements: Int) {
    ...

    infix fun append(others: IntList): IntList = ...
}
```

코드 5-5는 IntList를 사용하는 예제입니다. 이 코드를 실행하면 a, b, c가 어떤 값이 되는지 예상해 봅시다. 코드 5-6의 모든 행은 true가 된다고 답하는 사람이 많을 것입니다.

코드 5-5 IntList의 사용 예시

```
val a = IntList(1, 2, 3)
val b = IntList(4, 5)
val c = a append b
```

코드 5-6 코드 5-5를 직관적으로 예상할 수 있는 결과

```
a == IntList(1, 2, 3)
b == IntList(4, 5)
c == IntList(1, 2, 3, 4, 5)
```

그러나 명령과 쿼리의 분리 원칙을 따르지 않는 코드에서는 코드 5-7의 모든 행이 true가 될 수도 있습니다. 이는 많은 개발자의 예상과는 다르게 동작하기 때문에 버그의 원인이 될 수 있습니다.

코드 5-7 코드 5-5의 직관적이지 않은 결과

```
a == IntList(1, 2, 3, 4, 5)
b == IntList(4, 5)
c == IntList(1, 2, 3, 4, 5)
```

코드 5-6의 모든 행이 true가 될 것이라 예상하는 사람이 많은 이유는 append

가 값을 연결한 결과를 반환하는 함수라고 예상하기 때문입니다. 하지만 만약 append의 반환값이 Unit 타입이라면 단순히 수신 객체를 변경하는 함수가 되므로 예상했던 것과 결과가 다릅니다.[3]

이러한 혼란을 피하려면 함수를 명령과 쿼리로 분류하고, 함수의 동작을 한 가지로 제한해야 합니다. '리스트를 연결하는 동작'을 하는 함수가 반환값을 가질 때는 보통 그 반환값이 연결된 결과일 거라 예상하기 마련입니다. 또, 결괏값을 반환되는 함수인 이상 수신 객체나 인수가 변경되지는 않을 것이라 예상하는 경우가 일반적입니다. 반대로 결과를 반환값으로 돌려주지 않는 경우, 즉 반환값 타입이 void나 Unit인 경우에는 수신 객체나 인수의 상태 변화에 따른 결과를 얻는 경우가 많을 것입니다. 이것이 바로 명령과 쿼리의 분리 원칙의 기본적인 개념입니다.

그러나 명령과 쿼리의 분리 원칙 역시 가독성과 견고함을 향상시키기 위한 수단 중 하나일 뿐, 그 자체가 목적이 되어서는 안 됩니다. 이 원칙을 지나치게 적용하면 불필요한 상태를 유지하게 되고 그 결과, 함수와 호출자 사이에 강한 의존 관계[4]가 발생하게 됩니다.

명령과 쿼리의 분리 원칙을 지나치게 적용하면 어떤 악영향이 발생하는지 UserModelRepository 클래스를 통해 살펴보겠습니다. 이 클래스는 UserModel을 로컬 저장소에 저장하는 역할을 합니다. 저장에 실패할 수도 있으므로, 호출자는 저장 성공 여부를 알고 싶어 한다고 가정해 봅시다. 여기에 명령과 쿼리의 분리 원칙을 엄격하게 적용한다면 코드 5-8과 같은 구현이 될 것입니다. 명령과 쿼리를 분리하려면 store와 wasLatestOperationSuccessful 두 가지 메서드가 필요합니다.

코드 5-8 **✕ BAD** 명령과 쿼리의 분리 원칙을 무리하게 적용한 코드

```
class UserModelRepository {
```

3 　단, 이 경우에는 infix를 사용하지 않아야 합니다.
4 　자세한 내용은 6.2.1절에서 설명합니다.

```
    private var latestOperationResult: Result = Result.NO_OPERATION

    // UserModel을 저장하는 명령어
    fun store(userModel: UserModel) {
        ...
        latestOperationResult =
            if (wasSuccessful) Result.SUCCESSFUL else Result.ERROR
    }

    // 저장 성공 여부를 반환하는 쿼리
    fun wasLatestOperationSuccessful(): Boolean =
        latestOperationResult == Result.SUCCESSFUL
}
```

위 구현에서 명령과 쿼리의 분리 원칙을 무리하게 적용하려다 보니 불필요한
상태를 만들게 되었고, 오히려 버그가 만들어지기 쉬운 구조가 되었습니다. 코
드 5-9와 같이 store와 wasLatestOperationSuccessful 호출 사이에서 의도
치 않은 또 다른 store가 호출될 수도 있습니다. 이러한 버그는 특히 비동기로
wasLatestOperationSuccessful을 확인하거나 UserModelStore를 여러 스레드
에서 사용할 때 만들어지기 쉽습니다.

코드 5-9 ❌ BAD 버그를 발생시키는 코드 5-8의 사용 예시

```
val repository: UserModelRepository = ...

fun saveSomeUserModel() {
    val someUserModel: UserModel = ...
    repository.store(someUserModel)

    saveAnotherUserModel()

    // 실제로는 anotherUserModel의 저장 성공 여부를 확인한다
    val wasSomeUserModelStored = wasLatestOperationSuccessful()
}

fun saveAnotherUserModel() {
```

```
    val anotherUserModel: UserModel = ...
    repository.store(anotherUserModel)
}
```

이를 개선하려면 명령과 쿼리의 분리 원칙을 적용하지 않고 '저장 성공 여부'를 함수의 반환값으로 돌려주는 것이 좋습니다. 코드 5-10에서와 같이 기존의 store 함수를 수정하면 불필요한 프로퍼티 latestOperationResult를 제거할 수 있을 뿐 아니라 함수 호출과 그 결과의 연관성을 이어줄 수 있습니다.

코드 5-10 ● GOOD 코드 5-8 개선 예시

```
class UserModelRepository {
    /**
     * 전달받은 userModel을 로컬 저장소에 저장한다
     *
     * 이 저장에 실패할 수 있으며,
     * 저장 성공 여부를 참/거짓 값으로 반환한다(true가 성공을 나타냄)
     */
    fun store(userModel: UserModel): Boolean = ...
}
```

명령과 쿼리의 분리 원칙을 적용할지를 고려할 때는 반환값이 함수의 주된 결과인지 혹은 부수적인 결과(메타데이터)인지를 먼저 확인하는 것이 좋습니다. 다음은 각 결과의 예시입니다.

함수의 주된 결과 예시

- toInt, splitByComma 등 '변환'하는 함수의 결과
- 산술 연산하는 함수의 계산 결과
- 팩토리 함수로 생성된 인스턴스

함수의 부수적인 결과(메타데이터) 예시

- 실패할 수 있는 함수에서의 오류 유형
- 데이터를 저장하는 함수에서 '저장 완료된 데이터의 크기' 값
- 상태를 변경하는 함수의 변경 전 상태

함수가 주된 결과를 반환하는 경우에는 명령과 쿼리의 분리 원칙을 적용해야 합니다. 즉, 상태가 변경되지 않도록 해야 합니다. 하지만 반환값이 부수적인 결과일 때는 상태를 동시에 업데이트해도 좋습니다. 단, 이 경우에는 반드시 반환값에 대한 설명을 문서화된 형식으로 제공해야 합니다.

또 인터페이스가 사실상 표준으로 볼 수 있을 만큼 일반적인 경우에는 상태 변경과 주된 결과의 반환을 동시에 수행해도 좋습니다. 예를 들어 자바의 Iterator나 InputStream과 같이 단방향 스트림을 표현하는 클래스에서는 '맨 앞의 요소를 가져와서 현재 위치에서 하나씩 이동하는' 메서드를 제공합니다 (Iterator#next, InputStream#read). 따라서 단방향 스트림을 표현하는 새로운 클래스를 만든다고 했을 때 이와 유사한 형식으로 메서드를 제공한다면 혼란을 야기할 일이 없을 것입니다. 이처럼 널리 알려진 형식이거나 프로그래밍 언어나 플랫폼 자체에서 제공하는 표준 라이브러리 또는 API의 형식을 따르는 경우는 명령과 쿼리의 분리 원칙의 예외로 볼 수 있습니다.

5.2 함수의 흐름

동작의 흐름이 명확한 함수는 짧은 시간에 대략적으로 훑어봐도 내용을 파악할 수 있다는 이점을 제공합니다. 이러한 함수를 만들기 위해서는 함수가 다음과 같은 특성을 갖추도록 노력해야 합니다.

- 세부 동작(중첩, 값의 할당, 오류 처리 등)을 읽지 않고도 이해할 수 있다.
- 함수의 핵심이 되는 부분을 쉽게 파악할 수 있다.
- 모든 조건 분기를 확인하지 않아도 이해할 수 있다.

이러한 특성을 만족시키기 위한 방법으로써 **정의 기반 프로그래밍**, **조기 반환**, **조작 대상에 따른 분할** 세 가지 기법을 소개합니다.

5.2.1 정의 기반 프로그래밍

정의 기반 프로그래밍(definition based programming)이란, 중첩, 메서드 체인, 리터럴 등을 사용하는 대신 이름이 있는 변수, 함수, 클래스의 정의를 주로 사용하는 프로그래밍 스타일을 말합니다. 정의 기반 프로그래밍은 다음 세 가지를 달성하는 것을 목표로 합니다.

- **높은 수준의 추상화**: 추상화 수준이 낮고 길이가 긴 코드 또는 리터럴에 이름을 붙임으로써 코드가 갖는 의미를 설명하고 추상화 수준을 높인다.
- **빠르게 읽어 내려가도 쉽게 파악할 수 있는 코드**: 코드의 일부만 보고도 함수의 흐름을 파악할 수 있도록 한다. 구체적으로는 코드 왼쪽(수식이나 명령문의 앞부분, 중첩의 얕은 부분)에 중요한 부분을 배치하고, 코드 오른쪽(수식이나 명령문의 뒷부분, 중첩의 깊은 부분)에 세부적인 코드를 배치한다.
- **되짚어 읽지 않아도 되는 코드**: 위부터 순차적으로 읽어서 내용을 파악할 수 있도록 함수를 구성한다. 이를 위해 깊은 중첩이나 덩치가 큰 로컬 함수 등 되짚어 읽을 필요가 생기는 요소를 줄인다.

일반적으로 함수를 분할할 때는 별도의 비공개 함수나 지역 변수로 추출하는 경우가 많습니다. 지역 변수로 추출할 때는 읽기 전용 변수(가능하다면 불변성을 보장할 수 있는 변수)를 사용해야 합니다. 사용하는 언어에 따라 읽기 전용 변수를 선언할 수 없는 경우도 있는데 이때는 변수에 값을 재할당하지 않도록 주의해야 합니다.

개선해야 할 패턴 1: 중첩

중첩은 구조가 재귀적으로 반복되는 상태를 말합니다. 제어 구조의 중첩뿐만 아니라 인수 내의 인수, 로컬 함수, 내장 클래스 등에 의해서도 중첩이 만들어집니다. 또는 이들 여러 종류가 결합되어 복잡한 중첩이 만들어지기도 합니다. 코드 5-11은 인수기 중첩되는 예를 보여 줍니다. 이 코드에시는 호출한 힘수의 결과를 다른 함수의 인수로 사용하고, 그 결과가 또 다른 함수의 인수로 사용됩니다.

코드 5-11 **✕ BAD** 인수의 중첩

```
showDialogOnError(
    presenter.updateSelfProfileView(
        repository.queryUserModel(userId)
    )
)
```

인수의 중첩 때문에 발생하는 첫 번째 문제는 함수의 어느 부분이 중요한 코드인지 알기 어렵다는 점입니다. 위의 예시에서 중요한 코드는 사용자 모델을 가져와 뷰에 표시하는 부분입니다. 반면에 오류 발생 시 대화 상자를 표시하는 코드는 예외를 처리하는 부분일 뿐, 함수 내용을 이해하는 데 있어서는 중요도가 떨어집니다. 그러나 코드 5-11에서는 showDialogOnError가 중첩의 바깥쪽에 배치되어 있기 때문에 중첩 안쪽의 코드가 중요한 내용일지 아닐지를 판단하기가 어렵습니다.

두 번째 문제는 반환값의 의미를 파악하기 어렵다는 점입니다. showDialogOnError는 updateSelfProfileView의 반환값을 인수로 사용하고 있습니다. 이 반환값의 의미를 이해하려면 updateSelfProfileView의 문서화 주석을 읽는 등의 수고가 생깁니다. 이를 개선하려면 인수를 적절한 이름으로 네이밍하는 것도 한 가지 방법입니다. 하지만 인수 부분이 복잡해지면 자칫 '어디가 중요한 코드인지 알 수 없는 문제'는 더욱 악화될 수도 있습니다.

앞의 두 가지 문제를 해결하기 위해 정의 기반 프로그래밍 방법론에서는 반환값을 명명된 지역 변수로 정의합니다. 이렇게 하면 함수의 흐름을 위부터 순차적으로 읽을 수 있고 반환값이 의미하는 바가 명확해집니다. 코드 5-12에서는 지역 변수를 사용함으로 다음 두 가지가 좀 더 명확해졌습니다.

- 이 함수에는 세 가지 동작이 있음: 사용자 모델 가져오기, 해당 모델을 이용해 뷰 업데이트하기, 실패 시 대화 상자 표시하기
- updateSelfProfileView의 반환값이 갖는 의미[5]

코드 5-12 ◎ GOOD 지역 변수로 코드 5-11의 중첩을 제거하는 예시

```
val userModel = repository.queryUserModel(userId)
val viewUpdateResult =
    presenter.updateSelfProfileView(userModel)

showDialogOnError(viewUpdateResult)
```

하지만 지역 변수만으로는 중첩을 제거하지 못하는 경우도 있습니다. 코드 5-13은 if에 의한 중첩을 가지는데, 이를 지역 변수를 이용해서 제거하면 코드 5-14와 같이 됩니다. 바뀐 코드에서는 지역 변수를 통해 showStatusText가 실행되는 조건이 '유효한 메시지, 해당 뷰가 표시되어 있음, 메시지 전송 중' 세 가지임을 쉽게 알 수 있습니다. 하지만 수정된 코드의 동작이 원래의 동작과 정확하게 일치하지는 않는다는 문제가 생겼는데, 지역 변수를 이용하면 처음 두 가지 조건이 충족되지 않아도 반드시 requestQueue.contains가 실행된다는 점이 달라졌습니다.

코드 5-13 ✕ BAD if에 의한 중첩

```
if (messageModelList.hasValidModel(messageId)) {
    if (messageListPresenter.isMessageShown(messageId)) {
```

---

5 〈읽기 좋은 코드가 좋은 코드다〉(한빛미디어, 2012)에서는 값의 의미를 설명하는 변수를 '설명 변수', 식의 의미를 요약하기 위한 변수를 '요약 변수'로 정의하고 있습니다.

```
        if (requestQueue.contains(messageId)) {
            showStatusText("Sending")
        }
    }
}
```

코드 5-14 지역 변수로 코드 5-13의 중첩을 제거하는 예시

```
// 이 코드의 동작은 코드 5-13과 정확히 일치하지는 않는다
val isMessageValid = messageModelList.hasValidModel(messageId))
val isMessageViewShown = messageListPresenter.isMessageShown(messageId)
val isMessageSendingOngoing = requestQueue.contains(messageId)

if (isMessageValid && isMessageViewShown && isMessageSendingOngoing) {
    showStatusText("Sending")
}
```

코드 5-13과 5-14의 동작 차이는 대부분의 경우 무시해도 될 만한 수준입니다. 하지만 messageListPresenter.isMessageShown이 대부분의 경우에 false를 반환하고, requestQueue.contains의 연산 규모가 큰 상황에서는 코드 5-14가 적합하지 않은 수정일 수 있습니다.

이와 같이 지역 변수를 사용해 중첩을 제거하기 어려운 경우에는 비공개 함수를 사용하는 방법이 있습니다. 먼저 각 if 문의 조건식을 코드 5-15와 같이 함수로 추출합니다.

코드 5-15 ⊙ GOOD 조건식을 비공개 함수로 추출

```
private fun isValidMessage(messageId: MessageId): Boolean =
    messageModelList.hasValidModel(messageId)
private fun isViewShownFor(messageId: MessageId): Boolean =
    messageListPresenter.isMessageShown(messageId)
private fun isUnderSending(messageId: MessageId): Boolean =
    requestQueue.contains(messageId)
```

이렇게 비공개 함수를 사용하면 동작을 변경하지 않고도 조건식의 추상화 수준을 높일 수 있습니다. 코드 5-16을 보면 isValidMessage가 false를 반환함으로써 isViewShownFor가 실행되지 않으며, 마찬가지로 isUnderSending도 원래의 동작과 일치하게 됩니다.

코드 5-16 ⊙ GOOD 비공개 함수로 코드 5-13의 중첩을 제거하는 예시

```
if (isValidMessage(messageId) &&
    isViewShownFor(messageId) &&
    isUnderSending(messageId)
) {
    showStatusText("Sending")
}
```

정의 기반 프로그래밍에서는 이렇게 지역 변수와 비공개 함수를 구분하여 사용합니다. 다만, 무분별하게 비공개 함수를 만들면 클래스에 포함되는 객체가 많아져 오히려 가독성을 떨어뜨리기 쉽습니다. 만약 지역 변수만으로도 충분하다면 비공개 함수를 사용하는 방법은 고려하지 않아도 좋습니다.

비공개 함수로 중첩을 제거할 때 한 가지 더 주의할 점이 있습니다. 함수로 추출하기 전의 중첩 구조와 추출 후의 함수 호출 구조가 동일하면 오히려 가독성이 떨어지게 됩니다. 코드 5-17의 for에 의한 중첩을 예로 들어 알아보겠습니다. 이 코드의 목적은 messageListPages에 포함된 MessageModel을 저장하는 것입니다. 단, messageListPages는 MessageModel을 직접적으로 가지고 있지 않습니다. 그림 5-1에서 볼 수 있듯이 messageListPages는 Page를 여러 개 가지며, 각 Page는 다시 여러 Chunk를 가집니다. 또, 각 Chunk는 MessageModel을 포함하는 구조입니다. 이 구조 그대로 for 루프를 적용하면 코드 5-17과 같이 중첩이 깊어집니다.

코드 5-17 ✘ BAD for에 의한 중첩

```
fun ...(messageListPages: Collection<MessageListPage>) {
    for (messageListPage in messageListPages) {
```

```
        for (messageListChunk in messageListPage) {
            for (messageModel in messageListChunk) {
                repository.storeMessage(messageModel)
            }
        }
    }
}
```

▼ 그림 5-1 messageListPages의 구조

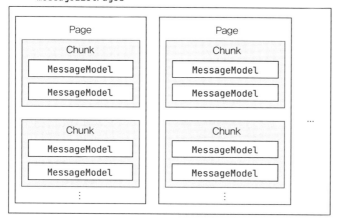

먼저 코드 5-17을 잘못된 방법으로 추출하면 어떻게 되는지 살펴보겠습니다. 코드 5-18에서는 각 for 루프를 비공개 함수로 추출하여 각 함수 내에서는 마치 중첩이 존재하지 않는 것처럼 구성되어 있습니다. 하지만 여기에서 가장 중요한 부분은 MessageModel을 저장하는 코드이며, 이에 해당하는 코드는 repository.storeMessage(messageModel)입니다. 그런데 이 부분이 함수 호출의 깊은 곳으로 밀려나 버렸습니다. 따라서 이 코드가 무엇을 하는지 파악하려면 결국 Page와 Chunk의 구조를 이해해야 합니다. 아이러니하게도 가독성을 높이기 위한 추출이 오히려 가독성을 떨어뜨리는 결과를 가져온 셈입니다.

코드 5-18 ❌ BAD 잘못된 방법의 비공개 함수 추출

```
fun ...(messageListPages: Collection<MessageListPage>) {
```

```
    for (page in messageListPages) {
        storeMessageForPage(page)
    }
}

private fun storeMessagesForPage(page: MessageListPage) {
    for (chunk in page) {
        storeMessagesForChunk(chunk) }
}

private fun storeMessagesForChunk(chunk: MessageListChunk) {
    for (messageModel in chunk) {
        repository.storeMessage(messageModel) }
}
```

이 코드의 동작을 파악하기 위해서는 repository.storeMessage가 호출되고 있다는 것만 이해하면 될 뿐 page나 chunk에 대해 알아야 할 필요는 없습니다. 따라서 저장을 처리하는 코드는 호출하는 쪽에 남겨두고, 제어 구조의 중첩 부분을 모두 비공개 함수로 숨긴다면 중요한 부분이 어디인지 쉽게 알 수 있습니다. 코드 5-19[6]의 forEachMessage는 for 중첩 구조를 고스란히 추출한 함수입니다.

코드 5-19 ⊙ GOOD for 중첩 구조 추출

```
private fun forEachMessage(
    pages : Collection<MessageListPage>,
    action: (MessageModel) -> Unit
) {
    for (page in pages) {
        for (chunk in page) {
            for (messageModel in chunk) {
                action(messageModel)
            }
```

---

6   코틀린의 확장 함수를 사용하여 Collection<MessageListPage>.forEachMessage(action: (MessageModel) -> Unit)과 같이 정의하면 한층 더 직관적인 코드로 만들 수 있습니다.

```
        }
    }
}
```

코드 5-20은 추출한 forEachMessage를 코드 5-17에 적용한 결과입니다.
forEachMessage를 통해 Page와 Chunk의 개념은 은닉하고 'messageListPages
내의 메시지마다 repository.storeMessage를 호출한다'는 중요한 부분을 강조
할 수 있습니다.

코드 5-20 ⊙GOOD 코드 5-19를 이용한 코드 5-17의 추상화

```
fun ...(messageListPages: Collection<MessageListPages>) =
    forEachMessage(messageListPages) { messageModel ->
        repository.storeMessage(messageModel)
    }
```

지금까지 소개한 바와 같이, 지역 변수나 비공개 함수를 사용하면 중첩을 제거
하거나 숨길 수 있습니다. 이를 통해 해당 함수가 하는 일을 강조할 수 있고, 전
체적인 코드의 가독성을 향상시킬 수도 있습니다. 다만, 지역 변수를 사용할
지, 비공개 함수를 사용할지, 또는 어느 범위를 대체할지에 대해 적절히 판단하
려면 다소 시행착오를 겪을 수도 있습니다.

개선해야 할 패턴 2: 메서드 체인

메서드 체인이란 메서드의 반환값을 새로운 수신 객체로 삼아 또 다른 메서드
를 호출하는 것을 말합니다. 코드 5-21은 사용자 모델 리스트를 기점으로 메
서드 체인을 실행하고 있습니다. 메서드 체인에서 수신 객체를 첫 번째 인수로
바꾸면 인수의 중첩과 동일하게 동작합니다(코드 5-22). 메서드 체인은 인수
의 중첩에 비해 다음과 같은 이점이 있습니다.

- 함수의 평가와 실행은 위부터 순차적으로 이루어지기 때문에 되짚어 읽
  을 일이 줄어든다.

- 중첩의 깊이가 얕아지기 때문에 메서드와 인수의 관계를 쉽게 파악할 수 있다.

코드 5-21 메서드 체인의 예시[7]

```
userModelList
    .filter { userModel -> userModel.isFriend }
    .map { userModel -> userModel.profileBitmap }
    .forEach { bitmap -> imageGridView.addImage(bitmap) }
```

코드 5-22 ✖ BAD 코드 5-21과 동일하게 동작하는 인수의 중첩 예시

```
forEach(
    map(
        filter(
            userModelList
        ) { userModel -> userModel.isFriend }
    ) { userModel -> userModel.profileBitmap }
) { bitmap -> imageGridView.addImage(bitmap) }
```

하지만 메서드 체인도 인수의 중첩과 마찬가지로 '중요한 코드가 어디에 있는지 파악하기 어렵다'는 단점이 있습니다. 만약 체인 내에 중요한 코드가 포함되어 있다면 그것을 읽지 않고 넘어갈 수 없습니다. 또한, 인수의 중첩이 깊어질수록 반환값을 파악하기 어려워지는 것과 마찬가지로, 체인이 길어질수록 수신 객체를 파악하기 어려워집니다. 수신 객체의 의미를 파악하기 위해서는 수신 객체 이전의 체인을 모두 이해해야 하기 때문입니다. 코드 5-21의 예시에서 가장 중요한 부분은 이미지를 그리드 뷰에 추가하는 부분인 `{ bitmap -> imageGridView.addImage(bitmap) }`입니다. 하지만 수신 객체가 무엇인지 파악하지 않으면 어떤 이미지를 표시하려는지도 알 수 없을 것입니다. 따라서 수신 객체를 알기 위해서는 `filter`와 `map`까지 모두 읽고 넘어가야 합니다.

7　List를 filter나 map과 같은 고차 함수로 여러 번 체인화할 때는 효율성을 위해 asSequence를 사용해야 하지만, 여기서는 간략히 설명하기 위해 asSequence를 사용하지 않았습니다.

중요한 코드가 어디에 있는지, 수신 객체가 무엇인지 쉽게 파악하려면 메서드 체인을 적절히 분할하는 것이 좋습니다. 코드 5-23에서는 forEach를 메서드 체인에서 분할하여 최종적으로 수행하고자 하는 것이 '그리드에 이미지를 추가하는 동작'임을 쉽게 알 수 있도록 했습니다. 또한, 메서드 체인의 반환값을 friendProfileBitmaps로 네이밍함으로써 filter나 map 체인의 세부 사항을 읽지 않고도 추가하고자 하는 이미지가 무엇인지를 쉽게 파악할 수 있게 되었습니다. 만약 체인에 대한 상세 내용을 읽게 되더라도 이것이 '친구의 프로필 이미지를 가져오는 코드'라는 것을 알고 읽으면 좀 더 쉽게 이해할 수 있을 것입니다.

코드 5-23 ⊙ GOOD 코드 5-21의 메서드 체인 분할 예시

```
val friendProfileBitmaps = userModelList
    .filter { userModel -> userModel.isFriend }
    .map { userModel -> userModel.profileBitmap }

friendProfileBitmaps
    .forEach { bitmap -> imageGridView.addImage(bitmap) }
```

COLUMN ▶ 코틀린의 스코프 함수

코틀린의 스코프 함수는 함수를 인수로 전달받아 이를 수신 객체의 컨텍스트 내에서 실행하는 고차 함수입니다. 스코프 함수를 이용하면 인수의 중첩을 메서드 체인으로 바꿀 수 있습니다. 코드 5-21은 복수 UserModel 리스트에 대한 체인이지만, 다음과 같이 스코프 함수 let을 사용하면 단일 UserModel 인스턴스에도 동일하게 메서드 체인을 만들 수 있습니다.

```
userModel
    .takeIf { it.isFriend }
    ?.let { it.profileBitmap }
    ?.let { imageGridView.addImage(it) }
```

스코프 함수를 통한 메서드 체인은 읽지 않아도 되는 코드를 메서드 체인 안에 숨길 때 유용합니다. 하지만 이를 달리 해석하면, 스코프 함수를 부적절하게 사용하면 중요한 부분까지 숨길 수 있다는 의미가 됩니다. 스코프 함수를 사용할 수 있다고 해서 무작정 사용할 것이

아니라 상황에 맞춰 적절하게 사용해야 합니다. 특히 '메서드 체인에 사용하면 깔끔해 보이기 때문에'라는 이유로 사용하는 것은 위험합니다. 깔끔해 보일 수 있어도 실제로는 가독성이 떨어지는 코드가 될 수도 있습니다. 그런 의미에서 앞 코드의 마지막 let은 적절하지 않다고 할 수 있습니다. 코드 5-23과 마찬가지로 다음과 같이 체인을 분할해야 합니다.

```
val friendProfileBitmap = userModel
    .takeIf { it.isFriend }
    ?.let { it.profileBitmap }

friendProfileBitmap
    ?.let { imageGridView.addImage(it) }

// 또는
friendProfileBitmap
    ?.let(imageGridView::addImage)

// 또는
if (friendProfileBitmap != null) {
    imageGridView.addImage(friendProfileBitmap)
}
```

다른 프로그래밍 언어에서도 스코프 함수와 동일한 함수를 만들 수 있습니다(스위프트, 러스트 등). 범용성이 높은 고차 함수를 만들었다면 잘못된 방법으로 사용하지 않도록 주의해야 합니다.

개선해야 할 패턴 3: 리터럴

리터럴(직접 값)은 소스 코드에서 직접 표현된 값입니다. 코드 5-24에서는 정수 리터럴, 문자열 리터럴, 람다식, 익명 객체의 예를 보여 줍니다.

코드 5-24 리터럴 예시

```
10000 // 정수 리터럴
"문자열 리터럴"
{ x: Int -> x + 1 } // 람다식
object : SomeInterface { ... } // 익명 객체
```

특히 정수나 문자열과 같은 기본적인 데이터 타입에서 이름이 없는 리터럴을 '매직 넘버'라고 합니다.[8] 의미가 명확하고 값이 변하지 않는 매직 넘버는 사용해도 문제가 되지 않습니다. 예를 들어 리스트의 인덱스에서 '앞'을 나타내는 0이나 '다음'을 구할 때 사용하는 + 1, '중간'을 계산할 때 사용하는 / 2는 모두 의미가 명확하고 특별한 경우가 아닌 이상 값이 변하지 않습니다. 이러한 리터럴은 애초에 매직 넘버가 아닌 것으로 분류할 수도 있습니다.

반면에 이러한 조건에 해당하지 않는 매직 넘버는 그대로 사용하시 말고 코드 5-25와 같이 읽기 전용 변수로 정의해야 합니다. 특히 사용 중인 프로그래밍 언어가 인스턴스 멤버와 클래스 멤버[9]를 별도로 정의할 수 있는 경우에는 매직 넘버를 클래스 멤버로 정의함으로써 모든 인스턴스에서 공통된 값이 사용된다는 점을 강조할 수 있습니다. 또한, 코틀린의 const와 같이 상수임을 명확하게 나타낼 수 방법이 있다면 이를 적극 활용하는 것이 좋습니다.

코드 5-25 ⊙GOOD 변수로 매직 넘버를 대체하는 코드

```
private const val QUERY_TIMEOUT_IN_MILLIS = 10000
```

매직 넘버를 네이밍하여 같은 값이 다른 용도로 사용되는 상황을 예방할 수 있습니다. 예를 들어 '쿼리의 타임아웃'과 '쿼리로 가져오는 엔트리의 상한 값' 모두 10000이라는 같은 숫자를 사용한다고 해 보겠습니다. 이런 상황에서 매직 넘버를 사용하면 타임아웃을 변경하려다 실수로 엔트리의 상한 값을 바꿔 버릴 수도 있습니다. 명시적으로 QUERY_TIMEOUT_IN_MILLIS와 MAX_ENTRY_COUNT_ FOR_QUERY를 구분하여 네이밍하면 이러한 버그가 발생할 가능성이 낮아집니다. 바꿔 말해 값에 의미를 부여할 수 없는 변수는 만들지 말아야 합니다. 예를 들어 코드 5-26에서 TEN_THOUSAND와 같은 정의는 변수 이름에 특별한 의미를 부여할 수 없으므로 만들지 않는 것이 좋습니다. 이는 10000이라는 매직 넘

---

8 〈Clean Code 클린 코드〉(인사이트, 2013)에 따르면 숫자가 아니어도, 예를 들어 문자열 또한 매직 넘버라고 부릅니다. '매직 스트링'은 다른 의미를 갖고 있기 때문입니다.

9 자바의 경우 static 필드, 코틀린의 경우 동반 객체(companion object)의 프로퍼티로 정의할 수 있습니다.

버를 직접 사용했을 때와 같이 변수 TEN_THOUSAND 또한 여러 용도로 사용될 수 있기 때문입니다.

코드 5-26 **✕ BAD** 의미를 부여할 수 없는 변수 정의

```
private const val TEN_THOUSAND = 10000
```

매직 넘버에 이름을 부여하는 기법은 잘 알려진 모범 사례이지만, 정의 기반 프로그래밍에서는 여기에 더해 람다식이나 익명 객체와 같은 리터럴을 다루는 방법도 제시합니다.

람다식이나 익명 객체를 사용하는 경우, 그 안에 포함된 코드의 크기를 확인해야 합니다. 람다식이나 익명 객체가 충분히 작다면 가독성에 큰 영향을 끼치지 않지만, 규모가 큰 코드는 되짚어 읽어야 하거나 빠르게 읽어 내려갈 때 어느 부분이 건너뛰어도 되는 부분인지 알기 어렵습니다. 코드 5-27은 메서드 체인에서 큰 람다식을 사용하는 예시입니다.

코드 5-27 **✕ BAD** 큰 람다식을 포함하는 메서드 체인

```
fun getOnlineTeamMembers(teamId: TeamId): List<UserModel> =
    queryTeamMemberIds(teamId)
        .map { memberId ->
            ... // UserModel로 바꾸는 코드
            ...
        }
        .filter { memberModel ->
            ...
            val userStatus = ...
            userStatus.isOnline
        }
```

람다식이나 익명 객체 등 중첩이나 메서드 체인에서 사용되는 것은 지역 변수, 프로퍼티, 네이밍한 함수 또는 클래스로 대체하는 것이 좋습니다. 단, 리터럴을 무엇으로 대체할 것인지는 신중하게 선택해야 합니다. 가령 코드 5-28과 같

이 지역 변수로 대체하면 이름으로 리터럴을 설명하는 데는 무리가 없지만, 함수 내의 코드를 높은 수준으로 추상화하기는 어렵기 때문에 가독성을 개선하는 데에 한계가 있습니다. 반면, 프로퍼티나 네이밍한 함수 또는 클래스로 대체하면 '이름에 의한 설명'과 '코드의 추상화' 모두 쉽게 달성할 수 있습니다. 코드 5-29에서는 람다식을 네이밍된 함수로 대체하여 getOnlineTeamMembers의 추상화 수준을 높임과 동시에 함수를 이름으로 설명할 수 있게 개선되었습니다.

코드 5-28 지역 변수로 람다식을 대체하는 코드

```
fun getOnlineTeamMembers(teamId: TeamId): List<UserModel> {
    val toUserModel = { memberId: MemberId ->
        ... // UserModel로 바꾸는 코드
        ...
    }
    val isOnlineMember = { memberModel: MemberModel ->
        ...
        val userStatus = ...
        userStatus.isOnline
    }

    return queryTeamMemberIds(teamId)
        .map(toUserModel)
        .filter(isOnlineMember)
}
```

코드 5-29 ⊙ GOOD 네이밍한 함수로 람다식을 대체하는 코드[10]

```
fun getOnlineTeamMembers(teamId: TeamId): List<UserModel> =
    queryTeamMemberIds(teamId)
        .map(::toUserModel)
        .filter(::isOnlineMember)

private fun toUserModel(memberId: MemberId): UserModel {
```

---

10 :: 연산자는 함수 참조를 나타냅니다. .map(::toUserModel)과 .map { user -> toUserModel(user) }
은 같은 의미입니다.

```
    ... // UserModel로 바꾸는 코드
    return ...
}

private fun isOnlineMember(memberModel: MemberModel): Boolean {
    ...
    val userStatus = ...
    return userStatus.isOnline
}
```

물론 람다식이나 익명 객체를 대체하는 방법 외에도 중첩이나 메서드 체인 자체를 분할하는 방법도 있습니다. 어느 쪽이 더 가독성을 높일 수 있는지를 비교하여 더 적합한 방법을 채택하는 것을 추천합니다.

정의 기반 프로그래밍의 적용 사례

지금까지 중첩, 메서드 체인, 리터럴을 네이밍한 변수나 함수로 대체하는 예시를 살펴보았습니다. 각각의 요소는 그다지 복잡한 코드가 아니더라도 여러 요소가 얽혀 있으면 코드의 가독성이 떨어지기 마련입니다. 이를테면 코드 5-30은 색이 바뀌는 애니메이션을 실행하는 함수인데, 동작을 파악하기가 쉽지 않습니다. 그 이유는 also[11]를 인수로 받는 람다식이 너무 큰 데다가 람다식 코드가 중첩과 메서드 체인을 구성하고 있기 때문입니다.

코드 5-30 **✖ BAD** 색이 바뀌는 애니메이션을 실행하는 함수

```
fun startColorChangeAnimation(startArgbColor: UInt, endArgbColor: UInt) =
    ColorAnimator(startArgbColor, endArgbColor)
        .also { animator ->
            animator.addUpdateListener { animationState ->
                if (animationState.colorValue == null) {
                    return@addUpdateListener
```

---

11 also는 코틀린의 스코프 함수 중 하나입니다. 인수로 주어진 함수에 대해 수신 객체를 해당 함수의 인수로 바꾸어 실행한 후 수신 객체를 반환합니다. 자세한 내용은 부록 또는 코틀린 문서를 참고하세요.

```
            }
        ... // colorValue를 뷰에 적용하는 코드
        }
    }.start()
```

앞의 코드에서 also의 람다식은 다음 두 가지를 이해하기가 어렵습니다.

- 코드의 어느 부분이 함수 호출 시에 실행되고 어느 부분이 비동기적으로 호출되는지
- start의 수신 객체가 무엇인지

이러한 코드는 중첩의 안쪽부터 순서대로 정의 기반 프로그래밍을 적용하는 것이 좋습니다. startColorChangeAnimation은 중첩된 람다식을 두 개 가지고 있으며, 각각 also와 addUpdateListener에 전달됩니다. 바깥쪽 람다식은 addUpdateListener를 호출하여 ColorAnimator 인스턴스를 초기화합니다. 한편, 안쪽 람다식은 색이 바뀌는 동작에 대한 자세한 내용을 담고 있는데, 본래 startColorChangeAnimation의 목적은 애니메이션을 시작하는 것이므로 함수 내에서 색이 바뀌는 부분까지 설명할 필요는 없습니다. 코드 5-31은 안쪽 람다식을 별도의 네이밍한 함수로 추출하여 '어떤 리스너를 추가할 것인가'에 대한 추상도 수준을 끌어올려 가독성을 높였습니다.

코드 5-31 addUpdateListener를 추출한 결과

```
fun startColorChangeAnimation(startArgbColor: UInt, endArgbColor: UInt) =
    ColorAnimator(startArgbColor, endArgbColor)
        .also {
            it.addUpdateListener { applyColorToViews(it.colorValue) }
        }.start()

private fun applyColorToViews(argbColor: UInt?) {
    if (argbColor == null) {
        return
    }
```

```
    ... // argbColor를 뷰에 적용하는 코드
}
```

다음으로 also의 메서드 체인을 분할합니다. also는 리스너를 등록하고 있으
므로 ColorAnimator의 초기화 코드라고도 볼 수 있습니다. ColorAnimator 함
수가 최종적으로 실행하고자 하는 코드인 start는 초기화 메서드 체인에서 분
리하는 것이 바람직합니다. 코드 5-32와 같이 ColorAnimator의 인스턴스를
animator라는 지역 변수에 보관하면 start 호출을 분리할 수 있으며, 그 결과
'animator 인스턴스 생성, 애니메이션 시작'이라는 함수의 흐름이 명확해집니다.

코드 5-32 **⊙ GOOD** 메서드 체인을 분할한 결과

```
fun startColorChangeAnimation(startArgbColor: UInt, endArgbColor: UInt) {
    val animator = ColorAnimator(startArgbColor, endArgbColor)
    animator.addUpdateListener { applyColorToViews(it.colorValue) }

    animator.start() }

private fun applyColorToViews(argbColor: UInt?) {
    if (argbColor == null) {
        return
    }

    ... // argbColor를 뷰에 적용하는 코드
}
```

정의 기반 프로그래밍 시 주의점

정의 기반 프로그래밍을 적용할 때는 적용 범위에 주의를 기울여야 합니다. 범
위가 부적절하면 오히려 가독성과 견고함이 저하됩니다. 예를 들어 코드 5-33
에 정의 기반 프로그래밍을 적용해 보겠습니다. 이 코드에서는 init 블록 내에
서 뷰 인스턴스 두 개를 만들고 각 뷰의 초기화와 프로퍼티 대입을 수행합니다.

코드 5-33 init에서 뷰 초기화와 프로퍼티 대입을 수행하는 예시

```
class ... {
    private val userNameTextView: View
    private val profileImageView: View

    init {
        userNameTextView = View(...)
        ... // userNameTextView의 길고 복잡한 초기화

        profileImageView = View(...)
        ... // profileImageView의 길고 복잡한 초기화

        ... // 기타 초기화 처리
    }
}
```

이러한 뷰의 초기화 코드가 길어지면 init에서 수행하는 작업이 무엇인지 파악하기 어려워집니다. 코드 5-34에서는 이를 해결하기 위해 각 뷰의 인스턴스 생성과 초기화를 비공개 함수로 추출해서 처리하고 있습니다. 하지만 이 방법은 세 가지의 새로운 문제를 유발합니다.

- 프로퍼티를 변경 가능한 var로 정의하고, null 허용형으로 설정해야만 한다.
- 두 initialize...View가 여러 번 호출되거나 init 블록 밖에서 호출될 우려가 있다.
- initialize...View라는 함수명을 통해 무엇이 수행되는지 예측하는 것이 어렵다.

코드 5-34 ❌ BAD 부적절한 추출 범위의 예시

```
class ... {
    private var userNameTextView: View? = null
    private var profileImageView: View? = null
```

```
init {
    initializeUserNameTextView()
    initializeProfileImageView()
    ... // 기타 초기화 처리
}

private fun initializeUserNameTextView() {
    userNameTextView = View(...)
    ... // userNameTextView의 길고 복잡한 초기화
}

private fun initializeProfileImageView() {
    profileImageView = View(...)
    ... // profileImageView의 길고 복잡한 초기화
}
}
```

추출하는 범위에 따라 이처럼 새로운 문제가 발생할 수 있습니다. 이러한 경우의 대부분은 외부 상태를 변경하는 코드를 추출 대상에서 제외하는 방법으로 문제를 해결할 수 있습니다. 단, 뷰의 인스턴스 생성부터 초기화까지를 추출 범위로 삼고, 프로퍼티의 초기화는 init 블록 내에 남겨두는 것이 좋습니다. 아래 코드 5-35에서 create....View라는 팩토리 함수를 만든 것이 방법입니다. 이렇게 하면 각 뷰의 프로퍼티를 읽기 전용이면서 null이 아닌 상태로 유지할 수 있습니다. 게다가 create...View는 팩토리 함수이기 때문에 여러 번 호출되더라도 기존 뷰에는 영향을 주지 않습니다.

코드 5-35 ⊙ GOOD 적절한 추출 범위의 예시

```
class ... {
    private val userNameTextView: View
    private val profileImageView: View

    init {
        userNameTextView = createUserNameTextView()
        profileImageView = createProfileImageView()
```

```
        ... // 기타 초기화 처리
    }

    private fun createUserNameTextView(): View {
        val userNameTextView = View(...)
        ... // userNameTextView의 길고 복잡한 초기화

        return userNameTextView
    }

    private fun createProfileImageView(): View {
        val profileImageView = View(...)
        ... // profileImageView의 길고 복잡한 초기화

        return profileImageView
    }
}
```

이렇게 추출 범위를 적절하게 지정하면 이후의 리팩터링도 쉬워집니다. create...View의 반환값으로 뷰의 인스턴스가 완성된 상태로 전달될 것이므로 init에서가 아닌 각 프로퍼티를 정의하면서 인스턴스를 할당할 수 있습니다. 결과적으로 코드 5-36과 같이 init 블록을 좀 더 간결하게 만들 수 있습니다.

코드 5-36 ⊙ GOOD 리팩터링 적용 결과

```
class ... {
    private val userNameTextView: View = createUserNameTextView()
    private val profileImageView: View = createProfileImageView()

    init {
        ... // 기타 초기화 처리
    }
}
```

5.2.2 조기 반환

함수의 실행 결과가 함수의 주 목적을 달성한 경우와 그렇지 못한 경우가 있습니다. 여기서는 이들 각각을 **성공 경로**(happy path)와 **실패 경로**(unhappy path)라고 하겠습니다. 문자열 수신 객체를 정수 값으로 변환하는 함수 String.toIntOrNull을 예로 들어 살펴보겠습니다. 이 함수에서 정수 값으로 변환할 수 있는 상황은 성공 경로이고, 정수 값으로 변환하지 못하고 null을 반환하는 상황은 실패 경로입니다. 구체적으로는 수신 객체가 "-1234", "0", "+001", "-2147483648" 등의 값인 경우는 성공 경로에 해당하지만, "--0", "text", ""와 같은 잘못된 값이나 "2147483648"과 같이 정수의 범위를 초과한 값의 경우는 실패 경로가 됩니다.

성공 경로와 실패 경로에서 서로 다른 처리를 구현할 때 이를 혼용하면 함수의 가독성이 떨어집니다. 코드 5-37에서는 if를 사용하여 성공 경로와 실패 경로를 분기 처리하고 있습니다. 하지만 원래 눈에 잘 띄는 곳에 있어야 할 성공 경로 처리가 깊게 중첩되어 있어 함수의 주요 목적과 그것을 처리하는 코드의 위치가 눈에 띄지 않습니다. 또한, 실패 경로가 되는 조건과 이를 처리하는 코드가 서로 멀리 떨어져 있는 것도 문제입니다. 가령, showNetworkUnavailableDialog가 실행되는 조건을 알고 싶은데 isNetworkAvailable의 조건 분기가 멀리 떨어져 있기 때문에 되짚어 읽어야 하는 범위가 넓어집니다.

코드 5-37 **✕ BAD** 성공 경로와 실패 경로가 분리되어 있지 않은 예시

```
if (isNetworkAvailable()) {
    val queryResult = queryToServer()
    if (queryResult.isValid) {
        // 성공 경로 처리
        ...
        ...
        ...
    } else {
        showInvalidResponseDialog()
    }
```

```
} else {
    showNetworkUnavailableDialog()
}
```

성공 경로를 처리하는 코드를 눈에 띄게 하고, 실패 경로의 조건과 처리는 깔끔하게 정리하기 위해서는 **조기 반환**(return early, early return)을 활용하는 것이 좋습니다. 조기 반환은 함수 구현의 초반부에 실패 경로를 처리하는 부분을 모아 두고 return으로 함수를 종료시킵니다. 결과적으로 함수의 초반부를 제외하고는 모두 성공 경로가 처리되므로 흐름을 이해하기가 수월해집니다. 뿐만 아니라 실패 경로가 되는 조건과 이를 처리하는 코드의 위치가 서로 가까워지므로 그 관계도 더욱 명확해집니다. 코드 5-37에 조기 반환을 적용한다면 코드 5-38처럼 될 것입니다.

코드 5-38 ⊙GOOD 코드 5-37에 조기 반환을 적용한 예시

```
if (!isNetworkAvailable()) {
    showNetworkUnavailableDialog()
    return
}
val queryResult = queryToServer()
if (!queryResult.isValid) {
    showInvalidResponseDialog()
    return
}
// 성공 경로 처리
...
...
...
```

단, 조기 반환 시에는 몇 가지 주의해야 할 점이 있습니다. 그중 '이해하기 어려운 반환을 피할 것'과 '불필요한 실패 경로를 만들지 말 것' 두 가지를 소개하겠습니다.

조기 반환 시 주의할 점 1: 이해하기 어려운 반환은 피할 것

조기 반환에 사용하는 return은 알기 쉬운 곳에 위치해야 합니다. 실패 경로의 return이 when(자바의 경우 switch)과 같은 분기의 내부에 위치하거나 중첩된 람다식 내부에서 비지역적(non-local)으로 위치하면 실패 경로의 조건을 이해하기가 어려워집니다. 눈에 띄지 않는 곳에 위치한 return은 간과하기 쉽기 때문에 함수를 변경했을 때 예상치 못한 버그가 발생할 수 있습니다. 코드 5-39에서는 when의 일부 분기에서만 조기 반환을 하고 있습니다. 이 예시에서 아직은 return의 조건을 파악하는 데 어렵지는 않지만, 다른 실패 경로나 중첩 등의 요소가 많아지면 가독성이 급격히 떨어질 것입니다.

코드 5-39 ❌ BAD when의 일부 분기에서만 조기 반환을 하는 예시

```
enum class ThemeType { LIGHT, DARK, INVALID }

fun setThemeBackgroundColor(themeType: ThemeType) {
    val argbColor = when (themeType) {
        ThemeType.LIGHT -> WHITE_ARGB_COLOR
        ThemeType.DARK -> BLACK_ARGB_COLOR
        ThemeType.INVALID -> return // 이 return은 간과하기 쉬움
    }

    someView.setBackgroundColor(argbColor)
    anotherView.setBackgroundColor(argbColor)
    yetAnotherView.setBackgroundColor(argbColor)
}
```

return을 함수의 초반부로 옮기면서도 모든 분기가 포함되도록 하려면 성공 경로와 실패 경로로 타입을 구분하는 것이 좋습니다. 앞 예시의 경우에는 ThemeType에서 INVALID를 제거하고, 대신 래퍼 클래스(wrapper class)나 봉인된 클래스(sealed class) 또는 null을 사용하여 실패 경로를 처리할 수 있습니다. 가령 null을 사용한다면 코드 5-40과 같이 고쳐 쓸 수 있습니다.

코드 5-40 〔●GOOD〕 코드 5-39의 조기 반환을 함수의 초반부로 옮기는 예시

```kotlin
enum class ThemeType { LIGHT, DARK }

fun setThemeBackgroundColor(themeType: ThemeType?) {
    if (themeType == null) {
        return
    }

    val argbColor = when (themeType) {
        ThemeType.LIGHT -> WHITE_ARGB_COLOR
        ThemeType.DARK -> BLACK_ARGB_COLOR
    }

    someView.setBackgroundColor(argbColor)
    anotherView.setBackgroundColor(argbColor)
    yetAnotherView.setBackgroundColor(argbColor)
}
```

조기 반환 시 주의할 점 2: 불필요한 실패 경로를 만들지 말 것

조기 반환을 적용하기 전에는 반드시 실패 경로가 꼭 필요한지를 먼저 확인해야 합니다. 때로는 실패 경로를 '특수한 성공 경로'로 취급하면 조기 반환 자체가 필요하지 않을 수도 있습니다. 예를 들어 앞서 살펴본 코드 5-39의 동작은 'ThemeType.INVALID의 경우에는 배경색을 변경하지 않는다'는 것이었습니다. 하지만 만약 'INVALID인 경우 LIGHT로 폴백(fallback)한다'는 사양이라면 코드 5-41과 같이 조기 반환이 필요 없어집니다.

코드 5-41 〔●GOOD〕 실패 경로와 성공 경로의 통합

```kotlin
fun setThemeBackgroundColor(themeType: ThemeType) {
    val argbColor = when (themeType) {
        ThemeType.DARK -> BLACK_ARGB_COLOR
        ThemeType.LIGHT, ThemeType.INVALID -> WHITE_ARGB_COLOR
    }
```

```
    someView.setBackgroundColor(argbColor)
    anotherView.setBackgroundColor(argbColor)
    yetAnotherView.setBackgroundColor(argbColor)
}
```

만약 ThemeType의 모든 색상을 처리하지 않아도 된다면 맵을 사용하여 폴백 대상 값을 명시하는 것도 좋은 방법입니다(코드 5-42).[12]

코드 5-42 ⊙ GOOD 맵을 이용한 폴백 대상 강조

```
private val THEME_TO_ARGB_COLOR_MAP: Map<ThemeType, Int> = mapOf(
    ThemeType.LIGHT to WHITE_ARGB_COLOR,
    ThemeType.DARK to BLACK_ARGB_COLOR
)

fun setThemeBackgroundColor(themeType: ThemeType) {
    val argbColor = THEME_TO_ARGB_COLOR_MAP[themeType] ?: WHITE_ARGB_COLOR

    someView.setBackgroundColor(argbColor)
    anotherView.setBackgroundColor(argbColor)
    yetAnotherView.setBackgroundColor(argbColor)
}
```

또한, 실패 경로를 실제로 처리하는 부분만 추출하여 호출 대상이 되는 함수 내에 옮기는 방법으로도 실패 경로를 '특수한 성공 경로'로 처리할 수 있습니다. 코드 5-43에서는 먼저 setBackgroundColor의 인수를 null 허용으로 변경하고, setBackgroundColor 함수 안에서는 null을 실패 경로로 간주하여 조기 반환하도록 했습니다. 이렇게 실패 경로를 호출 대상에 은닉함으로써 호출자는 INVALID를 null로 변환하는 것만으로 원래 실패 경로였던 INVALID를 성공 경로로 처리할 수 있게 되었습니다.

---

12 구현으로 커버리지를 보장할 수 없는 경우에는 단위 테스트 등의 대안으로 커버리지를 확보하는 것이 바람직합니다. 자세한 내용은 5.2.3절을 참고하세요.

```
class View {
    fun setBackgroundColor(argbColor: UInt?) { // UInt에서 UInt?으로 변경
        if (argbColor == null) {
            return
        }
        // 배경색 설정
        ...
    }
}

fun setThemeBackgroundColor(themeType: ThemeType) {
    val argbColor = when (themeType) {
        ThemeType.LIGHT -> WHITE_ARGB_COLOR
        ThemeType.DARK -> BLACK_ARGB_COLOR
        ThemeType.INVALID -> null
    }

    someView.setBackgroundColor(argbColor)
    anotherView.setBackgroundColor(argbColor)
    yetAnotherView.setBackgroundColor(argbColor)
}
```

5.2.3 조작 대상에 따른 분할

함수를 분할하는 방법에는 몇 가지 대표적인 것이 있습니다. 그중 '조건에 따라 분할하는 방법'과 '조작할 대상에 따라 분할하는 방법' 두 가지가 가장 일반적입니다. 하지만 대부분의 상황에서는 조건에 따라 분할하기 이전에 조작할 대상에 따른 분할을 먼저 실시하는 것이 더 바람직합니다. 이 책에서는 이를 **조작 대상에 따른 분할**(split by object)이라고 하겠습니다.

표 5-1과 같이 계정 유형을 표시하는 로직을 생각해 보겠습니다. 계정 유형에는 프리미엄 계정과 무료 계정 두 가지가 있는데, 표시할 요소에는 배경과 아이콘이 있고, 각 계정 유형에 따라 배경색과 아이콘 이미지가 달라집니다.

▼ 표 5-1 계정 유형별 표시

조작 대상 　조건	프리미엄 계정	무료 계정
배경색	빨간색	회색
아이콘 이미지		

이 경우, 함수를 '계정 유형별로 분할'하거나 '표시할 요소별로 분할'하는 두 가지 방법을 생각할 수 있겠지만, 우리는 후자를 우선으로 선택해야 합니다. 즉, '조작 대상에 따른 분할'을 먼저 실시해야 하는데, 그 이유를 설명하기에 앞서 '계정 유형별로 분할'하는 방법을 선행할 때 발생할 수 있는 문제부터 살펴보겠습니다.

안티패턴: 조건에 따라 분할한 후 조작 대상에 따라 분할

계정 유형별로 함수를 나누면, 즉 조건에 따라 함수를 분할하면 코드 5-44와 같이 될 것입니다.

코드 5-44 ❌ BAD 조건으로 함수를 분할한 예시

```kotlin
enum class AccountType { PREMIUM, FREE }

/**
 * 계정 유형(프리미엄, 무료)에 따라 레이아웃을 업데이트한다
 */
fun updateAccountLayout(accountType: AccountType) {
    when (accountType) {
        AccountType.PREMIUM -> updateViewsForPremium()
        AccountType.FREE -> updateViewsForFree()
    }
}

private fun updateViewsForPremium() {
    backgroundView.color = PREMIUM_BACKGROUND_COLOR
    accountTypeIcon.image = resources.getImage(PREMIUM_IMAGE_ID)
```

```
}

private fun updateViewsForFree() {
    backgroundView.color = FREE_BACKGROUND_COLOR
    accountTypeIcon.image = resources.getImage(FREE_IMAGE_ID)
}
```

이 코드는 가독성과 견고함 측면에서 두 가지 문제가 있습니다.

- updateAccountLayout만으로는 이 함수가 무엇을 하는지 알 수 없다.
- 새로운 요소를 추가하려고 할 때 조건과 요소 간의 완전한 커버리지(무결성)를 보장할 수 없다.

먼저 첫 번째로, 무엇을 하는 함수인지 알 수 없는 이유부터 알아보겠습니다. updateAccountLayout은 조건에 따른 분기만 수행하며, updateViewsForPremium 또는 updateViewsForFree를 호출합니다. 업데이트할 요소들은 각 updateViewsFor...에 은닉되어 있기 때문에 updateAccountLayout을 읽는 것만으로는 어느 요소가 업데이트되는지 알 수 없습니다. 따라서 updateAccountLayout의 문서화 주석에는 '계정 유형에 따라 레이아웃을 업데이트한다'와 같이 모호한 설명밖에 할 수 없을 것입니다. 만약 무리해서 updateViewsFor...의 내용까지 확장하여 주석을 자세히 작성한다면 updateViewsFor...의 사양이 변경될 때 주석이 함께 업데이트되지 않은 경우에는 문서화 주석의 내용과 코드의 동작 간에 일관성을 잃을 수 있습니다. 결과적으로 단순히 updateAccountLayout만을 사용하고 싶을 때도 모든 코드를 확인해야 하는 상황이 발생할 수 있습니다.

다음으로 두 번째, 완전한 커버리지를 보장할 수 없는 이유도 알아보겠습니다. 가령 새로운 계정 유형 BUSINESS를 추가하려면 코드 5-45처럼 updateViewsForBusiness와 같이 새로운 함수를 만들어야 합니다.

코드 5-45 **✕ BAD** 새로운 계정 유형을 추가할 때 만드는 함수

```
private fun updateViewsForBusiness() {
    backgroundView.color = BUSINESS_BACKGROUND_COLOR
    accountTypeIcon.image = resources.getImage(BUSINESS_IMAGE_ID)
}
```

표시할 요소가 아직까지는 아이콘과 배경 두 개뿐이기 때문에 둘 중 하나를 구현하는 것을 잊어버릴 일은 없을 것입니다. 하지만 만약 표시해야 할 요소가 네개, 다섯 개로 늘어난다면 그중 하나를 구현하는 작업이 누락될 수도 있습니다. 그런데 누락된 구현이 있음에도 불구하고 컴파일 시에 아무런 오류가 발생하지 않는다면 동작을 확인하는 단계에서야 버그를 발견하는 상황이 일어날 수 있습니다.

새로운 계정 유형을 추가할 때뿐만 아니라, 표시할 요소를 새롭게 추가하는 경우에도 같은 논리가 적용됩니다. 예를 들어 계정 유형을 문자열로 표시하는 기능을 추가한다고 가정해 보겠습니다. 문자열을 표시하는 뷰를 accountTypeTextView로 한다면 updateViewsForPremium은 코드 5-46과 같이 수정될 것입니다.

코드 5-46 **✕ BAD** 새로운 요소를 추가했을 때의 updateViewsForPremium

```
private fun updateViewsForPremium() {
    backgroundView.color = PREMIUM_BACKGROUND_COLOR
    accountTypeIcon.image = resources.getImage(PREMIUM_IMAGE_ID)
    accountTypeTextView.text = "PREMIUM!"
}
```

또 코드 5-46의 수정을 updateViewsForFree를 비롯한 모든 계정 유형에도 적용해야 합니다. 만약 계정 유형이 더 늘어나면 특정 유형에 accountTypeTextView를 추가하는 작업이 누락될 수도 있습니다. 더군다나 새로운 계정 유형과 표시할 요소를 동시에 추가한다면 상황은 더욱 심각해집니다. 계정 유형 BUSINESS 추가와 계정 유형을 문자열로 표시하는 기능을 동시에 구현한다면

updateViewsForBusiness 함수 내에 추가되어야 할 accountTypeTextView가 누락될 확률은 더욱 높아집니다. 이때는 누락된 상태에서도 컴파일 오류는 발생하지 않기 때문에 버그를 한동안 발견하지 못할 수도 있습니다.

개선 예시: 조작 대상에 따라 분할한 후 조건에 따라 분할

'조작 대상에 따른 분할' 즉, 표시할 요소별로 함수를 분할하면 앞서 언급한 대로 무엇을 하는 함수인지 알 수 없는 문제와 커버리지를 보장할 수 없는 문제를 동시에 해결할 수 있습니다. 코드 5-47은 문제가 해결된 결과입니다.

코드 5-47 ◉ GOOD 조작 대상에 따라 함수를 분할한 예시

```
/**
 * 해당 계정의 유형에 따라 배경색과 아이콘 이미지를 업데이트한다
 */
fun updateAccountLayout(accountType: AccountType) {
    updateBackgroundViewColor(accountType)
    updateAccountTypeIcon(accountType)
}

private fun updateBackgroundViewColor(accountType: AccountType) {
    backgroundView.color = when (accountType) {
        AccountType.PREMIUM -> PREMIUM_BACKGROUND_COLOR
        AccountType.FREE -> FREE_BACKGROUND_COLOR
    }
}

private fun updateAccountTypeIcon(accountType: AccountType) {
    val resourceId = when (accountType) {
        AccountType.PREMIUM -> PREMIUM_IMAGE_ID
        AccountType.FREE -> FREE_IMAGE_ID
    }
    accountTypeIcon.image = resources.getImage(resourceId)
}
```

먼저 '이 함수가 무엇을 하는지'가 알기 쉽게 되어 있는지 확인해 보겠습니다. 앞의 분할 결과에는 PREMIUM_BACKGROUND_COLOR 등의 구체적인 값은 숨겨져 있지만, 표시하는 요소가 무엇인지에 대해서는 updateBackgroundViewColor와 updateAccountTypeIcon이라는 함수 이름을 통해 알 수 있습니다. 함수 이름이 구체적이기 때문에 updateAccountLayout의 문서화 주석에서 '배경색과 아이콘 이미지 업데이트'를 설명할 수 있어 가독성이 향상되었습니다.

조작 대상에 따라 분할한 결과, 계정 유형과 표시할 요소 간의 커버리지 또한 좀 더 쉽게 보장할 수 있게 되었습니다. 각 update... 함수 내에서는 코틀린의 when 표현식을 통해 모든 계정 유형이 포함되는 것을 보장합니다. 새로운 계정 유형 BUSINESS를 추가할 때는 모든 update... 함수 내에 BUSINESS를 추가해야 하지만, 만약 추가하는 것을 잊어버렸다 하더라도 컴파일 오류로 이를 감지할 수 있습니다. 한편, 표시할 요소를 추가하려면 updateAccountTypeText와 같은 함수를 새로 만들어야 하는데, 이 함수에서도 when을 사용하여 모든 계정의 유형이 다루어지고 있음을 보장할 수 있습니다.

추가 리팩터링

'조작 대상에 따른 분할'을 적용한 코드는 리팩터링에 대한 힌트를 제공하기도 합니다. 코드 5-47을 코드 5-48과 같이 리팩터링할 수 있을 텐데, 이 예시에서는 각 get... 함수의 책임이 계정 유형의 아이콘과 배경색을 반환하는 것에만 국한되었습니다. 또한, 값의 업데이트는 호출자인 updateAccountLayout 내부에서만 수행하고 있습니다. 이로써 updateAccountLayout의 부수 효과가 더욱 명확해졌습니다. 더군다나 getBackgroundArgbColor는 참조 투명성 (referential transparency)[13]도 보장합니다.

---

13 '식'을 '식의 결괏값'으로 치환해도 동작이 변하지 않는 성질을 뜻합니다. 그 '식'이 함수인 경우에는 반환값이 인수
   에 의해서만 결정되고 부수 효과를 가지지 않을 때 참조에 투명한 함수라고 말합니다.

```kotlin
fun updateAccountLayout(accountType: AccountType) {
    backgroundView.color = getBackgroundArgbColor(accountType)
    accountTypeIcon.image = getAccountTypeIconImage(accountType)
}

private fun getBackgroundArgbColor(accountType: AccountType): Int =
    when (accountType) {
        AccountType.PREMIUM -> PREMIUM_BACKGROUND_COLOR
        AccountType.FREE -> FREE_BACKGROUND_COLOR
    }

private fun getAccountTypeIconImage(accountType: AccountType): Image {
    val resourceId = when (accountType) {
        AccountType.PREMIUM -> PREMIUM_IMAGE_ID
        AccountType.FREE -> FREE_IMAGE_ID
    }
    return resources.getImage(resourceId)
}
```

좀 더 심화된 리팩터링으로 '조건을 나타내는 클래스'가 프로퍼티를 가지게 하는 방법이 있습니다. AccountType은 조건 분기에 사용되기 때문에 조건을 나타내는 클래스라고 볼 수 있는데, 코드 5-49는 AccountType의 프로퍼티로 배경색과 아이콘의 ID를 정의하여 좀 더 보기 좋게 만든 예시입니다.

코드 5-49 ⦿GOOD '조건을 나타내는 클래스'가 프로퍼티를 가지도록 하는 리팩터링 예시

```kotlin
enum class AccountType(
    val backgroundArgbColor: UInt,
    val iconResourceId: Int
) {
    PREMIUM(PREMIUM_BACKGROUND_COLOR, PREMIUM_IMAGE_ID),
    FREE(FREE_BACKGROUND_COLOR, FREE_IMAGE_ID),
}

fun updateAccountLayout(accountType: AccountType) {
```

```
    backgroundView.color = accountType.backgroundArgbColor
    accountTypeIcon.image = resources.getImage(accountType.iconResourceId)
}
```

'조건을 나타내는 클래스'가 프로퍼티를 가지게 하는 방법은 해당 클래스를 사용하는 목적이 한정된 경우에 효과적입니다. 조건을 나타내는 클래스가 여러 용도로 사용될 때 프로퍼티를 유지하면 자칫 클래스의 책임이 커질 수 있습니다. 코드 5-50의 backgroundArgbColor와 iconResourceId는 UI를 표시하기 위한 프로퍼티이고, jsonValue는 네트워크를 통해 AccountType의 값을 주고받기 위한 프로퍼티입니다. 여기에 더 많은 프로퍼티가 추가된다면 프로퍼티를 변경했을 때의 영향 범위를 파악하기가 어려워질 수 있습니다.

코드 5-50 ❌ BAD 서로 다른 목적의 프로퍼티를 가진 클래스

```
enum class AccountType(
    val backgroundArgbColor: UInt,
    val iconResourceId: Int,
    val jsonValue: String
) {
    PREMIUM(...),
    FREE(...),
}
```

조건을 나타내는 클래스가 여러 용도로 사용되는 경우에는 코드 5-51의 AccountViewData와 같이 프로퍼티만 따로 모아놓은 클래스를 용도별로 정의하는 것이 좋습니다. 이렇게 하면 AccountViewData가 UI 표시를 위해서만 사용되기 때문에 값을 주고받는 코드에서 독립시킬 수 있습니다.

코드 5-51 ⭕ GOOD '조건을 나타내는 클래스'와는 별도의 클래스로 프로퍼티를 정의한 예시

```
// 이 열거형은 UI 표시 이외의 용도로도 사용된다
enum class AccountType { PREMIUM, FREE }

// 이 클래스는 UI를 표시하는 패키지나 모듈에서 사용된다
```

```kotlin
class AccountViewData(
    val backgroundArgbColor: UInt,
    val iconResourceId: Int
) {
    companion object {
        fun from(accountType: AccountType): AccountViewData =
            when (accountType) {
                AccountType.PREMIUM ->
                    AccountViewData(PREMIUM_BACKGROUND_COLOR, PREMIUM_
IMAGE_ID)
                AccountType.FREE ->
                    AccountViewData(FREE_BACKGROUND_COLOR, FREE_IMAGE_ID)
            }
    }
}

class ... {
    fun updateAccountLayout(accountType: AccountType) {
        val viewData = AccountViewData.from(accountType)
        backgroundView.color = viewData.backgroundArgbColor
        accountTypeIcon.image = resources.getImage(viewData.
iconResourceId)
    }
}
```

모든 분기가 다루어지고 있음을 보장하기 어려운 경우

코틀린의 when과 같은 구조가 없는 언어의 경우에는 모든 열거자가 빠짐없이 다루어지는지(커버리지)를 확인하기가 어렵습니다(📵 파이썬, 자바 11 및 그 이전 버전[14]). 이러한 언어를 사용하여 '조작 대상에 따른 분할'을 할 때는 코드 5-49와 같이 열거형으로 프로퍼티를 내장하거나 다형성(polymorphism)을 사용하여 변환하는 것이 대안이 될 수 있습니다.

---

14 자바 12 이상에서는 switch를 통해 열거형의 커버리지를 보장할 수 있으며, switch는 자바 12와 13에서는 프리뷰 버전으로, 자바 14 이상에서는 표준 버전으로 제공됩니다.

또한, 조건 분기를 사용하여 모든 열거자의 커버리지를 보장할 수 없는 상황에서도 열거자 리스트만 조회할 수 있다면 단위 테스트로 완전한 커버리지를 얻어낼 수 있습니다. 예를 들어 자바 11의 switch 문은 열거자의 커버리지를 보장하지는 않지만, Enum#values로 열거자 리스트를 조회할 수는 있습니다. 열거자 리스트를 사용하여 다뤄지지 않은 열거자가 없는지를 단위 테스트를 통해 확인할 수 있습니다. getBackgroundArgbColor를 자바 11에서 구현한다면 default를 사용하여 정의되지 않은 열거자가 존재하면 오류 값(null, Option#empty, 기본값 등)을 반환하거나 예외를 발생시킬 수 있습니다(코드 5-52).[15]

코드 5-52 자바(버전 11 이하)에서 switch와 default를 이용한 구현 예시

```
enum AccountType { PREMIUM, FREE }

@Nullable
Integer getBackgroundArgbColor(@NotNull AccountType accountType) {
    switch(accountType) {
        case PREMIUM:
            return PREMIUM_BACKGROUND_COLOR;
        case FREE:
            return FREE_BACKGROUND_COLOR;
        default:
            return null;
    }
}
```

코드 5-52에서는 AccountType에 새로운 열거자가 추가되어도 컴파일 오류가 발생하지 않습니다. 따라서 코드 5-53과 같이 단위 테스트에서 '모든 열거자가 오류를 반환하지 않는다'는 것을 보장하도록 합시다. 이때, 단위 테스트가 실패

---

15 getBackgroundArgbColor에 정의되지 않은 AccountType이 전달될 수는 없으므로 원래는 null을 반환하는 것보다 IllegalArgumentException을 발생시키는 것이 더 적절할 것입니다. 하지만 여기서는 코드 5-54와 비교하기 위해 의도적으로 null을 반환하는 코드로 하였습니다. 참고로 null을 오류 값으로 사용하는 경우에는 @NotNull, @Nullable 등의 애너테이션을 사용하여 정적 분석으로 오류가 감지될 수 있도록 하는 것이 좋습니다.

할 경우, 어디를 수정해야 하는지에 대한 정보를 테스트의 주석이나 오류 메시지로 제공한다면 더 수월하게 코드를 수정할 수 있을 것입니다.

코드 5-53 ●GOOD 모든 열거자가 다루어지는 것을 보장하는 단위 테스트

```
@Test
void test_getBackgroundColor_convertsAllAccountTypes() {
    for (AccountType type : AccountType.values()) {
        assertNotNull(
            type + " 에 해당하는 getBackgroundArgbColor가 구현되지 않음",
            testTarget.getBackgroundArgbColor(type));
    }
}
```

모든 열거자가 다루어지고 있음을 단위 테스트로 보장할 수 있다면 코드 5-52 이외의 방법도 고려해 볼 수 있습니다. 예를 들어 코드 5-54와 같이 EnumMap을 사용하는 방법으로도 getBackgroundColor와 동일한 기능을 구현할 수 있습니다.

코드 5-54 ●GOOD getBackgroundColor 대신 EnumMap을 사용한 예시

```
static final EnumMap<AccountType, Integer>
    ACCOUNT_TYPE_TO_BACKGROUND_ARGB_COLOR_MAP =
    new EnumMap<>(AccountType.class);

static {
    ACCOUNT_TYPE_TO_BACKGROUND_ARGB_COLOR_MAP
        .put(AccountType.PREMIUM, PREMIUM_BACKGROUND_ARGB_COLOR);
    ACCOUNT_TYPE_TO_BACKGROUND_ARGB_COLOR_MAP
        .put(AccountType.FREE, FREE_BACKGROUND_ARGB_COLOR);
}
```

코드 5-52와 5-54 중 어느 방법을 선택하든, 코드 5-51에서 제시한 것과 같이 프로퍼티를 따로 모아둔 클래스에서 정의하면 더 나은 결과를 기대할 수 있습니다.

조기 반환과 조작 대상에 따른 분할의 우선순위

조기 반환은 일종의 '조건에 따른 함수 분할'이라고도 볼 수 있습니다. 즉, '조기 반환'과 '조작 대상에 따른 분할'은 서로 상반된 특성을 가지고 있습니다. 이 두 가지 기법을 동일한 함수 내에서 사용하고자 한다면 어떤 기법을 먼저 적용해야 하는지에 대한 판단 기준이 필요합니다.

1. 조작 대상에 따른 분할을 먼저 적용: 조작 대상별로 보조 함수를 만든 뒤 각 보조 함수 내에서 조기 반환을 수행한다.
2. 조기 반환을 먼저 적용: 조기 반환으로 실패 경로를 제거한 뒤 성공 경로를 조작 대상별로 분할한다.

일반적으로 성공 경로와 실패 경로의 조작 대상이 동일하다면 '조작 대상에 따른 분할'을 먼저 적용하고, 둘의 조작 대상이 크게 다르다면 '조기 반환'을 먼저 적용하는 것이 좋습니다.

이를 코드 5-55의 함수를 통해 알아보겠습니다. 이 함수는 UserModel의 프로퍼티를 사용하여 이름, 프로필 이미지 등을 표시합니다. 단, UserModel의 일부 프로퍼티에서는 오류가 발생한다고 가정하겠습니다.

코드 5-55 사용자 프로필을 표시하는 함수의 대략적인 구조

```
fun updateProfileLayout(userModel: UserModel) {
    profileImageView.image = ...
    userNameView.text = ...
    ...
}
```

프로퍼티에 잘못된 값이 할당되었을 때의 처리 방식은 사양에 따라 크게 달라집니다. 한 예로 '잘못된 값이 있더라도 사용자의 정보 표시는 업데이트하고, 오류는 별도의 뷰에서 처리한다'는 사양을 생각할 수 있습니다. 이 함수에 정상적인 값은 그대로 사용하고, 잘못된 값은 대체 텍스트나 대체 이미지로 표시하는 사양을 적용하겠습니다. 따라서 정상적인 값과 잘못된 값이 혼재되어 있더

라도 모든 뷰가 업데이트 대상이 됩니다. 즉, 성공 경로와 실패 경로 여부와 상관없이 조작 대상은 바뀌지 않습니다. 이러한 사양에는 코드 5-56과 같이 '조작 대상에 따른 분할'을 먼저 적용하는 것이 좋습니다. 그러면 조작 대상별로 분할된 각 보조 함수 내에서 조기 반환을 할 것인지, 성공 경로로 처리할 것인지를 결정할 수 있습니다.

코드 5-56 ⊙ GOOD 조작 대상에 따른 분할을 먼저 적용하는 예시

```kotlin
fun updateProfileLayout(userModel: UserModel) {
    profileImageView.image = getProfileImageBitmap(userModel)
    userNameView.text = getUserNameText(userModel)
    ...
}

// 보조 함수 내에서 조기 반환을 적용한 예
// 프로퍼티가 잘못된 값을 가지면 오류 이미지를 반환
private fun getProfileImageBitmap(userModel: UserModel): Bitmap {
    val rawBitmap = userModel.profileImageBitmap
        ?: return ERROR_PROFILE_IMAGE_BITMAP

    // 성공 경로 처리: 배경색 설정, 크기 조정 등
    val profileBitmap = ...
    ...
    return profileBitmap
}

// 보조 함수 내에서 조기 반환을 적용하지 않는 예
// 로직이 매우 단순하다면 조기 반환이 적절하지 않음
private fun getUserNameText(userModel: UserModel): String =
userModel.userName?.applyNameStyle() ?: ERROR_USER_NAME
```

한편, 잘못된 값이 하나라도 존재한다면 사용자 정보 표시를 업데이트하지 않고, 오류 대화 상자만을 표시하는 사양도 있을 수 있습니다. 이렇게 성공 경로

와 실패 경로의 처리 방식이 크게 다를 때는 코드 5-57과 같이 조기 반환을 먼저 적용하는 것이 좋습니다. 또한, 조기 반환을 적용한 후에 조작 대상에 따른 분할까지 적용하면 더욱 읽기 좋은 코드가 될 것입니다.

코드 5-57 ⊙ GOOD 조기 반환을 먼저 적용하는 예시

```
fun updateProfileLayout(userModel: UserModel) {
    // 조기 반환을 통해 프로퍼티가 잘못된 값을 가지게 될 상황을 제거한다
    if (
        userModel.userName == null ||
        userModel.profileImage == null ||
        ...
    ) {
        showInvalidUserDialog()
        return
    }

    // 성공 경로에는 모든 프로퍼티에 오류가 없다는 것을 전제로 할 수 있다
    // 만약 조건 분기가 더 필요하다면 조작 대상별로 보조 함수를 더 만들면 된다
    profileImageView.image =
        createDecoratedBitmap(userModel.profileImageBitmap)
    userNameView.text =
        userModel.userName.applyNameStyle()
    ...
}
```

클래스나 모듈의 구성이 복잡해지면 조기 반환과 조작 대상에 따른 분할이 번갈아 가며 적용해야 할 수도 있습니다. 어느 쪽을 먼저 적용할지 순서를 한 곳만 바꿔도 코드의 가독성과 견고함이 크게 달라질 수 있습니다. 나중에 사양이 변경될 것도 고려하여 최적의 조합을 찾아야 할 것입니다.

5.3 정리

이 장에서는 함수의 동작을 예측 가능하게 만들기 위해 함수의 책임과 흐름을 명확히 하는 것이 중요하다는 것을 설명했습니다. 함수의 책임과 흐름이 명확한지 여부는 '함수의 네이밍을 쉽게 할 수 있는지', '문서화 주석을 쉽게 작성할 수 있는지'를 통해 확인할 수 있습니다. 또한, 함수의 책임을 명확히 하기 위해서는 '단일 책임의 원칙'을 함수에도 적용하는 것이 중요하며, 이를 위한 방법으로 명령과 쿼리를 분리하는 기법을 소개했습니다. 한편, 함수의 흐름을 명확히 하기 위한 방법으로 '정의 기반 프로그래밍', '조기 반환', '조작 대상에 따른 분할' 세 가지 기법을 소개했습니다.

6^장

의존 관계

클래스 여러 개를 결합하여 더 수준 높은 클래스를 만들 수 있습니다. 이때 결합된 두 클래스 사이에는 '다른 한쪽을 **사용하는 클래스**'와 '다른 한쪽에게 **사용되는 클래스**'라는 관계가 생깁니다. 이와 같은 관계를 의존 관계(dependency)라 하고, 다른 클래스에서 사용되는 쪽을 '의존 대상'이라고 부릅니다. 본래 '의존 관계'는 클래스만을 대상으로 하는 용어가 아닌 함수, 스코프(scope), 모듈 등 광범위한 개념을 대상으로 하는 용어이지만 이 장에서는 쉽게 설명하게 하기 위해 주로 클래스와 인스턴스 간의 의존 관계를 중심으로 설명하겠습니다.

6.1 의존 관계의 예

클래스 X가 클래스 Y에 의존할 때, 즉 X가 사용하는 쪽이고 Y가 사용되는 쪽일 때 다음과 같은 상황이 있을 수 있습니다.

- X의 프로퍼티로 Y의 인스턴스를 가진다.
- X의 메서드가 Y를 인수로 취하거나 Y를 반환값으로 넘긴다.
- X 안에서 Y의 멤버(메서드 또는 프로퍼티)에 접근한다.
- X는 Y를 상속하는 클래스이다.

이러한 의존 관계는 코드를 작성하는 데 필수적인 요소이지만, 이를 적절히 다루지 않으면 코드의 가독성과 견고함을 쉽게 해칠 수도 있습니다. 코드 6-1에서는 두 클래스 X와 Y가 서로의 인스턴스를 프로퍼티로 가집니다. X.func1은 Y.func2를 호출하고 Y.func2는 X.func3을 호출하는, 즉 서로 의존하는 구조입니다. 이러한 구조에서 func1의 동작을 이해하려면 먼저 Y의 세부 사항을 알아야 하지만, Y 또한 X에 의존하고 있기 때문에 func1이 무엇을 하고 있는지 파악하기가 쉽지 않습니다. 더군다나 func2를 호출하는 X의 인스턴스와 func3의 수신 객체가 같은지는 클래스 Y의 정의만 봐서는 알 수가 없습니다. 이를 확인하려면 Y의 생성자를 호출하는 부분과 Y.func2를 호출하는 부분까지 모두 살펴봐야 합니다.

코드 6-1 ❌ BAD 상호간에 의존하는 클래스

```
class X {
    private val y = Y(this)

    fun func1() {
        y.func2()
    }

    fun func3() { ... }
}

class Y(private val x: X) {
    fun func2() {
        x.func3()
    }
}
```

이렇게 극단적인 코드는 드물 거라고 생각할 수도 있습니다. 하지만 기능이 확장됨에 따라 코드가 점점 거대해지는 과정에서 의존 관계를 의식하지 않은 변경들로 인해 코드 전체의 의존 관계가 꼬이는 일이 흔히 발생합니다.

의존 관계에서 까다로운 요소를 한 가지 더 짚어보겠습니다. 코드 6-2는 얼핏 보기에 Y가 X에 의존하지 않는 것처럼 보입니다. 그러나 X.func1은 자기 자신을 Y에게 전달하고 있기 때문에 Y.anyObject는 X의 인스턴스를 가지게 됩니다. 이와 같이 개별 클래스의 정의를 보는 것만으로는 의존 관계를 파악하기 어려운 경우도 주의가 필요합니다.

코드 6-2 ❌ BAD 암묵적으로 서로 의존하는 클래스

```kotlin
class X {
    private val y = Y()

    fun func1() {
        y.func2(this)
    }
}

class Y {
    private var anyObject: Any? = null

    fun func2(obj: Any) {
        anyObject = obj
    }
}
```

이 장에서는 의존 관계를 적절하게 다루는 방법을 결합도, 의존 방향, 중복, 명시성 네 가지 관점에서 설명하겠습니다. 결론부터 말하자면 의존도는 약하게, 순환하지 않고, 중복되지 않으며, 관계는 명확하게 하는 것이 좋습니다. 각 절에서는 왜 그런 의존 관계가 바람직한지, 어떻게 바람직한 의존 관계를 코드로 구현할 수 있는지를 설명하겠습니다.

6.2 의존의 강도: 결합도

결합도(coupling)란 클래스 간의 상호 의존 정도 또는 연관 관계의 끈끈함 정도를 나타내는 지표입니다(결합도를 의존도라 부르기도 합니다). 다음은 결합도가 높은 순으로 나열한 결합의 종류입니다.

▼ 그림 6-1 결합도

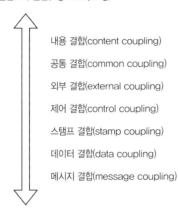

결합도가 높음(high coupling)

내용 결합(content coupling)

공통 결합(common coupling)

외부 결합(external coupling)

제어 결합(control coupling)

스탬프 결합(stamp coupling)

데이터 결합(data coupling)

메시지 결합(message coupling)

결합도가 낮음(loose coupling)

여기에서는 기본적으로 〈Reliable software through composite design〉 (Petrocelli/Charter, 1975)[1]의 정의에 따라 설명합니다.[2]

특별한 이유가 없다면 코드의 가독성, 견고함, 유지보수성을 유지하기 위해서 보다 약한 결합을 사용해야 합니다. 특히 내용 결합, 공통 결합, 외부 결합은 가능한 한 사용하지 않는 것이 좋습니다. 제어 결합의 경우, 불가피하게 사용해야 하는 경우도 있지만 결합의 범위를 제한하는 등의 노력이 필요합니다. 이 장에서는 각 결합의 범위를 제한하거나 결합도를 낮추는 방법, 각 결합을 사용하기에 적합한 조건을 설명합니다.

---

1 **역주** '모듈(현대의 함수에 해당)'을 어떻게 설계하면 좋을지 소개하는 있는 책입니다. 모듈화의 좋고 나쁨을 나타내는 지표로 응집도(의존의 강도)와 결합도를 도입하였고, 모듈화의 우선순위 지침을 소개합니다.

2 원서에서는 결합도를 모듈(이 책에서는 함수)의 의존 강도를 나타내는 지표로 사용했지만, 이 책에서는 클래스 간의 의존도까지 확장하여 설명합니다. 또한, 원서에서는 메시지 결합은 정의되어 있지 않습니다. 메시지 결합은 〈Software Architect's Handbook〉(Packt Publishing, 2018)의 정의를 따릅니다. 특히 외부 결합의 정의는 문헌에 따라 전혀 다른 경우가 있습니다.

6.2.1 내용 결합

가장 높은 결합도를 가진 **내용 결합**은 다음과 같이 은닉해야 할 코드의 세부 사항에 의존하면 발생합니다.[3]

- 사용되는 쪽 클래스의 코드를 변경한다.
- 사용되는 쪽 클래스에 은닉된 변수를 외부에서 참조한다.
- 사용되는 쪽 클래스 안에 있는 코드로 직접 점프한다.

많은 현대 프로그래밍 언어에서는 의존하는 클래스의 내부 코드로 직접 점프[4]하는 것을 제한하고 있기 때문에 리플렉션(reflection)[5]과 같은 도구를 사용하지 않는 한 점프를 통한 내용 결합은 발생하지 않습니다. 다만, '내용 결합과 동등한 강도의 결합'을 만들 수는 있습니다. 극단적인 예로, 은닉해야 할 프로퍼티를 모두 public으로 선언한다면 호출하는 쪽은 자유롭게 의존 대상의 프로퍼티를 참조할 수 있게 됩니다. 또한, 클래스 내에 존재하는 모든 상태를 별도의 메서드로 정의하면 '내부 코드로 직접 점프하는 것'도 유사하게 구현할 수 있습니다.

은닉해야 할 프로퍼티를 모두 public으로 선언하거나 모든 상태를 별도의 메서드로 정의하는 방법 이외에도 주의해야 할 방법들이 다양합니다. 다음은 내용 결합과 동등한 강도의 결합을 만드는 '잘못된 방법으로 사용되기 쉬운 코드', '내부 상태를 공유하는 코드'와 함께 비정상적인 안티패턴을 설명하고 이에 대처하는 방안을 소개합니다.

---

3 이 책에서는 세부 사항에 더 쉽게 의존할 수 있다는 이유로 두 모듈 간에 코드 복사본을 공유하는 경우도 내용 결합의 일종으로 간주합니다.
4 역주 구조를 무시하고 제어 위치를 옮긴다는 의미입니다.
5 역주 프로그램이 실행 중에 객체의 클래스 이름을 문자열 데이터로 가져오거나, 문자열 변수에 저장된 메서드 이름을 사용하여 객체의 메서드를 호출하는 기능입니다.

안티패턴 1: 잘못된 방법으로 사용되기 쉬운 코드

주의해서 사용해야 하는 코드 즉, 애초에 안전한 방법으로만 사용해야 하는 코드가 더욱 가독성이 높고 견고합니다. 잘못된 방법으로 사용되기 쉬운 코드의 예로는 '함수의 호출 순서가 정해져 있는 코드' 또는 '수신 객체나 인수의 상태에 제약이 있는 코드' 등이 있습니다. 코드 6-3에서는 Caller가 Calculator에 의존하고 있는데, 목적은 calculator.calculate를 이용하여 계산 결과를 얻기 위함입니다. 그러나 Calculator는 Caller가 다음 두 제약 사항을 충족할 것으로 기대합니다.

- calculate()의 호출에 앞서 전처리에 prepare()를, 후처리에 tearDown()을 호출한다.
- parameter와 result의 프로퍼티를 이용하여 값을 설정하거나 가져온다.

코드 6-3 **✖ BAD** 잘못된 방법으로 사용되기 쉬운 클래스와 그 사용 예시

```
class Calculator {
    var parameter: Int? = null
    var result: Int? = null

    fun prepare() { ... }
    fun calculate() { ... }
    fun tearDown() { ... }
}

class Caller {
    private val calculator: Calculator = ...

    // Calculator의 사용 예
    fun callCalculator() {
        calculator.parameter = 42

        calculator.prepare()
        calculator.calculate()
        calculator.tearDown()
```

```
        println(calculator.result)
    }
}
```

호출하는 쪽에 제약을 둔다는 의미는 그 제약 조건을 위반했을 때 '잘못된 사용'이 된다는 것을 뜻합니다. 코드 6-3에서 Calculator의 경우라면, parameter에 값을 대입해야 하는 것을 잊어버리거나, prepare 또는 tearDown을 호출하는 것을 잊어버렸을 때, 또는 result를 가져오기 전에 다른 calculate를 호출했을 때가 '잘못된 사용'이라고 할 수 있습니다.

제약이 많아지면 호출하는 쪽의 코드를 변경할 때 예기치 않게 잘못된 방법으로 사용될 수 있습니다. 예를 들어 코드 6-4와 같이 tearDown을 호출하는 부분과 result를 가져오는 부분 사이에 anotherCall을 호출하는 코드를 추가했다고 가정해 보겠습니다. callCalculator만 봤을 때는 이 코드에 문제가 없어 보입니다. 하지만 실제로는 anotherCall 안에서 calculator.calculate를 호출하고 있기 때문에 calculator.result를 덮어쓰게 됩니다. 이렇게 되면 callCalculator에서 result를 확인해도 기대한 값을 얻을 수 없습니다.

코드 6-4 **✗ BAD** 버그가 발생하는 코드 6-3의 사용 예시

```
fun callCalculator() {
    calculator.parameter = 42

    calculator.prepare()
    calculator.calculate()
    calculator.tearDown()

    anotherCall()

    // 이 result는
    // anotherCall에서 실행한 calculate의 결과임
    println(calculator.result)
}

private fun anotherCall() {
```

```
    calculator.parameter = 54

    calculator.prepare()
    calculator.calculate()
    calculator.tearDown()
    // 여기에서 calculator.result는 덮어쓰기 되었음
}
```

개선 방법 1: 호출하는 쪽에 두는 제약을 최소화하기

코드 6-3의 문제는 '함수 호출과 값 전달' 그리고 '함수 호출의 순서' 두 가지를
호출하는 쪽에서 보장해야 한다는 것입니다. 이를 다음 두 가지 방법을 적용하
여 개선할 수 있습니다.

- 값 전달에 인수와 반환값을 사용하여 강제로 함수를 호출하고 결괏값을
  전달한다.
- 호출할 순서가 정해져 있는 함수들을 의존 대상으로 묶어 은닉한다.

코드 6-5는 이 두 가지 개선 방법을 Calculator 코드에 적용한 결과입니다. 이
코드에서는 calculator.calculate의 호출이 원자적인(atomic) 한, 앞서 설명한
것과 같은 잘못된 방법으로 사용될 수 없습니다. 만약 Calculator를 스레드 안
전(thread-safe)으로 만들고 싶을 때도 코드를 쉽게 수정할 수 있을 것입니다.

코드 6-5 ⊙ GOOD 잘못된 사용을 차단하는 방법으로 개선한 코드

```
class Calculator {
    fun calculate(type: Int): Int {
        prepare()
        ...  // 실제 계산
        tearDown()
        return ...
    }

    // prepare와 tearDown은 비공개 함수로 변경
    private fun prepare() { ... }
```

```
    private fun tearDown() { ... }
}

class Caller {
    private val calculator: Calculator = ...

    fun callCalculator() {
        val result = calculator.calculate(42)
        println(result)
    }
}
```

호출하는 쪽의 제약을 줄이려면 디자인 콘셉트나 프로그래밍 원칙을 과도하게 적용하지 않아야 합니다. 디자인 콘셉트나 원칙은 코드의 가독성이나 견고함을 향상시키기 위한 수단에 그쳐야 합니다. 예를 들어 5.1.2절에서 소개한 '명령과 쿼리의 분리' 원칙을 과도하게 적용하면 명령 결과를 가져오는 함수를 쿼리로 분리해야만 합니다. 하지만 이렇게 하면 함수의 호출과 결괏값의 전달 관계를 강제할 수 없어 코드 6-4와 같은 문제가 발생할 수 있습니다.

안티패턴 2: 내부 상태를 공유하는 코드

한 변수가 여러 객체, 그중에서도 서로 다른 클래스의 인스턴스로부터 변경되는 경우에는 '어느 객체가 변경에 대한 책임을 가지는지'를 명확히 해야 합니다. 책임의 주체를 명확히 하면 변수의 상태 전이를 관리하기가 더 수월해집니다. 결과적으로 잘못된 상태 전이가 일어날 가능성을 낮추고, 설령 버그가 발생하더라도 이를 조사하기가 쉬워집니다.

다만, 이때 변경을 담당하는 객체가 적절하지 않으면 변수가 의도하지 않은 값으로 변경되거나 예상치 못한 타이밍에 변경되는 버그가 발생할 수 있습니다. 코드 6-6의 UserListPresenter.userList가 그 예시입니다. 이 예시에서 UserListPresenter는 생성자 인수로 전달된 userList를 사용하여 사용자 목록을 표시하고, userList는 Caller에 의해 변경되며, 이후 refreshViews를 호출하여 리스트의 뷰를 업데이트합니다.

```kotlin
class UserListPresenter(private val userList: List<UserModel>) {
    fun refreshViews() {
        ... // userList를 사용하여 뷰를 업데이트
    }
}

class Caller {
    private val userList: MutableList<UserModel> = mutableListOf()
    private val presenter = UserListPresenter(userList)

    fun addUser(newUser: UserModel) {
        userList += newUser
        presenter.refreshViews()
    }
}
```

이 예시에는 한 가지 큰 문제가 있습니다. userList는 UserListPresenter에게 있어 중요한 정보임에도 불구하고 UserListPresenter 입장에서는 '어떤 클래스가 userList를 관리하고 있는지' 알 수 없다는 점입니다. 게다가 Caller는 리스트를 변경 가능한 상태 그대로 다른 클래스에 전달해 버립니다(코드 6-7). 다른 클래스에서 userList가 변경되면 UserListPresenter의 정의만 봐서는 어디서, 어떻게 변경되었는지 알 수 없습니다.

코드 6-7 ✕BAD 리스트를 변경 가능한 상태로 다른 클래스에 전달하는 예시

```kotlin
class Caller {
    private val userList: MutableList<UserModel> = mutableListOf()
    private val presenter = UserListPresenter(userList)
    private val anotherCaller: AnotherCaller = AnotherCaller(userList)

    ...
}

class AnotherCaller(mutableUserList: MutableList<UserModel>) {
    init {
```

```
        // 여기서 리스트가 변경된다는 사실은
        // Caller나 UserListPresenter의 정의만으로는 알 수 없다
        mutableUserList += UserModel(...)
    }
}
```

여러 객체들이 userList를 따로따로 변경하면 버그가 발생했을 때 원인을 추적하는 것도 어려워집니다. 버그가 발생하는 시점은 presenter. refreshViews를 호출했을 때인데, 이때는 이미 userList가 변경된 상태이기 때문에 refreshViews의 호출 스택을 살펴봐도 어느 객체가 값을 변경했는지 알 수가 없습니다. 그 외에도 AnotherCaller의 코드만으로는 값이 변경되었을 때 어떤 일이 발생할지 예상하기 어렵다는 문제도 있습니다. userList와 UserListPresenter의 관계는 해당 생성자를 호출한 Caller만 알고 있습니다. 따라서 AnotherCaller 내에서 값이 잘못 변경되더라도 그 코드가 의심스러워 보이지 않을 수 있습니다.

또한, userList를 변경하는 방법에 제한을 두는 경우에도 이 코드는 적합하지 않습니다. 예를 들어 UserListPresenter가 가정하는 userList에 대한 조작은 값의 추가뿐이고, 삭제나 재정렬은 가정하지 않을 수 있습니다. 하지만 실제로는 Caller가 자유롭게 userList를 변경할 수 있습니다. 설령 문서화 주석에 제약 조건을 명시했다고 하더라도 호출하는 모든 곳에서 그 제약 조건을 따르는지를 검증하는 일은 쉽지 않습니다. 특히 사양 변경 등으로 나중에 제약 조건을 변경해야 하는 경우에는 기존 코드를 상당히 세밀하게 살펴봐야 합니다.

개선 방법 2: 가변 상태에 대한 책임을 단일화하기

코드 6-6의 문제를 해결하려면 userList의 변경에 대한 책임을 UserList Presenter에 집약하면 됩니다. 즉, 다른 클래스가 사용자 목록을 업데이트할 때는 목록을 직접 변경하지 않고 UserListPresenter를 통해서만 변경할 수 있도록 합니다. 코드 6-8에서 userList는 UserListPresenter가 관리하고 있으며, 외부에서 직접 변경하는 것은 허용하지 않습니다. 새로운 요소를 추가하고

싶을 때도 addUsers를 통해서만 가능합니다.

코드 6-8 ● GOOD userList의 관리 책임을 UserListPresenter로 한정하는 예시

```kotlin
class UserListPresenter {
    private val userList: MutableList<UserModel> = mutableListOf()

    fun addUsers(newUsers: List<UserModel>) {
        userList += newUsers
        ... // userList를 사용하여 뷰를 업데이트
    }
}
```

외부에서 UserListPresenter에 값을 전달할 때는 '불변 값만 전달하기', '값을 복사하기', 'copy-on-write 방식을 사용하기' 등의 방법으로 외부에서 값이 변경되지 않도록 해야 합니다. 코드 6-8의 UserListPresenter.addUsers는 += 연산자를 사용하여 newUsers 자체에 대한 참조를 함수 내부에서만 유지하도록 구현되었습니다. 이렇게 하면 addUsers가 완료된 후 newUsers가 업데이트되더라도 UserListPresenter에 영향이 없음을 보장할 수 있습니다.

6.2.2 공통 결합과 외부 결합

공통 결합과 **외부 결합**, 이 두 가지는 누구나 읽기/쓰기가 가능한 곳에서 값을 주고받을 때 발생합니다. 공통 결합과 외부 결합이 발생하는 대표적인 예로는 다음 세 가지를 꼽을 수 있습니다.

- 전역 변수를 사용하여 값을 전달할 때
- 가변 싱글턴 객체를 사용할 때
- I/O(파일, 네트워크, 외부 장치 등), 공유 메모리와 같이 코드에서 단일하게 취급하는 외부 리소스를 이용할 때[6]

---

6   운영체제와 처리 시스템에 따라 무엇이 단일하게 취급되는지는 다릅니다.

특히 전역 변수나 가변 객체를 가진 싱글턴을 사용하는 경우에는 자칫 불필요한 공통 결합이나 외부 결합을 만들어 낼 수 있습니다. 하지만 단일하게 취급되는 외부 리소스를 꼭 필요한 경우에만 사용한다면 문제가 되지 않습니다. 예를 들어 데이터를 지속적으로 유지하기 위해 파일을 이용하거나 프로세스 간 통신을 위해 공유 메모리를 사용하는 것은 괜찮습니다. 이러한 것들은 필연적인 공통 결합, 외부 결합이라고 볼 수 있습니다. 하지만 객체 간에 값을 전달하기 위한 목적으로 파일을 사용하는 것은 바람직하지 않습니다.

공통 결합과 외부 결합은 전달하는 값의 종류에 따라 구분됩니다. 전달하는 값이 일종의 자료 구조를 가지고 있다면 공통 결합으로 분류되며, Int와 같이 기본적인 단일 데이터라면 외부 결합으로 분류됩니다. 이후 6.2.4절에서 다루는 '스탬프 결합'과 '데이터 결합'도 마찬가지로 전달되는 값의 종류에 의해 구분됩니다. 자세한 내용은 해당하는 절에서 다루겠습니다.

이 절에서는 공통 결합과 외부 결합의 대표적인 세 가지 중에서 전역 변수와 가변 싱글턴을 중점적으로 설명합니다.

안티패턴 1: 전역 변수를 사용하여 값을 전달하기

함수를 호출할 때는 값을 전달하기 위해 인수와 반환값을 사용하는 것이 일반적입니다. 만약 이때 전역 변수[7]를 사용하여 값을 전달하면 '값 전달'과 '함수 호출' 사이에 연관성이 없어지기 때문에 가독성과 견고함이 떨어집니다.

코드 6–9에서는 calculator.calculate를 호출할 때 parameter와 result 변수를 사용하여 값을 전달합니다. 하지만 이러한 전달 방식에는 함수 호출과 값의 관계를 코드에서 읽어낼 수 없다는 문제가 있습니다. 예를 들어 calculate를 여러 번 호출하는 경우, 각 호출과 parameter 및 result의 값을 매칭하기 어려울 수 있습니다. 특히 Calculator나 Caller의 인스턴스가 여러 개이거나, 호출하는 곳이 늘어났을 때 비동기 또는 병렬로 실행되는 코드가 있는 경우라면 이 문

---

7   코틀린에서는 최상위 변수라고 합니다.

제가 두드러지게 나타납니다. 이 외에도 이 코드에서는 parameter 대입을 잊고 calculate를 호출할 수 있는 등의 '잘못된 사용'도 배제할 수 없다는 문제가 있습니다. 이는 코드 6-4에서 살펴본 내용 결합과 동일한 문제라고 할 수 있습니다.

코드 6-9 ❌ BAD 전역 변수를 사용한 값 전달

```kotlin
var parameter: Int? = null
var result: Int? = null
class Calculator {
    fun calculate() {
        result = parameter + ... // 계산 실행
    }
}

class Caller {
    private val calculator: Calculator = ...

    fun callCalculator() {
        parameter = 42
        Calculator().calculate()
        println(result)
    }
}
```

개선 방법 1: 인수와 반환값을 사용하여 값 전달하기

전역 변수를 사용함으로써 발생하는 위와 같은 문제는 인수와 반환값을 사용해 함수에 필요한 값을 전달하도록 하여 해결할 수 있습니다. 코드 6-10과 같이 parameter를 calculate의 인수로 전달하고, 그 결과를 반환값으로 돌려주면 됩니다. 이렇게 하면 함수를 여러 번 호출하는 경우에도 값과 호출의 관계를 명확하게 할 수 있습니다.

코드 6-10 ⊙ GOOD 전역 변수를 인수와 반환값으로 대체

```kotlin
class Calculator {
    fun calculate(parameter: Int): Int =
```

```
        parameter + ...
}

class Caller {
    private val calculator: Calculator = ...

    fun callCalculator() {
        val result = calculator.calculate(42)
        println(result)
    }
}
```

안티패턴 2: 가변 싱글턴 사용하기

가변 객체를 가진 싱글턴을 사용하면 싱글턴으로 코드의 모든 곳에 상태를 공유하게 됩니다. 코드 6-11의 UserModelRepository는 UserModel을 저장하고 검색하기 위한 클래스인데, 인스턴스는 전역 변수 USER_MODEL_REPOSITORY로 정의되어 있습니다. 따라서 어느 코드에서든 이 인스턴스를 참조할 수 있습니다.[8]

코드 6-11 ✕ BAD 가변 싱글턴의 사용

```
val USER_MODEL_REPOSITORY = UserModelRepository()

class UserListUseCase {
    fun invoke(): List<User> {
        val result = USER_MODEL_REPOSITORY.query(...)
        ... // result를 사용하는 코드
    }
}
```

싱글턴을 사용하면 객체의 수명 주기를 제어하기 어려울 뿐만 아니라 싱글턴을 사용하는 대상을 제한하는 등의 의존 관계 관리도 어려워집니다. 코드 6-11에

---

8 코틀린에서는 가변 객체를 object로 재정의해도 마찬가지로 가변 싱글턴이 됩니다.

서는 UserModelRepository의 사양을 변경하고자 할 때 해당 변경이 미치는 범위를 제한하기도 쉽지 않습니다. 결과적으로 사양 변경에 소요되는 공수가 늘어나거나 버그를 유발할 가능성이 높아집니다. 또한, 싱글턴에 의존하는 객체의 테스트 코드를 작성하려고 해도 테스트 프레임워크에 따라서는 Stub, Spy, Fake와 같은 테스트용 인스턴스를 사용하기도 어렵습니다.

개선 방법 2: 인수로 객체 지정하기

이러한 문제를 해결하려면 코드 6-12와 같이 객체를 생성자 인수로 전달하면 됩니다. 그렇게 되면 UserListUseCase의 생성자를 호출하는 쪽에서 UserModelRepository 인스턴스의 수명 주기나 참조를 관리할 수 있습니다.

코드 6-12 ⊙ GOOD 생성자 인수로 싱글턴을 대체하기

```
class UserListUseCase(
    private val userModelRepository: UserModelRepository
) {
    fun invoke(): List<User> {
        val result = userModelRepository.query(...)
        ... // result를 사용하는 코드
    }
}
```

또한, UserListUseCase는 UserModelRepository 인스턴스가 어떻게 만들어지는지 알 필요가 없어집니다. 전달되는 인스턴스가 싱글턴이든, 여러 인스턴스 중 하나이든 UserListUseCase의 동작에는 영향을 미치지 않습니다.

특히 UserModelRepository가 인터페이스이고, 그 구현이 자식 클래스에 별도로 정의된 경우에는 코드 6-12는 의존성 주입(Dependency Injection)을 하고 있다고 할 수 있습니다. 이와 같이 생성자 인수로 구현을 분리하는 것은 가장 간단한 의존성 주입 구현 방법 중 하나입니다. 만약 수작업에 의존하는 의존성 주입이 번거롭다면 의존성 주입 컨테이너나 서비스 로케이터(service locator)와 같은 도구나 프레임워크를 사용하는 것도 좋은 방법입니다. 이러한 도구를 사용

하면 인스턴스의 수명 주기나 참조 범위를 관리할 수 있기 때문입니다.

물론 단순히 싱글턴을 대체하기 위해서만 인터페이스와 구현을 분리해야 하는 것은 아닙니다. 언제 분리를 고려해야 하는지에 대한 내용은 6.5.1절의 '의존성 주입(DI)에 통한 암묵적 의존 관계' 컬럼에서 다룹니다.

지역적인 공통 결합과 외부 결합

지금까지 전역 변수에 의한 값 전달과 가변 싱글턴을 예로 들어 공통 결합과 외부 결합을 알아보았습니다. 이러한 개념은 전역 변수나 싱글턴뿐만 아니라 접근 범위(스코프)를 구분하는 경우에도 동일하게 적용할 수 있습니다. 코드 6-13은 비공개 함수 사이에서 값을 전달하기 위해 프로퍼티를 사용하고 있습니다. 이를 클래스의 범위로 구분하여 보면 공통 결합이 일어나고 있음을 알 수 있습니다.

코드 6-13 ✖ BAD 클래스의 범위로 구분해서 본 지역적인 공통 결합

```
class Klass {
    private var parameter: Int = 0
    private var result: Result? = null

    fun firstFunction() {
        parameter = 42
        calculate()
        println(result?.asPrintableText())
    }

    private fun calculate() {
        result = ... // parameter를 사용해 어떠한 계산을 한 후 값을 할당
    }
}
```

클래스 하나에 국한된 경우에도 코드 6-14와 같이 인수와 반환값을 사용하면 함수의 호출과 값의 관계를 명확히 할 수 있습니다. 마찬가지로 모듈이나 패키

지의 접근 범위를 지정할 때도 공통 결합이나 외부 결합이 발생하지 않도록 유의하여 값을 전달해야 합니다.

코드 6-14 ⊙ GOOD 지역적인 공통 결합 제거하기

```kotlin
class Klass {
    fun firstFunction() {
        val result = calculate(42)
        println(result.asPrintableText())
    }

    private fun calculate(parameter: Int): Result =
        ... // parameter를 사용해 어떠한 계산을 한 후 값을 할당
}
```

6.2.3 제어 결합

제어 결합은 무엇을 할 것인지 결정하는 값(플래그 등)을 전달하여 호출 대상의 동작을 변경하는 경우에 발생합니다. 분기는 프로그래밍의 본질 중 하나라고 할 수 있으며 제어 결합은 코드를 작성할 때 불가피한 경우가 많습니다. 하지만 모든 제어 결합이 허용되는 것은 아닙니다. 예를 들어 다음과 같은 상황에서는 제어 결합을 완화해야 합니다.

- 불필요하게 조건 분기가 세분화된 경우
- 조건 분기의 각 동작이 서로 연관성이 낮은 경우

안티패턴 1: 불필요하게 조건 분기가 세분화된 경우

코드 6-15는 불필요하게 조건 분기가 세분화된 코드의 예시입니다. 이 코드에서는 isError라는 참/거짓 값에 따라 resultView, errorView, iconView의 표시 상태를 변경합니다. 하지만 '무엇을 업데이트하고 있는지'를 파악하기 위해서는 모든 분기의 세부 사항을 이해하고 있어야 합니다. 설령 각 분기에 공통된

로직이 있다고 하더라도 이 또한 모든 코드를 읽지 않으면 파악할 수 없습니다. 결국, 분기의 내부 코드를 읽지 않는다면 그 함수가 무엇을 하는지에 대한 유의미한 정보를 얻기가 어려울 것입니다.

코드 6-15 **✖ BAD** 불필요하게 조건 분기가 세분화된 예시

```kotlin
fun updateView(isError: Boolean) {
    if (isError) {
        resultView.isVisible = true
        errorView.isVisible = false
        iconView.image = CROSS_MARK_IMAGE
    } else {
        resultView.isVisible = false
        errorView.isVisible = true
        iconView.image = CHECK_MARK_IMAGE
    }
}
```

이 함수는 사양 변경 시 버그가 발생하기 쉽다는 문제도 가지고 있습니다. 새로운 분기를 추가할 경우 분기 내에서 resultView, errorView, iconView를 모두 업데이트해야 하는데, 어느 하나만 업데이트하는 것을 잊어버려도 컴파일 오류가 발생합니다. 마찬가지로 새로운 뷰를 추가하는 경우에도 모든 조건 분기에서 업데이트해야 하지만, 업데이트를 잊어버리는 것을 방지하는 것 또한 어렵습니다.

개선 방법 1: 조작 대상에 따라 나누기

앞에서 살펴본 코드는 각 조건 분기가 다루는 연산 대상이 동일함에도 불구하고 그보다 더 큰 범위로 조건 분기를 만들고 있습니다. 이러한 조건 분기는 5.2.3절에서 소개한 '조작 대상에 따라 분할하기'를 적용하면 함수의 흐름을 명확하게 할 수 있습니다. 코드 6-16은 이것을 적용한 예시입니다. 조건이 아닌 조작 대상별로 코드를 나눔으로써 제어 결합을 좀 더 세밀하게 범위를 한정하고 은닉할 수 있습니다.

코드 6-16 ⊙ GOOD 조작 대상에 따라 나눈 예시

```
fun updateView(isError: Boolean) {
    resultView.isVisible = !isError
    errorView.isVisible = isError
    iconView.image = getIconImage(isError)
}

private fun getIconImage(isError: Boolean): Image =
    if (!isError) CHECK_MARK_IMAGE else CROSS_MARK_IMAGE
```

안티패턴 2: 조건 분기의 각 동작이 서로 연관성이 낮은 경우

코드 6-17은 DateType으로 지정된 뷰를 업데이트하는 함수입니다. update UserView 함수는 when을 사용해 분기를 구현했지만, 각 분기의 동작은 연관성이 낮습니다. 이 함수는 코드 6-15와 마찬가지로 '함수의 동작을 파악하기 위해서는 모든 조건 분기를 읽어야 한다'는 문제가 있습니다. 특히 이 예시처럼 분기 간 동작의 연관성이 낮은 코드는 동작을 하향식으로 파악하는 것이 어려울 수 있습니다.

코드 6-17 ✖ BAD 분기 간 동작의 연관성이 낮은 코드

```
class ProfileViewPresenter(...) {
    fun updateUserView(dataType: DataType) = when (dataType) {
        is DataType.UserName -> {
            val userName = getUserName(dataType.userId)
            userNameView.text = userName
        }
        is DataType.BirthDate -> {
            val birthDate = ...
            birthDateView.text = format(birthDate, ...)
        }
        is DataType.ProfileImage -> {
            val profileImageBitmap = ...
            profileImageView.image = profileImageBitmap
        }
    }
```

```
}
```

문제는 또 있습니다. updateUserView 함수는 호출하는 쪽의 코드와 그에 해당하는 조건 분기 사이의 연관성이 잘 드러나지 않습니다. 특히 코드 6-18처럼 호출하는 쪽에서 동적으로 DataType을 결정하는 경우, 호출하는 쪽의 코드에도 비슷한 조건 분기가 작성될 수 있습니다. 이때 각 조건과 실제 동작의 연관성을 이해하려면 호출하는 쪽과 사용되는 쪽 모두의 조건 분기를 비교해야 합니다. 예를 들어 satisfiesSomeCondition이 성립할 때 일어나는 일을 알려면 updateUserView 함수에서 is DataType.UserName이 어떤 역할을 하는지를 먼저 이해해야 합니다. 코드 6-18은 updateUserView를 직접 호출하기 때문에 이해하는 데 어려움이 없겠지만, 다른 클래스를 거쳐 updateUserView가 호출되는 상황에서는 호출하는 쪽과 사용되는 쪽 모두의 조건에 대응하기가 어려울 수 있습니다.

코드 6-18 ❌BAD DataType을 결정하는 조건 분기가 호출하는 쪽에서 작성되는 예시

```
class Caller {
    fun callUpdateUserView() {
        val dataType = when {
            satisfiesSomeCondition -> DataType.UserName(...)
            satisfiesAnotherCondition -> DataType.BirthDate(...)
            satisfiesYetAnotherCondition -> DataType.ProfileImage(...)
        }
        presenter.updateUserView(dataType)
    }
}
```

만약 분기 간 동작의 연관성이 낮다면 공통된 조작 대상도 적다고 볼 수 있습니다. 이러한 코드는 '조작 대상에 따라 분할하기'를 적용하기 어렵고, 설령 적용하더라도 가독성을 향상시키기는 힘듭니다. 이러한 문제의 해결책으로는 의존 대상의 함수를 분할해 분기 자체를 제거하거나, 전략(strategy) 패턴을 이용해 조건 분기를 다른 구조로 대체하는 등의 방법이 있습니다.

개선 방법 2-A: 불필요한 조건 분기 제거하기

모든 호출에서 인수가 정적으로 결정되는 경우, 즉 코드 6-19와 같이 '어디에
서 함수를 호출하느냐'에 따라 인수가 결정되는 경우에는 호출되는 함수를 분
할하여 조건 분기를 제거할 수 있습니다. 호출되는 함수를 분할한 결과와 호출
하는 쪽에서 변경된 코드는 코드 6-20과 같습니다.

코드 6-19 DataType이 정적으로 정해지는 예시

```kotlin
class Caller1 {
    fun someFunction() {
        ...
        presenter.updateUserView(DataType.UserName)
    }
}


class Caller2 {
    fun anotherFunction() {
        ...
        presenter.updateUserView(DataType.BirthDate)
    }
}
```

코드 6-20 ⊙ GOOD 함수 분할을 통한 조건 분기 제거

```kotlin
class ProfileViewPresenter(...) {
    fun updateUserNameView() {
        val userName = getUserName()
        userNameView.text = userName
    }

    fun updateBirthDateView() {
        val birthDate = ...
        birthDateView.text = format(...)
    }

    fun updateProfileImage() {
        val profileImageBitmap = ...
```

```
                profileImageView.image = profileImageBitmap
        }
}

class Caller1 {
    fun someFunction() {
        ...
        presenter.updateUserNameView()
    }
}

class Caller2 {
    fun anotherFunction() {
        ...
        presenter.updateBirthDateView()
    }
}
```

함수를 분리하면 동작을 이해하기 위해 관련 없는 조건 분기 코드를 읽지 않아도 되므로 결과적으로 의존 관계가 더 명확해지고 분할된 함수들의 이름도 더욱 구체화됩니다. 또 호출하는 쪽의 코드만 읽어도 함수의 동작을 파악할 수 있습니다.

단, 이 기법은 조건 분기 간의 동작이 서로 연관성이 낮을 때만 제한적으로 적용해야 합니다. 안티패턴 1과 같이 조건 분기 안에서 공통된 대상을 조작하는 경우에는 함수를 분할하지 않아야 합니다. 코드 6-21은 공통된 대상을 조작하고 있음에도 함수를 분할한 예시입니다. 이 코드에서 알 수 있듯이 부적절한 함수 분할은 코드 복제를 일으킵니다. 이 상태에서는 새로운 함수나 조작 대상을 추가할 때 조건과 조작 대상의 조합이 모두 포함되었는지 확인하기가 어렵습니다. 또한, 함수 간의 연관성을 파악하기도 쉽지 않아 나중에 앞에 소개한 '조작 대상에 따라 분할하기'를 적용하기도 어려울 것입니다.

```kotlin
fun updateUserNameView() {
    val userModel = getUserModel()
    userAttributeTitleView.text = "User name"
    userAttributeValueView.text = userModel.userName.toUiText()
    userAttributeBackgroundView.color = Color.GREEN
}

fun updateBirthDateView() {
    val userModel = getUserModel()
    userAttributeTitleView.text = "Birth date"
    userAttributeValueView.text = userModel.birthDate.toUiText()
    userAttributeBackgroundView.color = Color.GRAY
}

fun updateEmailAddress() {
    val userModel = getUserModel()
    userAttributeTitleView.text = "Email address"
    userAttributeValueView.text = userModel.emailAddress.toUiText()
    userAttributeBackgroundView.color = Color.GRAY
}
```

한편, 함수를 나눌 때는 조건을 합치고 재분할하는 과정을 반복하지 않도록 주의해야 합니다. 코드 6-22에서는 Caller가 ProfileViewPresenter의 함수를 호출한 다음에 UserModelRepository.queryText를 호출합니다. 이 코드가 가진 조건 분기의 구조를 살펴보면 먼저 Caller.updateProfileView에서 DataType으로 분기한 후 호출할 함수를 결정합니다. 하지만 이미 한 번 DataType을 사용해 분기하였음에도 queryText의 인수로 또다시 DataType을 사용한 분기가 발생합니다. 그 결과, updateProfileView에서 다루는 DataType과 queryText에 전달되는 DataType의 관계를 이해하기가 어렵게 되었습니다. 두 함수의 DataType이 동일한지 확인하기 위해서는 ProfileViewPresenter가 가진 모든 함수를 읽어야 하기 때문입니다. 이러한 문제를 피하려면 조건 분기별로 함수를 나눌 때 어떤 함수에 어떤 코드를 포함시킬 것인가 하는 추출 범위에 주의를 기울여야 합니다.

```kotlin
class Caller {
    fun updateProfileView(dataType: DataType) = when (dataType) {
        is DataType.UserName -> presenter.updateUserNameView(...)
        is DataType.BirthDate -> presenter.updateBirthDateView(...)
    }
}

class ProfileViewPresenter(...) {
    fun updateUserNameView(...) {
        val userName = repository.queryText(DataType.UserName(...))
        userNameView.text = userName
    }

    fun updateBirthDateView(...) {
        val birthDateText = repository.queryText(DataType.BirthDate(...))
        birthDateView.text = birthDateText
    }
}

class UserModelRepository {
    fun queryText(dataType: DataType): String = when (dataType) {
        is DataType.UserName -> ...
        is DataType.BirthDate -> ...
    }
}
```

개선 방법 2-B: 조건 분기를 다른 구조로 대체하기

코드 6-23과 같이 인수가 정적으로 결정되지 않는 경우에는 함수를 분할하기보다 조건 분기를 다른 구조로 대체하는 것이 더 효과적입니다. 조건 분기를 대체할 수 있는 대표적인 구조로는 연관 배열과 같이 다형성(polymorphism)을 이용한 구조가 있습니다. 코드 6-24는 코드 6-17의 조건 분기를 전략 패턴으로

대체한 예시입니다.[9]

코드 6-23 DataType이 정적으로 결정되지 않는 예시

```
class Caller {
    fun someFunction() {
        ...
        val dataType =
            if (isFoo) DataType.UserName(...) else DataType.BirthDate(...)
        presenter.updateProfileView(dataType, userId)
    }
}
```

코드 6-24 (ⓞ GOOD) 조건 분기를 전략 패턴 구조로 대체한 예시

```
class Caller {
    fun someFunction() {
        ...
        val binder = if (isFoo) Binder.UserName(...) else Binder.
BirthDate(...)
        binder.updateView(viewHolder)
    }
}

sealed class Binder(private val viewId: ViewId) {
    class UserName(...) : Binder(USER_NAME_VIEW_ID) {
        override fun setContent(view: View) { ... }
    }

    class BirthDate(...) : Binder(BIRTH_DATE_VIEW_ID) {
        override fun setContent(view: View) { ... }
    }

    ...
```

---

9 이 코드에서는 분기 대신 가상 함수 선택을 사용하고 있기 때문에 조건 분기를 다형성 구조로 대체한 예라고 할
   수 있습니다.

```
fun updateView(holder: ViewHolder) {
    val view = holder.getView(viewId)
    setContent(view)
}

protected abstract fun setContent(view: View)
}
```

이처럼 각 조건의 동작 차이를 Binder의 자식 클래스에 은닉하여 의존 대상의 조건 분기를 대체할 수 있습니다. 또한, 호출하는 쪽인 someFunction 함수 안에 Binder.UserName과 Binder.BirthDate가 직접 작성되어 있으므로 각 조건에서의 동작을 살펴볼 때도 실행되는 코드를 쉽게 확인할 수 있습니다.

6.2.4 스탬프 결합과 데이터 결합

스탬프 결합과 **데이터 결합**은 모두 결합도가 낮습니다. 이 두 결합은 함수의 인수나 반환값으로 값을 전달할 때, 그리고 그것이 제어 결합이 아닐 때 발생합니다. 스탬프 결합과 데이터 결합은 전달되는 값의 종류에 따라 다릅니다. 인수나 반환값에 데이터의 구조가 포함된 경우에는 스탬프 결합, 정수형과 같은 기본 타입의 값만 전달하는 경우에는 데이터 결합이 됩니다.[10] 데이터 결합은 구조를 사용하지 않기 때문에 스탬프 결합보다 낮은 수준의 결합도를 가지지만, 그렇다고 해서 데이터 결합이 반드시 더 나은 것은 아닙니다. 다음과 같은 경우에는 스탬프 결합이 더 적합합니다.

- 인수나 반환값의 타입에 제약을 두거나 의미를 부여하려는 경우
- 인수나 반환값 여러 개를 하나로 묶어 단순화하려는 하는 경우
- 인수나 반환값에 다형성을 적용하려는 하는 경우

---

10 단, 코틀린처럼 정수형(Int)과 같은 기본 타입도 일반 클래스처럼 취급하는 언어에서는 스탬프 결합과 데이터 결합의 경계가 모호해질 수 있습니다.

이 중에서도 특히 '타입에 제약을 두거나 의미를 부여하려는 경우'가 중요합니다. 코드 6-25의 함수 showUserProfile을 예로 들어보겠습니다. showUserProfile 함수는 사용자의 이름과 프로필 이미지를 표시하는 함수입니다. 이 함수의 인수는 기본 타입인 문자열[11]이기 때문에 호출 시 데이터 결합이 발생합니다.

코드 6-25 기본 타입을 인수로 받는 함수

```
fun showUserProfile(userName: String, profileImageUrl: String) {
    // userName과 profileImageUrl를 사용하여
    // 메시지 발신자를 표시하는 코드
    ...
}
```

showUserProfile 함수의 매개변수를 봤을 때 'userName과 profileImageUrl에 전달되는 인수는 동일한 사용자를 나타낸다'는 전제가 있다고 예상할 수도 있습니다. 하지만 실제로는 코드 6-26과 같이 서로 다른 사용자를 나타내는 인수가 전달될 수도 있습니다.

코드 6-26 ❌ BAD 서로 다른 수신 객체의 프로퍼티를 인수로 전달하는 코드

```
showUserProfile(user1.name, user2.profileImageUrl)
```

이외에도 "Name: ${user1.name}"처럼 즉석에서 문자열 리터럴을 작성하여 값을 전달한다면 문자열의 형식을 결정하는 책임 소재가 모호해지고, 단순히 인수의 순서가 뒤바뀌어 버그가 발생할 가능성도 있습니다.

이럴 때는 코드 6-27과 같이 UserModel이라는 자료 구조를 가진 인스턴스를 전달하는 방법, 즉 스탬프 결합을 사용하는 것이 하나의 대안이 될 수 있습니다. UserModel의 인스턴스가 올바르게 만들어졌다면 UserModel.name

---

11 문자열을 자료 구조로 간주할 수도 있지만, 코틀린 문서에 Basic types로 기재되어 있기 때문에(https://kotlin lang.org/docs/basic-types.html), 이 책에서도 기본 타입으로 취급하겠습니다.

과 UserModel.profileImageUrl이 동일한 사용자를 나타내는 것을 기대할 수 있을 것입니다. 이처럼 스탬프 결합을 잘 사용하면 타입에 제약을 두거나 의미를 부여할 수 있습니다. 반면에 스탬프 결합을 사용하면 호출자도 완전한 UserModel 인스턴스를 가져야 한다는 단점이 있습니다. 장점과 단점을 비교해 인수에 사용할 자료 구조를 얼마나 세분화할 것인지 결정하기를 추천합니다.

코드 6-27 ● GOOD 자료 구조를 인수로 받는 함수

```
fun showUserProfile(userModel: UserModel) {
    // UserModel.name과 UserModel.profileImageUrl를 사용하여
    // '메시지 발신자'를 표시하는 코드
    ...
}
```

코드 외부에서 정의된 자료 구조

스탬프 결합에 사용되는 자료 구조가 코드 외부에서 정의된 경우에는 특별히 주의해야 합니다. 외부에서 정의된 자료 구조의 예로는 인터페이스 기술 언어(Protocol Buffers, Apache Thrift 등)로 정의된 데이터 형식, 그리고 XML, JSON 등 데이터 작성 언어로 정의된 모델, 프로토콜에서 규정한 바이너리 형식 등이 대표적입니다. 이러한 자료 구조는 장치와의 입출력, 네트워크 통신 등 코드의 외부 요소와 데이터를 주고받을 때 필요한데[12], 이 책에서는 이러한 자료 구조를 **외부 정의 데이터**라고 하겠습니다.

외부 정의 데이터를 취급하는 범위는 가급적 제한적이어야 합니다. 이를테면, 장치와의 입출력이나 네트워크 통신을 직접 수행하는 클래스만이 외부 정의 데이터를 처리하도록 설계하는 것이 좋습니다. 다른 클래스에 데이터를 전달하고 싶을 때는 외부 정의 데이터를 '코드 내부에서 재정의된 모델 클래스(**내부 정의 데이터**)'로 변경해야 합니다. 외부 정의 데이터를 처리하는 범위를 제한함으로써 데이터

---

12 〈Software Architect's Handbook〉에서는 외부에서 정의된 데이터 형식을 사용하는 경우, 결합도를 스탬프 결합이 아닌 외부 결합으로 정의하고 있습니다.

형식이 업데이트되더라도 영향이 미치는 범위를 최소화할 수 있습니다.[13]

한편, 외부 정의 데이터로 잘못된 값이 전달될 가능성도 있습니다. 가령, 네트워크로 수신하는 데이터가 JSON 형식의 문자열일 경우, JSON 모델의 필수 요소가 빠져 있거나 문자열 자체가 잘못된 JSON 형식일 수도 있습니다. 이런 상황에서 JSON 문자열을 그대로 다수의 클래스에 전달하면 '문자열이 잘못된 데이터가 아닌지 확인하는 코드'가 흩어져 버리게 되는데, 이런 경우에 JSON 문자열을 내부 정의 데이터로 변환하여 잘못된 값이 존재하지 않음을 보장함으로써 5.2.2 절에서 소개한 조기 반환과 비슷한 효과를 코드 전체에 줄 수 있습니다.

그러나 일부 상황에서는 내부 정의 데이터 형식을 사용하지 않는 것이 더 나은 경우도 있습니다. 수신된 JSON 문자열 내용을 거의 살펴보지 않고 그대로 전달하는 기능 등이 이에 해당합니다. 만약 이 기능에서 내부 정의 데이터를 사용한다면 JSON의 구조가 변경될 때마다 매번 새롭게 구현해야 합니다. 내부 정의 데이터로 변환해야 하는지 여부는 외부 정의 데이터의 내용 해석이 어느 정도 필요한지를 기준으로 판단하는 것이 좋겠습니다.

6.2.5 메시지 결합

메시지 결합은 인수나 반환값 등으로 정보를 전달하지 않고 단순히 함수만을 호출할 때 발생합니다. 이때 호출하는 함수는 주로 이벤트 발생을 알리거나 리소스를 개방하는 등의 기능을 수행합니다. 코드 6-28에서 Caller는 Closable이 가진 close 함수를 호출하고 있지만, 별다른 정보는 전달하지 않습니다. 이때 Caller의 Closable에 대한 결합도는 메시지 결합에 해당합니다.

---

13 특히 외부나 내부 정의 데이터 형식을 변환하는 레이어를 독립적으로 구축하는 경우는 도메인 주도 개발 (Domain Driven Development, DDD)에서 충돌 방지 계층(Anti-Corruption Layer, ACL)에 해당한다고 할 수 있습니다.

```
class Caller(private val closable: Closable) {

    fun doSomething() {
        ...

        closable.close()
    }
}
```

불필요한 정보는 전달하지 않도록 해야 하지만, 큰 틀에서 본다면 인수나 반환값을 제거하는 것이 오히려 강한 결합도를 만들어내기도 합니다. 코드 6-29에서는 notifyUserListUpdated를 호출할 때 인수나 반환값을 사용하지 않습니다. 때문에 notifyUserListUpdated를 호출하는 부분만 보고 UserListPresenter에 대한 결합도가 메시지 결합에 해당한다고 생각할 수도 있습니다. 하지만 notifyUserListUpdated는 호출 전에 users가 적절히 업데이트되어 있을 것을 기대하며, 실제로 updateUserList도 그렇게 구현되어 있습니다. 즉, 큰 틀에서 봤을 때는 Caller의 UserListPresenter에 대한 결합도가 내용 결합에 해당한다고 볼 수 있습니다. 이 결합도를 완화하려면 users의 업데이트와 그 알림을 함수 하나로 묶어야 하므로 users를 함수의 인수로 전달해야 합니다. 이처럼 무리하게 일부 함수 호출의 인수나 반환값을 제거하면 값을 전달하기 위해 내용 결합, 공통 결합, 외부 결합을 만들어 낼 위험이 생깁니다. 결합의 강도를 살펴볼 때는 코드의 극히 일부분에만 집중하지 말고 전체를 살펴봐야겠습니다.

코드 6-29 **✕ BAD** 큰 틀에서 봤을 때 강한 결합도를 만드는 메시지 결합

```
class Caller() {

    private val userListPresenter: UserListPresenter = ...

    fun updateUserList() {
        val users = ...
```

```
        userListPresenter.users = users

        ...

        userListPresenter.notifyUserListUpdated()
    }
}
```

마찬가지로 무리하게 메시지 결합을 사용하면 호출하는 쪽 코드의 가독성이 떨어질 수 있다는 점도 유의해야 합니다. 코드 6-30에서 Caller는 ErrorView Presenter에 의존하여 showErrorView 또는 hideErrorView를 호출합니다. 즉, 의존의 강도는 메시지 결합에 해당한다고 할 수 있습니다. 하지만 updateViews 내에서는 호출하는 함수를 조건 분기로 구분하고 있기 때문에 사실상 참/거짓 값을 인수로 전달하는 것과 다를 바가 없습니다. 게다가 updateViews가 무엇을 하는지 이해하기 위해서는 각 조건 분기의 내용까지 살펴봐야 하는 번거로움이 따릅니다.

코드 6-30 ❌BAD 표면적인 메시지 결합의 예시

```
class Caller {

    private val errorViewPresenter: ErrorViewPresenter = ...

    fun updateViews() {
        val result = ...
        ...

        val isErrorViewVisible = result.isError
        if (isErrorViewVisible) {
            errorViewPresenter.showErrorView()
        } else {
            errorViewPresenter.hideErrorView()
        }
    }
}
```

```
class ErrorViewPresenter {

    ...

    fun showErrorView() {
        view.isVisible = true
    }

    fun hideErrorView() {
        view.isVisible = false
    }
}
```

앞 예시처럼 인수의 개수만큼 최대한 함수를 분할하여 표면적으로나마 결합도를 약하게 만들 수는 있습니다. 그러나 이로 인해 실질적인 결합도가 약해지는 것은 아니며, 오히려 호출하는 쪽의 코드 흐름이 복잡해질 수가 있습니다. 이 예시에서는 코드 6-31과 같이 참/거짓 값을 인수로 전달하는 것이 바람직합니다.

코드 6-31 ⊙ GOOD 데이터 결합으로 바꾸기

```
class Caller {

    ...

    fun updateViews() {
        val result = ...
        ...

        val isErrorViewVisible = result.isError
        errorViewPresenter.setErrorViewVisibility(isErrorViewVisible
    }
}

class ErrorViewPresenter {

    ...

    fun setErrorViewVisibility(isVisible: Boolean) {
        view.isVisible = isVisible
```

```
        }
}
```

COLUMN ▶ 결합도와 응집도

결합도(coupling)를 논할 때는 응집도(cohesion)도 함께 거론되는 경우가 많습니다. 응집도(의존의 강도)는 한 '모듈' 내 요소들의 연관성이 얼마나 강한지를 나타내는 척도입니다. 결합도는 낮은 것이 바람직한 반면, 응집도는 높은 것이 바람직합니다. '응집도가 높아야 한다'를 달리 표현하면 한 '모듈' 내에 관련이 없는 요소가 포함되어서는 안 된다는 말과 같습니다.

〈Reliable software through composite design〉에 소개된 응집도의 척도는 클래스를 설계하는 데 있어서 다루기가 어려운 개념이므로 이 책에서는 의도적으로 생략했습니다. 이 컬럼에서 그 이유를 설명합니다.

〈Reliable software through composite design〉에서는 결합도와 응집도 모두 '모듈'이라는 단위에 대한 개념으로 소개됩니다. 여기서 '모듈'은 이 책에서는 함수에 해당합니다. 결합도는 '모듈' 간의 관계를 나타낸 것이기 때문에 이를 클래스나 인스턴스, 패키지 간의 관계로 자연스럽게 확장할 수 있고, 클래스 설계에도 적용할 수 있습니다.

하지만 응집도는 '모듈'에 속한 내부 요소들 간의 관계를 나타냅니다. 이를 함수에 적용한다면 한 '함수' 내의 구문(statement)들 간의 관계를 의미하게 됩니다. 따라서 응집도 개념을 그대로 '클래스 내 멤버 간의 관계'나 '클래스 간의 관계'로 확장하여 적용할 수는 없습니다.[14]

그렇다면 응집도 개념을 클래스 내의 함수에 대한 척도로 적용한다면 어떻게 될까 생각해 봅시다. 한 함수의 응집도와 클래스 사이의 결합도는 서로 상충되는 부분이 있기 때문에 단순하게 적용하기는 어렵습니다. 6.2.1절의 첫 번째 예제에서 살펴본 것처럼, 클래스 내에 존재하는 상태를 모두 별도의 공개 함수로 정의한다면 각 함수의 응집도는 최대가 될 것입니다. 또한, 이렇게 하면 클래스 간에 내용 결합까지 발생합니다. 좀 더 현실적인 예를 들자면 논리적 강도(응집력의 일종)를 피하기 위해 함수를 분할한 결과, 오히려 호출하는 쪽에서 제어 결합이 발생할 수도 있습니다. 이처럼 응집도를 고려할 때는 넓은 시야가 필요하며, 응집도를 어디까지 허용할지를 판단하는 것 역시 쉽지 않습니다.

응집도를 클래스 설계에 적용하는 경우에는 '응집도'를 명확하게 정의해야 할 것입니다.

---

14 물론 응집도를 재정의하여 클래스 설계에 적용하려는 시도도 많이 이루어지고 있습니다. LCOM(Lack of Cohesion in Methods) 등이 대표적인 사례입니다.

6.3 의존 방향

'X가 Y에 의존한다'는 표현에서 알 수 있듯이, 의존 관계에는 방향이 존재합니다. 의존의 방향은 가능한 한 한쪽으로만 유지하는 것이 바람직합니다. 다르게 표현하면 순환이 없는 구조기 이상적이라고 할 수 있습니다.[15] 그림 6-2와 그림 6-3은 클래스의 의존 관계를 보여 줍니다. 화살표의 출발점은 호출하는 쪽의 클래스를 나타내고, 화살표의 도착점은 사용되는 쪽의 클래스를 나타냅니다. 그림 6-2에는 의존 관계의 분기와 합류는 있지만, 순환하지는 않습니다. 반면에 그림 6-3에는 클래스 A, B, C와 클래스 C, D의 의존 관계가 순환합니다. 즉, 그림 6-2와 그림 6-3의 의존 관계 구조는 그림 6-2가 더 바람직하다고 할 수 있습니다.

▼ 그림 6-2 순환이 없는 의존 관계

▼ 그림 6-3 순환이 있는 의존 관계

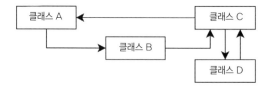

의존 관계가 순환하면 코드의 견고함을 해칠 수도 있습니다. 코드 6-32의 A와 B는 서로를 프로퍼티로 참조하고 있기 때문에 서로 의존하는 관계입니다. A의

---

15 의존 관계를 순서 관계로 봤을 때는 부분적인 순서 관계(partial order relation)가 바람직하다고 말할 수도 있습니다.

인스턴스가 B에 생성자 인수로 전달되었지만, 이 시점에는 A의 인스턴스 초기화가 완료되지 않은 상태입니다. 만약 B 안에서 A의 프로퍼티를 사용하면 초기화되지 않은 값을 참조하게 되므로 버그의 원인이 됩니다.[16]

코드 6-32 **✕ BAD** 생성자 인수를 사용한 의존 관계

```
class A {
    private val b = B(this)

    val i = 1
}

class B(private val a: A) {
    init {
        println(a.i) // 0이 출력
    }
}
```

초기화되지 않은 프로퍼티에 접근할 수 없도록 하기 위해 코드 6-33과 같이 A의 인스턴스를 나중에 전달하는 방법도 생각해 볼 수 있습니다. 하지만 이번에는 b.a의 초깃값이 null이 되어 자유롭게 변경할 수 있게 되었습니다. 이렇게 되면 b.a의 초기화를 잊어버리거나 B.a가 다시 변경될 가능성도 고려해야 합니다. 이처럼 의존 관계가 순환하는 경우에는 해결 순서가 단순하지 않기 때문에 코드도 복잡해지기 쉽습니다.

코드 6-33 **✕ BAD** 값 변경이 가능한 프로퍼티를 사용한 의존 관계

```
val b = B()
val a = A(b)
b.a = a

class A(private val b: B)
```

---

16 스위프트와 같은 일부 언어에서는 이러한 초기화 자체를 허용하지 않습니다.

```
class B() {
    // null을 허용하는 타입이어야 하고, 다시 변경될 가능성도 있다
    var a: A? = null
}
```

또한, 의존 관계의 순환으로 코드의 가독성까지 떨어질 수 있습니다. 코드 6-32의 클래스 A의 동작을 자세히 이해하려면 의존 대상인 B의 동작을 살펴봐야 합니다. 그러나 B의 동작을 이해하기 위해서는 다시 의존 대상인 A의 코드로 되돌아가야 합니다. 의존 관계가 순환하는 경우에는 단순히 A 코드의 동작을 알고 싶을 뿐인데도 B가 A를 어떻게 사용하는지까지 살펴봐야 합니다. 다시 말해, 의존 관계가 순환하면 단순히 일부 코드만 이해하고 싶어도 더 넓은 구조까지 알아야 하는 경우가 있습니다.

그러나 의존 관계에서 순환을 완전히 없애는 것은 소프트웨어 개발에서 매우 어려운 일입니다. 그렇다면 순환의 용도와 범위를 최소한으로 제한하는 것이 최선이라고 할 수 있습니다. 그림 6-4에서는 클래스 E, F, G, H를 통과해 순환하므로 그 안에 있는 클래스는 직간접적으로 다른 모든 클래스에 의존하게 됩니다. 이렇게 큰 순환을 만들기보다는 그림 6-5와 같이 순환의 범위를 가능한 축소해야 합니다. 비록 축소된 쪽이 의존 관계를 나타내는 화살표의 개수나 순환의 횟수는 더 많아지지만, 그림 6-6과 같이 큰 틀에서 본다면 순환이 없는 것으로 간주할 수도 있습니다. 또한, 클래스 E와 F는 여전히 모든 클래스에 의존하고 있지만, H와 G는 E와 F로의 의존 관계가 해소되었습니다.

❤ 그림 6-4 모든 클래스를 순환하는 의존 관계

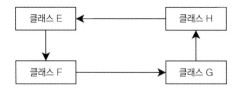

▼ 그림 6-5 순환의 범위가 축소된 의존 관계

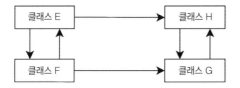

▼ 그림 6-6 그림 6-5를 큰 틀에서 봤을 때

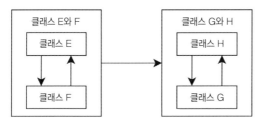

의존 방향을 결정하는 기준이 있으면 의존 관계의 순환을 없애거나 순환의 범위를 축소하기 위한 설계가 좀 더 수월해집니다. 다만, 의존 관계가 발생하는 이유는 다양하기 때문에 의존의 방향을 결정하는 기준 또한 다양합니다. 일반적인 기준으로는 다음과 같은 것을 고려할 수 있습니다.

- 호출자 → 호출 대상[17]
- 구체적 → 추상적[18]
- 복잡 → 단순[19]
- 가변 → 불변[20]
- 알고리즘 → 데이터 모델[21]
- 사양 변경이 많음 → 사양 변경이 적음[22]

---

17 역주 호출하는 쪽이 호출받는 쪽에 의존한다.
18 역주 구체적인 것이 추상적인 것에 의존한다.
19 역주 복잡한 것이 단순한 것에 의존한다.
20 역주 가변 객체가 불변 객체에 의존한다.
21 역주 알고리즘이 데이터 모델에 의존한다.
22 역주 자주 변경되는 것이 변경이 적은 것에 의존한다.

여기서는 위의 두 가지 기준인 '호출자 → 호출 대상'과 '구체적 → 추상적'을 각각 소개한 후 '복잡 → 단순'과 '가변 → 불변'의 두 가지를 함께 설명하겠습니다. 그리고 경우에 따라서 예외, 즉 순환이 필요한 상황도 설명합니다. 어떤 경우에 순환을 만들어야 하는지, 또 순환을 어떻게 관리해야 하는지도 설명합니다.

6.3.1 호출자 → 호출 대상

클래스 Caller가 클래스 Callee의 메서드를 호출할 때는 Caller가 Callee에 의존한다고 할 수 있습니다(그림 6-7). 이때 그림 6-8과 같이 역으로 Callee에서 Caller의 메서드를 호출한다면 의존 관계는 순환하게 됩니다.

▼ 그림 6-7 단방향 호출 관계

▼ 그림 6-8 양방향 호출 관계

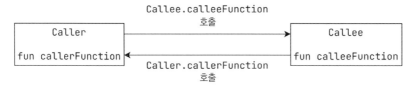

Callee의 메서드 인수로써 콜백을 전달하는 방식은 순환이 발생하는 대표적인 예입니다. 콜백 외에도 Caller 자체의 인스턴스를 전달하거나 Caller의 인스턴스를 가진 다른 객체를 전달할 때도 마찬가지로 의존 관계에 순환이 발생합니다. 코드 6-34에서는 MediaViewPresenter가 videoPlayerView.play를 호출할 때 this를 인수로 전달하고 있기 때문에 의존 관계가 순환하게 됩니다.

코드 6-34 **✗ BAD** this를 전달하여 발생한 의존 관계의 순환

```kotlin
class MediaViewPresenter {
    fun getVideoUri(): Uri = ...

    fun playVideo() {
        videoPlayerView.play(this)
        ...
    }
}

class VideoPlayerView {
    fun play(presenter: MediaViewPresenter) {
        val uri = presenter.getVideoUri()
        ...
    }
}
```

호출자와 의존 관계에 있다 하더라도 위의 예시와 같이 호출 대상의 모든 코드와 값이 필요한 상황은 거의 없을 것입니다. 따라서 대부분의 경우는 호출 대상에 의존하는 코드나 값을 제한하는 방법으로 순환을 제거하거나 줄일 수 있습니다. 여기서는 주로 '의존 대상을 값으로 대체하는 방법'과 '의존 대상을 작은 클래스로 추출하는 방법' 두 가지에 대해 알아보겠습니다.

의존 대상을 최소화하기: 값으로 대체하기

코드 6-34에서 VideoPlayerView가 MediaViewPresenter를 필요로 하는 이유는 Uri를 얻기 위해서였습니다. 만약 play를 호출하기 전에 Uri를 결정할 수 있다면 Uri를 인수로 전달하는 것만으로도 충분할 것입니다. 코드 6-35와 같이 인수의 타입만 바꾸면 VideoPlayerView의 MediaViewPresenter에 대한 의존을 없앨 수 있습니다.

```kotlin
class MediaViewPresenter {
    fun getVideoUri(): Uri = ...

    fun playVideo() {
        videoPlayerView.play(getVideoUri())
        ...
    }
}

class VideoPlayerView {
    fun play(videoUri: Uri) { ... }
}
```

함수의 인수로 this나 내부 클래스, 메서드 참조 등을 전달하고 있다면 먼저 인수가 필요한 이유를 생각해 봅시다. 만약 단순히 어떠한 값을 얻을 목적으로만 this를 전달하는데, 그 값을 미리 결정할 수 있다면 인수를 좀 더 단순한 값으로 대체할 수 있습니다.

의존 대상을 최소화하기: 작은 클래스로 추출하기

코드 6-34에서 play 호출 시점에 Uri를 결정할 수 없거나, 값을 얻기 위해서가 아닌 다른 이유로 this를 전달해야 하는 경우에는 인수 타입을 변경하는 것만으로는 순환을 제거할 수 없습니다. 이럴 때는 VideoPlayerView가 의존하는 코드나 값을 별도의 작은 클래스로 추출하여 순환을 제거할 수 있습니다.

먼저 그림 6-9와 같이 getVideoUri() 메서드와 관련 프로퍼티 등을 MediaView Presenter 내의 클래스 VideoUriProvider로 정의합니다. 이때 VideoUriProvider는 MediaViewPresenter를 참조하지 않아야 합니다.[23] 그리고 그림 6-10과 같이 VideoUriProvider를 MediaViewPresenter의 외부로 옮김으로써 의존 관계를 단방향으로 바꿀 수 있습니다.

---

23 코틀린에서는 inner가 아닌 클래스로, 자바에서는 static 클래스로 정의하여 구현할 수 있습니다.

▼ 그림 6-9 내부 클래스를 작성하여 순환의 범위를 제한하기

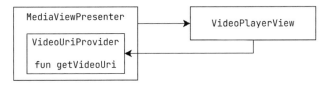

▼ 그림 6-10 내부 클래스를 추출하여 순환을 제거하기

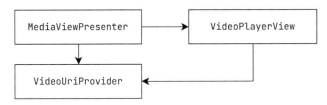

예외: 콜백이 필요한 경우

의존 관계를 단방향으로 만들기 위해서라도 불필요한 콜백은 없어야 합니다. 하지만 상황에 따라서는 의존 관계에 순환이 만들어져도 콜백이 유효하게 작동 되는 경우가 있습니다. 다음 두 가지가 대표적인 예입니다.

- 리스트의 map, forEach 등 추상화된 알고리즘을 사용하는 구조
- 비동기적으로 반환되는 값을 처리하는 구조

map이나 forEach와 같은 추상화된 알고리즘을 사용할 때는 호출자가 콜백을 전달해야 합니다. 예를 들어 코드 6-36에서는 리스트의 map을 사용하기 위 해 this.repository를 참조하는 람다를 인수로 전달하고 있는데, map은 호출 되는 즉시 콜백을 실행하고 호출자에게 제어권을 반환할 때 참조를 포기합니 다. 즉시 실행되고 즉시 참조를 포기하는 이러한 콜백을 **동기식 콜백**(synchronous callback)이라고 하는데, 의존 관계에 순환이 발생하더라도 알고리즘을 추상화 하기 위한 동기식 콜백의 사용은 허용됩니다.

```
val repository: UserModelRepository = ...
val userIdList: List<User> = ...

// List<T>.map에 this.repository에 대한 참조를 가진 람다를 전달한다
val userModelList =
    userIdList.map { userId -> repository.getUserModel(userId) }
// map 호출 후 인수로 전달한 람다의 참조는 버려진다
```

한편, 비동기적으로 반환된 값을 처리하려면 인수로 전달된 콜백을 그대로 가지고 있다가 나중에 실행해야 합니다. 이러한 콜백을 **비동기식 콜백**(asynchronous callback)이라고 합니다. 비동기식 콜백은 가독성을 떨어뜨리고 리소스 누수의 원인이 될 수 있기 때문에 사용하는 목적, 수명 주기, 사용 범위를 제한하는 것이 좋습니다. 콜백에 대한 참조가 계속 유지된다면 본래 목적 외의 용도로 사용될 가능성이나 여러 번 실행될 가능성 등을 함께 염두에 두어야 합니다.

비동기식 콜백을 사용할 때 주의할 점을 코드 6-37의 queryUserModel을 통해 알아보겠습니다. 이 함수는 UserModel을 비동기적으로 취득하고 그 결과를 onObtained 콜백에 전달합니다. 콜백이 호출되는 타이밍과 횟수는 UserModelRepository의 내부 코드를 보지 않고서는 알 수 없다는 점이 문제입니다.

코드 6-37 비동기식 콜백 예시

```
class UserModelRepository {
    fun queryUserModel(userId: UserId, onObtained: (UserModel) -> Unit) {
        // 제어권은 즉시 호출자에게 반환하고, 비동기적으로 onObtained를 호출한다
        executeAsynchronously {
            val userModel = ...
            onObtained(userModel)
        }
    }
}

userModelRepository.queryUserModel(userId) { userModel ->
```

```
    println(userModel.name)
}
```

그렇다면 콜백을 UserModelRepository에 직접 전달하지 않고 java.util.
concurrent.CompletableFuture를 사용하도록 변경해 보겠습니다(코드 6-38).
queryUserModel은 콜백을 인수로 받는 대신 CompletableFuture를 반환값으
로 돌려줍니다. 그리고 콜백은 thenAccept의 인수로 CompletableFuture에 전
달합니다. 이렇게 하면 콜백의 사용 범위를 CompletableFuture로 제한할 수 있
고, 쿼리가 성공했을 때 단 한 번만 호출되는 것을 보장할 수 있습니다.[24]

코드 6-38 ⊙ GOOD 비동기식 콜백의 용도 및 범위를 제한한 예시

```
class UserModelRepository {
    fun queryUserModel(userId: UserId): CompletableFuture<UserModel> =
        CompletableFuture().supplyAsync {
            ... // UserModel 취득
        }
    }
}

userModelRepository.queryUserModel(userId)
    .thenAccept { userModel -> println(userModel.name) }
```

또한, 코틀린처럼 코루틴(coroutine)을 사용할 수 있는 언어에서는 비동기식 콜
백 대신에 코루틴을 사용하면 가독성을 더욱 높일 수 있습니다.

6.3.2 구체적 → 추상적

클래스 두 개가 상속 관계에 있을 때 자식 클래스와 부모 클래스의 관계는 각
각 '사용하는 관계'와 '사용되는 관계'가 됩니다. 이때 반대로 부모 클래스에서

---

24 실패를 포함한 단 한 번의 요청만을 보장하고 싶다면 CompletableFuture.handle을 사용하면 됩니다.

자식 클래스를 사용하는 관계를 만든다면 의존 관계가 순환하게 됩니다. 코드 6-39는 부모 클래스 내에서 자식 클래스로 다운캐스팅을 하고 있기 때문에 이러한 의존 관계에 순환이 발생합니다.

코드 6-39 ❌ BAD 부모 클래스 내에서 자식 클래스로 다운캐스팅하는 코드

```kotlin
open class IntList {
    fun addElement(element: Int) {
        if (this is ArrayIntList) {
            // ArrayIntList의 addElement 구현
        } else {
            ...
            // 새로운 자식 클래스를 추가하면 이 코드가 비대해진다
        }
    }
}

class ArrayIntList(vararg elements: Int) : IntList() {
    // 여기서 addElement를 오버라이드하지 않았다
    // ArrayIntList의 구현을 변경하고 싶다면 부모 클래스를 변경해야 한다
}
```

ArrayIntList의 addElement 동작은 부모 클래스의 IntList에 구현되어 있습니다. 따라서 ArrayIntList의 구현을 변경하면 IntList도 변경해야 하며, 경우에 따라서는 다른 자식 클래스에도 영향을 미칠 수도 있습니다. 더군다나 다른 자식 클래스의 구현이 늘어나면 IntList.addElement도 커질 뿐 아니라 모든 자식 클래스가 IntList 안에 구현될 것을 보장하기도 어려워집니다. 이처럼 부모 클래스가 자식 클래스를 알고 있음을 전제로 한 설계는 쉽게 무너질 수 있습니다.

의존 관계의 순환을 피하려면 부모 클래스가 자식 클래스를 모르게 해야 합니다. 자식 클래스의 고유한 인터페이스나 구현이 필요한 경우에는 코드 6-40과 같이 자식 클래스 안에서 해결해야 합니다. 그래야 의존 관계가 자식 클래스에서 부모 클래스로 단방향으로 이루어질 수 있습니다.

코드 6-40 ⊙ GOOD 오버라이드에 의한 다운캐스팅 교체

```
abstract class IntList {
    abstract fun addElement(element: Int)
}

class ArrayIntList(vararg elements: Int) : IntList() {
    override fun addElement(element: Int) {
        ...
    }
}
```

6.3.3 복잡/가변 → 단순/불변

단순한 객체나 불변의 객체는 넓은 범위에서 오랫동안 사용되기도 하고, 좁은 범위에서 사용되다가 금방 참조가 버려지기도 합니다. 즉, 사용되는 범위, 수명 주기, 참조하는 곳의 수가 제각각이라는 특징을 가집니다. 이는 Pair와 같은 간단한 자료 구조를 생각해 보면 쉽게 이해할 수 있습니다.

반면에 복잡한 객체나 가변적인 객체는 범위, 수명 주기, 참조를 엄격하게 관리해야 합니다. 따라서 의존 방향은 복잡/가변→단순/불변의 단방향으로 이루어져야 합니다. 만약 반대로 단순/불변→복잡/가변의 의존 관계를 만들면 복잡/가변 객체의 관리가 어려워집니다. 코드 6-41은 단순한 클래스가 복잡한 클래스에 의존하는 예시입니다.

코드 6-41 ✗ BAD 단순한 클래스가 복잡한 클래스에 의존하는 예시

```
class UserModel(
    val userId: UserId,
    val loginName: String,
    val displayName: String,
    val followerIds: Set<UserId>,
    val requester: UserModelRequester
)
```

```
class UserModelRequester(...) {
    fun query(userId: UserId): UserModel? {
        ... // UserModel 취득
    }
}

fun getFollowerUserModel(userModel: UserModel): List<UserModel> {
    val requester = userModel.requester
    return userModel.followerIds
        .mapNotNull { followerId -> requester.query(followerId) }
}
```

이 코드에서 UserModel은 ID, 이름 등 사용자 속성을 모아 놓은 모델 클래스이고, UserModelRequester는 UserModel을 가져오기 위한 클래스입니다. UserModelRequester는 데이터베이스나 네트워크에서 데이터를 가져와 UserModel로 변환하고, 필요하다면 오류까지 처리합니다. 모델 클래스인 UserModel은 단순한 클래스인 반면, UserModelRequester는 복잡한 로직을 가진 클래스이기 때문에 UserModel은 UserModelRequester에 의존해서는 안 됩니다. 하지만 코드 6-41에서는 userModel.requester 부분에서 단순한 클래스가 복잡한 클래스를 의존하게 되었습니다.

함수 getFollowerUserModel은 의존 관계를 통해 UserModel의 인스턴스에서 다른 UserModel 인스턴스를 가져올 수 있습니다. 언뜻 보기에는 편리해 보일 수도 있지만, 이 코드는 UserModelRequester가 보유하고 있는 리소스를 관리하기 어렵다는 심각한 문제를 가지고 있습니다.

먼저 UserModelRequester가 데이터베이스나 네트워크와 같은 리소스를 가지고 있다고 가정해 보겠습니다. 리소스를 해제하기 위해서는 UserModel을 사용하는 모든 코드를 확인해야 합니다. 리소스를 해제하려는 시점에 이미 userModel.requester를 통해 UserModelRequester가 사용되고 있을 가능성이 있기 때문입니다. 만약 UserModel이 코드 내에서 광범위하게 사용되고 있다면 확인하는 것도 쉽지 않을 것입니다. 게다가 UserModelRequester.release와 같이 리소스를 강제로 해제하는 메서드를 추가하면 이번에는 사용 중인 리소스가 갑자기 해제되는 문제가 발생할 수 있습니다.

UserModelRequester를 싱글턴으로 설정하고 한 번 확보한 리소스를 해제하지 않으면 이 문제를 일시적으로 해결할 수 있습니다. 하지만 사양 변경에 따라 UserModelRequester의 인스턴스를 다시 만들면 광범위한 영향을 미치는 코드를 다시 변경해야 합니다. UserModelRequester의 인스턴스 전환과 동시에 모든 UserModel의 인스턴스를 업데이트해야 하기 때문입니다.

이러한 문제를 피하기 위해서는 단순한 코드가 복잡한 코드에 의존하지 않도록 하는 것만으로도 충분합니다. 만약 UserModelRequester를 필요로 하는 클래스나 함수가 있다면 UserModel을 통해 전달하지 말고 명시적으로 인수로 전달해야 합니다(코드 6-42). 인스턴스를 명시적으로 전달하기만 해도 UserModelRequester의 범위, 수명 주기, 참조의 관리 문제는 훨씬 완화될 것입니다.

코드 6-42 ⊙ GOOD 단순한 클래스에서 복잡한 클래스로의 의존성 제거

```
class UserModel(
    val userId: UserId,
    val loginName: String,
    val displayName: String,
    val followerIds: Set<UserId>
)

fun getFollowerUserModel(
    userModel: UserModel,
    requester: UserModelRequester
): List<UserModel> = userModel.followerIds
    .mapNotNull { followerId -> requester.query(followerId) }
```

하지만 상황에 따라서는 단순하고 불변적인 코드가 복잡하고 가변적인 코드에 의존해야 하는 경우도 있습니다. 대표적인 예가 중재자 패턴을 채택하는 경우입니다. 이 패턴은 중재 역할을 하는 '중재자(mediator)'와 '동료 객체(colleague)'로 구성됩니다. 동료 객체는 서로 직접 통신하지 않고 중재자를 통해서만 상호작용합니다.

또 중재자는 모든 동료 객체를 알고 있으며, 모든 동료 객체의 상태를 보고 각각 어떤 동작을 할 것인지를 결정합니다. 이러한 구조를 가지고 있기 때문에 중재자는 다소 복잡한 클래스라고 할 수 있습니다. 하지만 동료 객체들은 중재자와의 상호 작용이 필요하므로 중재자 객체를 참조해야 합니다. 이러한 관계는 단순한 동료 객체가 복잡한 중재자 객체에 의존하고 있다고 해석할 수 있습니다. 즉, 중재자 패턴을 사용하는 이상 의존 관계의 순환은 불가피한 셈입니다.[25, 26]

COLUMN ▶ 클래스 다이어그램과 의존 관계

UML(Unified Modeling Language)의 클래스 다이어그램을 그릴 때 '집약(aggregation)' 이나 '합성(composition)'의 마름모꼴 방향은 의존 관계의 방향과 반대가 됩니다. Book 클래스가 Page를 집약하고 있음을 클래스 다이어그램으로 표현할 때는 다음 그림처럼 마름모꼴을 Book 쪽에 붙입니다. 하지만 의존 관계로 보면 Book 클래스 안에서 Page에 대한 참조를 가지게 되므로 의존 방향으로는 Book이 Page에 의존하는 형태가 됩니다. 이처럼 집약과 합성의 방향은 의존의 방향과는 반대가 됩니다.

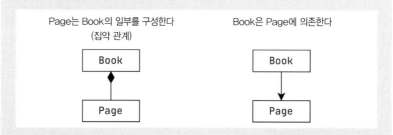

한편, 클래스 다이어그램에서 '연관성'을 표현할 때 두 요소를 실선으로만 연결하고 따로 방향은 표시하지 않는 경우도 있으나, 가능한 한 '연관 관계'를 표현할 때도 의존 방향이 향하는 쪽을 의식하고 설계하는 것이 좋습니다.

---

25 본래 중재자 패턴에서는 인터페이스와 구현을 분리하고 있기 때문에 클래스 다이어그램에서 봤을 때는 의존 관계의 순환이 존재하지 않는 것처럼 보일 수 있습니다. 하지만 객체의 참조 차원에서 의존 관계를 본다면 순환이 존재한다고 해야 할 것입니다.

26 중재자 패턴을 채택하더라도 관찰 가능한 값(예 Coroutine Flow 등)을 사용할 수 있다면 동료 객체가 중재자 객체에 의존하는 정도를 상당히 완화할 수 있습니다.

6.4 의존의 중복

복사, 붙여넣기로 코드가 중복되는 것과 마찬가지로 의존 관계도 중복될 수 있습니다. 두 클래스 A, B가 어떤 클래스 C에 공통적으로 의존하는 경우, C에 대한 의존 관계가 A와 B에서 중복된다고 할 수 있습니다.

공통된 코드를 추출하는 것만으로도 이러한 의존 관계의 중복이 발생하므로 의존의 중복 자체는 피할 수 없는 경우가 많습니다. 하지만 불필요한 의존 관계의 중복 때문에 코드 변경의 영향 범위가 넓어지거나 불분명해질 수 있으므로 주의가 요구됩니다. 이 절에서는 불필요한 의존 관계 중복의 대표적인 사례로 '연결된 의존 관계(cascaded dependency)'와 '의존 대상 집합의 중복(duplication of dependency sets)' 두 가지를 소개합니다.

6.4.1 연결된 의존 관계

단순히 어떤 참조를 전달받기 위한 이유만으로 서로 관련이 없는 클래스가 의존해서는 안 됩니다. 코드 6-43에서는 사용자의 닉네임을 표시하는 Nickname Presenter 클래스와 사용자의 프로필 이미지를 표시하는 ProfileImage Presenter 클래스가 정의되어 있습니다. 두 클래스는 모두 UserModelProvider 에서 사용자 정보를 가져온다는 측면에서 공통점이 있지만, 그 외의 구현은 서로 관련이 없습니다.

코드 6-43 ❌ BAD 참조를 전달하기 위한 목적만을 가지고, 관련 없는 클래스에 의존하는 예시

```
class NicknamePresenter(
    val modelProvider: UserModelProvider
) {
    fun invalidateViews(userId: UserId) {
```

```
        val userModel = modelProvider.getUserModel(userId)
        ... // userModel을 사용하여 이름 문자열을 업데이트
    }
}

class ProfileImagePresenter(
    private val nicknamePresenter: NicknamePresenter
) {
    fun invalidateViews(userId: UserId) {
        val userModel = nicknamePresenter.modelProvider.
getUserModel(userId)
        ... // userModel을 사용하여 프로필 사진을 업데이트
    }
}
```

그림 6-11은 이들 클래스의 의존 관계를 그림으로 나타낸 것입니다. Profile ImagePresenter가 NicknamePresenter에 의존하고 있지만, 단지 UserModel Provider에 대한 참조를 얻기 위한 것일 뿐입니다.

▼ 그림 6-11 코드 6-43의 의존 관계

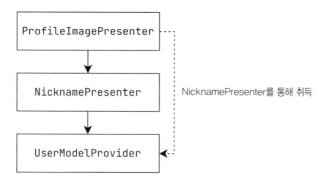

이처럼 단지 참조를 얻기 위한 목적만으로 관련 없는 클래스에 의존하면 코드가 변경되었을 때 그 영향 범위를 파악하기가 어려워집니다. 이 예시에서는 ProfileImagePresenter가 의존 대상이 되기 때문에 두 가지 문제가 발생합니다.

첫 번째 문제는 NicknamePresenter에 대한 의존성으로 인해 관계없는 코드의 변경까지 염두해야 한다는 것입니다. 두 번째 문제는 ProfileImagePresenter와 UserModelProvider의 의존 관계가 명확하지 않다는 것입니다. 이 의존 관계를 알기 위해서는 ProfileImagePresenter의 프로퍼티 정의를 보는 것만으로는 충분하지 않아서 invalidateViews의 세부적인 부분까지 살펴봐야 합니다. 따라서 UserModelProvider의 동작을 변경했을 때 ProfileImagePresenter에 영향이 미친다는 것을 알아차리기 어려울 수 있습니다.

이러한 문제들은 필요한 참조를 생성자나 함수의 인수로써 명시적으로 전달하는 '직접 의존성 사용'을 통해 해결할 수 있습니다. 코드 6-44에서는 ProfileImagePresenter의 생성자 인수로 UserModelProvider를 직접 전달합니다. 이 의존 관계를 그림으로 나타낸 것이 그림 6-12입니다. 다음 변경된 코드에서는 UserModelProvider의 의존 관계가 더 명확해지고, NicknamePresenter에 대한 의존 관계는 제거되었음을 알 수 있습니다.

코드 6-44 ⊙ GOOD 관련 없는 클래스에 대한 의존성 제거

```kotlin
class NicknamePresenter(
    private val modelProvider: UserModelProvider
) {
    fun invalidateViews(userId: UserId) {
        val userModel = modelProvider.getUserModel(userId)
        ... // UserModel을 사용하여 이름 텍스트를 업데이트
    }
}

class ProfileImagePresenter(
    private val modelProvider: UserModelProvider
) {
    fun invalidateViews(userId: UserId) {
        val userModel = modelProvider.getUserModel(userId)
        ... // UserModel을 사용하여 프로필 이미지를 업데이트
    }
}
```

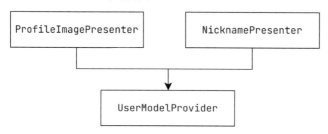

▼ 그림 6-12 코드 6-44의 의존 관계

디미터의 법칙

'직접 의존성 사용'을 좀 더 일반적이고 체계적으로 정의한 개념으로 **디미터의 법칙**(Law of Demeter)[27]이 있습니다. 디미터의 법칙은 '메서드 내에서 객체의 멤버에 접근할 때 수신 객체는 다음 중 하나로 제한되어야 한다'고 주장합니다.[28]

- this 자신
- this의 프로퍼티
- 메서드의 인수
- 메서드 내에서 생성된 객체
- 전역 변수 및 싱글턴

좀 더 이해를 돕기 위해 디미터의 법칙을 준수하는 예와 이를 위반하는 예를 코드 6-45에서 살펴보겠습니다. functionFollowingLod가 준수하는 코드이고, functionViolatingLod가 위반하는 코드입니다.

코드 6-45 디미터의 법칙 예시

```
val GLOBAL_VALUE: GlobalValue = GlobalValue()

class SomeClass() {
```

---

27 http://www.ccs.neu.edu/home/lieber/LoD.html
28 다만 실용적으로는 수신 객체를 받지 않는 함수를 호출해도 무방합니다.

```kotlin
// 디미터의 법칙을 준수하는 코드
fun functionFollowingLod(parameter: Parameter) {
    privateMethod() // 수신 객체가 this가 되는 메서드
    property.anotherProperty // 프로퍼티의 멤버
    parameter.method() // 인수의 멤버
    AnotherClass().method() // 메서드 내에서 생성된 객체의 멤버
    GLOBAL_VALUE.method() // 전역(최상위) 변수의 멤버
}

// 디미터의 법칙을 위반하는 코드
fun functionViolatingLod(parameter: Parameter) {
    parameter.method().anotherMethod // 인수의 메서드가 반환하는 값의 멤버

    val propertyOfProperty = property.anotherProperty
    propertyOfProperty.method() // 프로퍼티가 가진 프로퍼티의 멤버
}

private val property: Property = Property()
private fun privateMethod() = ...
}
```

디미터의 법칙을 적용하면 불필요한 의존 관계를 제거할 수 있을 뿐만 아니라 의존 대상의 코드를 호출하는 쪽의 내부 구조로부터 독립시킬 수 있습니다. 단, 디미터의 법칙을 적용할 때는 다음 두 가지 사항에 유의해야 합니다.

첫 번째 주의할 점은 호출하는 쪽의 책임 범위를 지나치게 넓혀서는 안 된다는 것입니다. 디미터의 법칙을 엄격하게 적용한다면 메서드의 반환값이 기본적인 클래스일지라도 그 클래스의 멤버에 접근할 수 없습니다. 코드 6-46에서는 메서드의 반환값을 취득한 후 그 반환값이 가진 또 다른 메서드를 호출하고 있기 때문에 디미터의 법칙을 위반한다고 할 수 있습니다. 이를 해결하기 위해서는 repository에 getAllFriendUserModels라는 메서드를 만들면 되지만, 그러면 repository의 책임 범위가 넓어지게 됩니다. 이러한 상황에서는 디미터의 법칙을 무리하게 적용하지 않아도 됩니다.

코드 6-46 디미터의 법칙을 위반한 예시

```
val allUserModels: List<UserModel> = repository.getAllUserModels()
val allFriendModels = allUserModels.filter { userModel -> userModel.
isFriend }
```

두 번째 주의할 점은 형식적인 회피에 불과한 방법은 선택하지 않아야 한다는 것입니다.

코드 6-46에서의 디미터의 법칙 위반은 코드 6-47처럼 수신 객체를 인수로 바꾸는 함수를 만들어 해결할 수 있습니다. 하지만 이는 본질적으로 달라지는 것이 없으며, 오히려 코드가 더 복잡해질 뿐입니다.

코드 6-47 **❌ BAD** 디미터의 법칙 위반을 형식적으로만 회피한 예시

```
val allFriendModels = filterFriends(repository.getAllUserModels())

private fun filterFriends(userModels: List<UserModel>): ListUserModel =
    userModels.filter { userModel -> userModel.isFriend }
```

디미터의 법칙을 적용할 때는 형식적인 것에 불과한 회피 방법을 택하지 말고, 각 클래스가 알아야 할 정보와 알지 말아야 할 정보가 무엇인지를 구분하여 설계하는 것이 바람직합니다.

6.4.2 의존 대상 집합의 중복

코드 6-44의 UserModelProvider 대신 LocalUserModelProvider와 Remote UserModelProvider라는 두 클래스를 추가해 보겠습니다. LocalUserModel Provider는 로컬 저장소나 캐시에서 데이터를 가져오고, RemoteUserModel Provider는 네트워크를 통해 데이터를 가져옵니다. 이 두 클래스는 로컬에 있는 데이터를 사용할 수 있는 경우에는 그것을 사용하고, 그렇지 않은 경우에는 네트워크상의 데이터를 취득하여 사용합니다.

이들 ...Provider의 참조를 각각의 ...Presenter에 직접 추가하면 그림 6−13
과 같은 의존 관계가 만들어집니다. 호출하는 쪽 클래스는 각각 LocalUser
ModelProvider와 RemoteUserModelProvider라는 공통된 의존 대상을 갖게 됩
니다. 이러한 구조를 '의존 대상의 집합이 중복되는 상태'라고 합니다.

▼ 그림 6-13 의존 대상 집합이 중복되는 관계

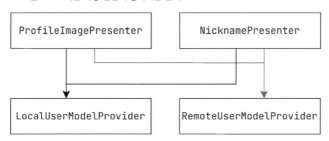

의존 대상의 집합에 중복이 있으면 향후에 발생하는 변경에 취약해질 수 있습
니다. 여러 가지 가능성을 생각할 수 있겠지만, 가령 '어느 의존 대상을 사용할
지 선택하는 코드'가 중복되면 기능을 추가할 때 방해 요소가 될 수 있습니다.
코드 6-48은 그림 6−13을 코드로 옮긴 것인데, 'localModelProvider에서 데
이터를 가져오지 못하면 remoteModelProvider에서 가져온다'라는 로직의 코드
가 복사되어 있습니다. 이 상태에서 새로운 의존 관계를 구현한다면 로직의 업
데이트나 추가가 누락되어 버그가 발생할 수 있습니다.

코드 6-48 ❌ BAD 그림 6-13의 코드 구현

```
class NicknamePresenter(
    private val localModelProvider: LocalUserModelProvider,
    private val remoteModelProvider: RemoteUserModelProvider
){
    fun invalidateViews(userId: UserId) {
        val userModel = localModelProvider.getUserModel(userId)
            ?: remoteModelProvider.getUserModel(userId)
        ... // UserModel을 사용하여 이름 텍스트를 업데이트
    }
```

```
}

class UserProfileImagePresenter(
    private val localModelProvider: LocalUserModelProvider,
    private val remoteModelProvider: RemoteUserModelProvider
){
    fun invalidateViews(userId: UserId) {
        val userModel = localModelProvider.getUserModel(userId)
            ?: remoteModelProvider.getUserModel(userId)
        ... // UserModel을 사용하여 프로필 이미지를 업데이트
    }
}
```

이처럼 코드 복사를 수반하는 의존 대상 집합의 중복을 해결하기 위해서는 중
간 레이어를 만들어 각각의 의존 대상들을 숨기는 것이 좋습니다. 그림 6-14
와 코드 6-49에서는 UserModelProvider를 만들어 의존 대상을 선택하는 코드
를 한 곳에 모았습니다. 이로 인해 사용하는 쪽에서는 UserModelProvider에 대
한 참조만 가지고 있어도 되며, 데이터가 LocalUserModelProvider와 RemoteUser
ModelProvider 중 어느 쪽에서 가져온 것인지는 신경 쓰지 않아도 됩니다. 또
한, 의존 관계를 새롭게 추가하는 경우에도 중간 레이어인 UserModelProvider
에만 영향이 있기 때문에 코드도 쉽게 변경할 수 있습니다.

▼ 그림 6-14 중간 레이어로 의존 대상의 중복을 해결

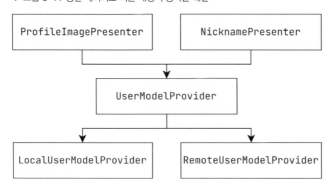

```
class NicknamePresenter(private val userModelProvider:
UserModelProvider) {
    fun invalidateViews(userId: UserId) {
        val userModel = userModelProvider.getUserModel(userId)
        ... // UserModel을 사용하여 이름 텍스트를 업데이트
    }
}

class ProfileImagePresenter(private val userModelProvider:
UserModelProvider) {
    fun invalidateViews(userId: UserId) {
        val userModel = userModelProvider.getUserModel(userId)
        ... // UserModel을 사용하여 프로필 이미지를 업데이트
    }
}

class UserModelProvider(
    private val localModelProvider: LocalUserModelProvider,
    private val remoteModelProvider: RemoteUserModelProvider
) {
    fun getUserModel(userId: UserId): UserModel? =
        localModelProvider.getUserModel(userId)
            ?: remoteModelProvider.getUserModel(userId)
}
```

다만 이러한 중간 레이어를 만들 때 두 가지 주의할 점이 있습니다. 하나는 YAGNI와 KISS를 충분히 염두에 두어야 한다는 것입니다. 아직 의존 대상이 하나밖에 없는데 '앞으로 늘어날지도 모른다'는 이유로 중간 레이어를 만들어서는 안 됩니다. 사용 여부를 알 수 없는 중간 레이어는 코드의 가독성을 떨어뜨리는 원인이 될 수 있기 때문입니다. 중간 레이어를 만드는 타이밍은 실제로 코드의 중복이 발생했을 때가 좋습니다.

하나 더 주의할 점은 은닉한 의존 대상을 공개해서는 안 된다는 것입니다. 코드 6-49를 예로 들면 remoteModelProvider를 공개 프로퍼티로 설정하지 말아야

합니다. 만약 RemoteUserModelProvider가 외부에서 보이면 사용하는 쪽에서는 중간 레이어와 RemoteUserModelProvider 양쪽 모두에 대한 지식이 필요하게 됩니다. 따라서 중간 레이어를 만들 때는 추상화가 가능한지 여부를 충분히 고려해야 합니다.

6.5 의존의 명시성

클래스의 정의만으로는 발견할 수 없는 의존 관계도 존재합니다. 코드 6-50에서는 Caller가 Interface를 프로퍼티로 가지고 있고, Implementation에서 Interface를 구현하고 있습니다. 이 의존 관계를 그림으로 표현하면 그림 6-15와 같으며, Caller와 Implementation은 모두 Interface에 의존하고 있지만, Caller와 Implementation 사이에는 의존 관계가 없는 것처럼 보입니다.

코드 6-50 Interface를 통한 의존

```
class Caller(val interface: Interface)

interface Interface
class Implementation : Interface
```

▼ 그림 6-15 코드 6-50의 의존 관계

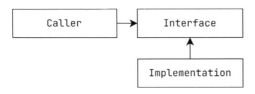

이번에는 Caller의 인스턴스를 만드는 팩토리 함수 createCaller를 코드

6-51과 같이 정의합니다. 이 함수에 의해 만들어진 Caller는 Implementation의 인스턴스를 가지므로 'Caller의 인스턴스가 Implementation에 의존하고 있다'라고 할 수 있습니다. 실제로 Implementation의 내부 동작을 변경하면 해당 인스턴스를 가진 Caller의 동작에도 영향을 미칠 수 있습니다. 하지만 이러한 사실은 단순히 Caller의 클래스 정의만 봐서는 알 수가 없습니다. 이처럼 의존 관계 중에는 호출하는 쪽의 코드를 보지 않으면 발견할 수 없는 경우도 있습니다.

코드 6-51 Caller의 팩토리 함수

```
fun createCaller(): Caller = Caller(Implementation())
```

여기서는 매개변수, 프로퍼티, 반환값의 타입 등 클래스 정의에서 확인할 수 있는 의존 관계를 **명시적 의존 관계**, 클래스 정의만으로는 확인할 수 없는 의존 관계를 **암묵적 의존 관계**로 구분하여 정의합니다. 암묵적 의존 관계를 만들어내는 요인은 다음과 같은 것이 있습니다.

- 다형성(특히, 상속과 같이 동적으로 처리되는 것)
- 클래스로 명시되지 않은 데이터 형식
- 인수나 반환값이 취할 수 있는 값의 범위
- 코드 복사

암묵적 의존 관계가 존재하면 코드의 전체 구조를 파악하기 어려워 가독성을 떨어뜨리기 쉽습니다. 또한, 코드 변경이 영향을 미치는 범위가 불분명해져 버그의 원인이 되기도 합니다. 이러한 문제를 피하기 위해서라도 명시적인 의존 관계를 유지하는 것이 이상적입니다.

의존 관계를 설계할 때는 의존의 강도(결합도)와 의존의 명시성을 혼동하지 않는 것이 중요합니다. 의존 관계를 암묵적으로 만드는 것과 결합도를 낮추는 것은 별개라는 점을 주의하여 의존 관계를 설계해야 합니다. 기본적으로 결합도는 낮게 유지하는 것이 좋지만, 결합도를 낮추려고 의존 관계를 암묵적으로 만들어버리면 오히려 가독성이나 견고함에 악영향을 끼칠 수도 있습니다. 이상적으로는 명시적이면서도 결합도가 낮은 의존 관계를 설계하는 것이 좋지만, 이두 가지를 모두 만족시키는 것은 어려울 수 있습니다. 명시성과 결합도 중 어느쪽을 우선해야 할지는 이어지는 코드를 비교하며 검토해 보겠습니다.

이 절에서는 의존 관계를 암묵적으로 만들었을 때 가독성에 어떤 악영향을 미치게 되는지 '과도한 추상화'와 '암묵적인 값의 범위'라는 두 가지 안티패턴을 통해 살펴보겠습니다.

6.5.1 안티패턴 1: 과도한 추상화

추상화는 가독성을 향상시키는 효과적인 수단 중 하나이지만, 동시에 암묵적의존 관계의 원인이 되기도 합니다. 따라서 추상화할 때는 어떤 목적으로 추상화할 것인지를 먼저 생각해봐야 합니다. 목적 없이 추상화할 경우 어떤 일이 발생하는지 코드 6-52를 통해 알아보겠습니다.

코드 6-52 현재 날짜와 사용자의 정보를 표시하는 클래스

```kotlin
class CurrentDatePresenter(
    private val dateTextFormatter: DateTextFormatter
) {
    fun showCurrentTime() {
        val currentTimeInMillis = ...
        val dateText = dateTextFormatter.fromTimeInMillis(currentTimeIn
Millis)

        ...
    }
}

class UserProfilePresenter(
    private val userProfileRepository: UserProfileRepository
) {
    fun showProfile(userId: Long) {
        val userName = userProfileRepository.getUserName(userId)
```

```
        ...
    }
}
```

CurrentDatePresenter와 UserProfilePresenter는 서로 연관성이 없는 클래스로, 각각 현재 날짜를 표시하는 역할과 사용자 정보를 표시하는 역할을 합니다. 여기서 CurrentDatePresenter는 날짜 문자열을 얻기 위해 DateText Formatter를 사용하고, UserProfilePresenter는 사용자 이름을 얻기 위해 UserProfileRepository를 사용합니다. 이 의존 관계를 그림으로 나타내면 그림 6-16과 같습니다.

▼ 그림 6-16 코드 6-52의 의존 관계

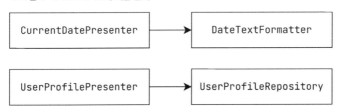

DateTextFormatter와 UserProfileRepository 모두 정수 값을 문자열로 변환하는 메서드를 가지고 있습니다. 그렇다면 '정수 값을 문자열로 변환하는' 인터페이스 LongToStringConverter를 정의하여 추상화하면 코드 6-53과 같이 만들 수 있을 것입니다.

코드 6-53 ❌ BAD 코드 6-52를 과도하게 추상화한 예시

```
interface LongToStringConverter {
    fun convert(value: Long): String
}
class DateTextFormatter : LongToStringConverter { ... }
class UserProfileRepository: LongToStringConverter { ... }

class CurrentDatePresenter(
    private val dateTextFormatter: LongToStringConverter
) {
```

```
    fun showCurrentTime() {
        val currentTimeInMillis = ...
        val dateText = dateTextFormatter.convert(currentTimeInMillis)
        ...
    }
}

class UserProfilePresenter(
    private val userProfileRepository: LongToStringConverter
) {
    fun showProfile(userId: Long) {
        val userName = userProfileRepository.convert(userId)
        ...
    }
}
```

그림 6-17은 이 클래스 정의에서 읽을 수 있는 의존 관계를 보여 줍니다. 그림
에서는 DateTextFormatter에서 CurrentDatePresenter를 향하는 의존 관계와
UserProfilePresenter에서 UserProfileRepository를 향하는 의존 관계가 마
치 없어진 것처럼 보입니다. 하지만 실제로는 의존 관계가 없어진 것이 아닌,
암묵적인 상태의 의존 관계가 되었을 뿐입니다.

▼ 그림 6-17 코드 6-53의 의존 관계

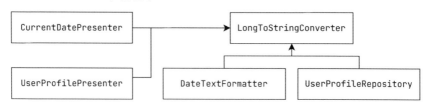

이렇게 추상화를 하면 동작의 흐름을 따라가기가 어려워집니다. 예를 들어
CurrentDatePresenter에서 날짜 형식이 'Jan 15'인지 '15 Jan'인지를 확인하려
면 먼저 CurrentDatePresenter의 생성자 호출 부분을 확인해야 하고, 그 부분
에서 전달하는 LongToStringConverter의 클래스 구현을 구체적으로 살펴봐야
만 날짜 형식을 알 수 있습니다. 반면에 만약 과도하게 추상화하지 않았다면 인

수 타입을 통해 DateTextFormatter의 코드에 손쉽게 접근할 수 있었을 것입니다.

또 다른 문제는 과도한 추상화로 인해 코드의 엄격성을 잃을 수 있다는 점입니다. 코드 6-53에서는 CurrentDatePresenter의 생성자 인수가 LongToString Converter이기 때문에 UserProfilePresenter의 인스턴스를 전달하는 것이 가능합니다. 하지만 실제로 그렇게 인스턴스를 전달하면 버그의 원인이 될 수 있습니다.

이처럼 추상화를 통해 의존 관계를 해소했다고 생각할 수 있지만, 이는 단순히 암묵적인 관계가 되었을 뿐이며 오히려 가독성이나 견고함을 해치는 결과를 가져왔습니다. 강한 의존 관계가 있다면 그 사실을 클래스 정의를 통해 확인할 수 있도록 해야 합니다.

COLUMN ▶ 의존성 주입(DI)을 통한 암묵적 의존 관계

과도한 추상화로 인한 문제는 의존성 주입을 활용하는 경우에도 발생합니다. 의존성 주입은 인터페이스와 구현을 분리하기 때문에 인터페이스에서는 의존 대상 쪽에 구현된 코드를 직접적으로 추적할 수 없습니다. 의존성 주입에는 장단점이 있으므로 사용할 때는 그 목적이 무엇인지를 명확히 해야 합니다. 의존성 주입의 목적에는 다음과 같은 것이 있습니다.

- **모듈 간의 상호 의존성 해결**: 두 모듈이 상호 의존하는 경우, 한쪽의 의존 대상을 구현이 아닌 인터페이스로 바꾸어 명시적 의존 관계를 단방향으로 만듭니다. 단, 암묵적 의존 관계는 그대로 유지됩니다.
- **구현 교체**: 테스트할 때 Mock이나 Fake로 대체하거나, 빌드할 때 설정에 따라 구현을 전환할 수 있습니다.
- **빌드 고속화**: 구현 또는 구현이 의존하는 라이브러리를 업데이트해도 인터페이스의 의존 대상 코드가 다시 빌드되지 않도록 합니다.
- **도구에 의한 인스턴스 관리**: 인스턴스의 수명 주기나 참조 관리를 의존성 주입 컨테이너와 같은 도구에서 수행하여 보일러플레이트(boilerplate)를 줄입니다.

특별한 목적이 없다면 의존성 주입을 사용해야 할 필요는 없습니다. 예를 들어 매우 단순한 데이터 모델을 인터페이스와 구현으로 분리하면 위와 같은 이점을 누리기 어렵고, 오히려 가독성이 떨어지는 코드가 될 수 있습니다.

6.5.2 안티패턴 2: 암묵적인 값의 범위

함수의 인수가 특정 값만 허용하는 경우, 호출하는 쪽에서는 이러한 사양에 대해 알고 있어야 합니다. 이때 '사양에 대해 알고 있다'라는 관계는 의존 관계 그래프에 표시되지 않으므로 암묵적 의존 관계라 할 수 있습니다. 예를 들어 코드 6-54에서 setViewColor를 호출하는 코드는 인수 colorString으로 사용할 수 있는 유효한 문자열에 대해 알고 있어야 합니다.

코드 6-54 **✕ BAD** 인수 값의 유효 범위에 주의해야 하는 함수

```
fun setViewColor(colorString: String) {
    val argbColor = when (colorString) {
        "red" -> 0xFFFF0000u
        "green" -> 0xFF00FF00u
        else -> 0x00888888u // 투명 색상으로 폴백
    }
    view.setColorByArgbUInt(argbColor)
}
```

이 코드에는 크게 두 가지 문제가 있는데, 첫 번째 문제는 유효한 문자열을 알기 위해 코드의 상세한 내용을 읽어 봐야 한다는 점입니다. 파란색을 나타내는 "blue"나 대문자로 된 "RED", 그리고 색상 코드를 직접 지정한 "FF0000"이라는 인수에 대해서도 이 함수는 모두 투명색을 설정합니다.

또 다른 문제는 사양을 변경할 때 모든 호출자를 확인해야 한다는 점입니다. 만약 "green"을 삭제하고 싶다면 모든 호출자가 해당 문자열을 사용하지 여부를 확인해야 합니다. "green"을 사용하는 호출자가 있으면 의도치 않게 색상이 투명하게 변경되어 버그가 발생하지만, "g" + "reen"과 같이 리터럴을 직접 사용하지 않는 상황도 있기 때문에 호출자를 조사하는 것이 어려워질 수 있습니다.

이러한 문제는 인수 값의 범위를 나타내는 클래스를 만들어 해결할 수 있습니다. 코드 6-55에서는 명시적으로 빨간색과 초록색만 인수로 받을 수 있음을 나타내기 위해 ViewColor라는 열거형을 정의하고 있습니다. 이렇게 ViewColor

를 정의하면 setViewColor에 잘못된 값이 전달될 수 없게 됩니다.

한편, 색과 관련된 코드(문자열에서 ViewColor로 변환하는 코드 등) 중에는 setViewColor를 직접 호출하지 않더라도 ViewColor와 명시적인 의존 관계를 가지게 됩니다. 따라서 사양 변경에 따른 영향 범위를 쉽게 파악할 수 있습니다. 호출자와 호출 대상의 의존 관계를 그림으로 나타냈을 때도 두 클래스가 모두 ViewColor에 의존한다는 점을 명확하게 보여 주기 때문에 클래스 구조를 이해하기도 쉽습니다.

코드 6-55 ⊙GOOD 열거형을 이용한 값의 범위 정의

```kotlin
enum class ViewColor(val argbColor: UInt) {
    RED(0xFFFF0000u),
    GREEN(0xFF00FF00u)
}

fun setViewColor(color: ViewColor) =
    view.setColorByArgbUInt(color.argbColor)
```

6.6 정리

이 장에서는 클래스의 의존 관계에서 주의해야 할 점으로 결합도, 방향, 중복, 명시성 네 가지에 대해 설명했습니다. 먼저 결합도에 대해서는 내용 결합을 피하고, 공통 결합, 외부 결합, 제어 결합은 완화해야 하는 경우가 있다는 것을 설명했습니다.

다음으로 의존의 방향에 대해서는 불필요한 순환은 피해야 하고, 이를 위해 의존 방향을 결정하는 기준을 마련해야 한다고 설명했습니다. 설령 순환이 필요

하다 하더라도 그 용도와 범위는 제한되어야 합니다. 의존이 중복되지 않도록 연결된 의존 관계와 의존 대상 집합의 중복을 피하기 위한 방법에 대해 설명했습니다. 마지막으로 의존의 명시성에 대해서는 클래스 정의만으로 의존 관계를 나타낼 수 있는 것이 바람직하다는 것을 과도한 추상화와 암묵적인 값의 범위라는 두 가지 안티패턴을 통해 설명했습니다.

7^장

코드 리뷰

아무리 가독성 높은 코드를 작성하려고 애를 써도 노력의 결과가 항상 성공적이지는 않습니다. 스스로는 가독성이 높다고 판단했지만 배경 지식의 차이, 생각의 차이 등으로 인해 누군가에게는 이해하기 어려운 코드가 될 수도 있습니다. 이러한 결과를 피하기 위해서는 코드 리뷰를 통해 제3자의 관점에서 코드를 검토하고 코드의 가독성을 검증하는 과정이 필요합니다. 물론 로직의 적합성을 검증하는 것도 리뷰의 주요 목적이지만, 이 장에서는 주로 가독성에 초점을 맞추고자 합니다.

코드 리뷰를 수행하면 코드의 가독성을 높일 수 있지만, 여기에 너무 많은 리소스를 투입하면 오히려 역효과가 날 수 있습니다. 효율적이고 효과적인 리뷰를 수행하기 위해서는 리뷰를 요청하는 쪽인 **리뷰이**(reviewee)와 리뷰를 수행하는 쪽인 **리뷰어**(reviewer) 모두 주의해야 할 것이 있습니다. 이 장에서는 리뷰이가 주의해야 할 사항으로 '리뷰하기 쉬운 풀 리퀘스트(pull request)를 만드는 방법'과 '리뷰 코멘트를 적용하는 방법'을, 리뷰어가 주의할 사항으로 '리뷰를 수행할 때의 원칙'과 '리뷰 코멘트에 작성할 내용'을 설명합니다.

참고로 이 장에서는 깃허브(GitHub)에서 리뷰를 진행하는 것을 가정합니다. 즉, 커밋 여러 개를 묶은 풀 리퀘스트 단위로 리뷰하는 것을 전제로 합니다. 깃랩(GitLab) 등 다른 툴을 사용한다면 풀 리퀘스트를 머지 리퀘스트(merge request)와 같이 적절히 바꿔서 읽으면 이해하기 어렵지 않을 것입니다.

7.1 리뷰이의 주의 사항 1: 리뷰하기 쉬운 풀 리퀘스트 만들기

효과적인 리뷰를 위해서는 풀 리퀘스트를 만드는 방법에도 주의를 기울여야 합니다. 리뷰하기 쉬운 풀 리퀘스트를 만들기 위해서는 다음 세 가지가 중요합니다.

- 풀 리퀘스트의 목적이 명확하다.
- 풀 리퀘스트의 크기가 작다.
- 풀 리퀘스트에 포함된 커밋이 구조적이다.

이 절에서는 이 세 가지 사항을 충족시키기 위한 방법으로 무엇을 작성해야 하는지, 목적은 어떻게 명확히 할 수 있는지, 풀 리퀘스트를 어떻게 나눌 것인지, 커밋은 어떻게 구조적으로 할 수 있는지 등을 설명합니다.

7.1.1 풀 리퀘스트의 목적 명시하기

풀 리퀘스트의 목적을 명시해 두면 코드를 변경한 이유를 쉽게 파악할 수 있어 리뷰를 좀 더 원활히 진행할 수 있습니다. 필요에 따라 다음과 같은 내용들을 풀 리퀘스트의 설명에 포함하는 것이 좋습니다.

- 풀 리퀘스트가 달성하고자 하는 주요 목적
- 이번 풀 리퀘스트에서 하지 않는 것
- 앞으로의 풀 리퀘스트 계획

특히 '이번 풀 리퀘스트에서 하지 않는 것'과 '앞으로의 풀 리퀘스트 계획'을 명시하는 것이 중요합니다. 사전에 배경 지식을 공유하면 리뷰가 장기화되거나 풀 리퀘스트가 비대해지는 현상을 방지할 수 있습니다. 원칙적으로 리뷰어는 풀 리퀘스트에 개선의 여지가 있는 한 계속해서 피드백을 제공해야 합니다. 하지만 문제점으로 지적된 내용 중 일부는 풀 리퀘스트의 목적에서 벗어난 것이거나 다음 풀 리퀘스트에서 처리할 예정이었던 것일 수도 있습니다.

이러한 피드백을 풀 리퀘스트 하나에 끝없이 적용하면 작업이 좀처럼 끝나지 않습니다. 풀 리퀘스트의 책임 범위를 명확히 하면 '어느 풀 리퀘스트에 피드백을 적용해야 하는지'에 대해 좀 더 원활하게 논의할 수 있습니다. 만약 다른 풀 리퀘스트에 그 피드백을 적용하기로 했다면 필요에 따라 이슈 관리 시스템에서 별도의 티켓을 생성하고 TODO 코멘트를 남겨두는 것도 좋은 방법입니다.

7.1.2 풀 리퀘스트 분할하기

적절한 풀 리퀘스트의 크기는 하루 작업량을 기준으로 생각하면 쉽게 가늠할 수 있습니다. 하루 동안의 작업은 풀 리퀘스트 여러 개로 나누어 진행하는 것이 바람직합니다. 반대로 일주일, 한 달에 걸쳐 거대한 풀 리퀘스트를 만들게 되면 리뷰하기가 매우 어려워집니다.

거대한 풀 리퀘스트를 리뷰하는 것은 단순히 시간이 오래 걸리는 문제뿐만 아니라 고려해야 할 사항도 많아져 리뷰의 정밀도까지 떨어지는 문제를 초래합니다. 또한, 커져 버린 풀 리퀘스트에서 전제되어야 할 조건이나 근본적인 구조적 결함을 뒤늦게 발견한다면 다시 작성해야 하는 코드의 양도 그만큼 늘어나게 됩니다.

이처럼 풀 리퀘스트가 커지면 커질수록 리뷰이와 리뷰어 모두의 생산성이 떨어지기 십상입니다. 달리 표현하면, 거대한 풀 리퀘스트를 만드는 일은 어쩌면 작업이 헛수고가 될지도 모르는 위험한 도박과 같다고도 할 수 있을 것입니다.

다만 풀 리퀘스트를 작게 유지하는 데도 요령이 필요합니다. 코드의 변경이 다른 변경에 의존하는 상황에서 잘못된 방법으로 커밋을 나누거나 커밋의 순서가 적절하지 않다면 동작의 일관성을 유지하면서 풀 리퀘스트를 분할하기 어려울 수 있습니다. 특히나 큰 기능을 개발하거나 개발 도중에 다른 작업을 진행해야 하는 경우에는 다수의 코드 변경 사이에서 의존 관계가 발생하기 쉽습니다. 이러한 경우에는 어떻게 풀 리퀘스트를 분할하는 것이 좋을지에 대해 알아보겠습니다.

큰 기능을 개발할 때의 상태

기능의 규모에 따라서는 구현하는 데 며칠에서 몇 주, 길게는 몇 달이 걸릴 수도 있습니다. 하지만 앞서 언급했듯이 몇 주, 몇 달에 걸쳐 풀 리퀘스트 하나를 만들면 효과적인 리뷰를 기대할 수 없습니다. 따라서 구현하고자 하는 기능의 규모가 큰 경우에는 단일 기능일지라도 풀 리퀘스트를 여러 개로 분할하는 것을 추천합니다. 이렇게 분할된 풀 리퀘스트가 병합된 시점에서는 아직 기능이 완성되지 않은 상태입니다. 이 상태에서도 지속적 통합(CI) 시스템의 혜택을 누리고 다른 팀원들의 개발에 지장을 주지 않기 위해서는 기능이 완성되지 않은 상태라 할지라도 제품으로서 빌드할 수 있는 상태를 유지해야 합니다.

여기서는 제품으로 빌드할 수 있게 유지한 상태에서 기능 하나를 여러 풀 리퀘스트로 분할하여 구현하는 방법으로, 하향식(top-down) 방식과 상향식(bottom-up) 방식 두 가지를 소개합니다.

큰 기능을 개발할 때 분할하는 방식 1: 하향식 방식

먼저 **하향식 방식**에서는 세부적인 부분은 구현하지 않고 클래스의 스켈레톤 코드(skeleton code, 뼈대가 되는 코드)만 작성합니다. 스켈레톤 코드에서는 다른 클래스와의 의존 관계와 대략적인 인터페이스만 나타내고, 메서드 구현은 생략합니다. 생략된 부분은 TODO 코멘트나 코틀린의 TODO 함수 등을 통해 예상되는 구현을 기술해 두는 것도 좋습니다. 또한, 풀 리퀘스트의 설명에 앞으로의 계획과 같이 전체적인 작업 흐름을 파악할 수 있는 내용을 포함하면 리뷰가 더 원만하게 이루어질 것입니다.

코드 7-1 클래스의 스켈레톤 코드

```
class UserProfilePresenter(
    val useCase: UserProfileUseCase
    val profileRootView: View
) {
    fun showProfileImage() {
        TODO(...)
    }

    fun addUserTag() {
```

```
        TODO(...)
    }
}
```

코드 7-1에서는 생성자 인수로 전달할 프로퍼티와 공개 메서드의 이름 등 클래스의 뼈대가 되는 코드만 작성되었고, 메서드의 기능은 아직 구현되지 않았습니다. 이렇게 스켈레톤 코드로만 풀 리퀘스트를 만들면 의존 관계를 비롯한 전체적인 구조를 먼저 리뷰할 수 있습니다. 또, 상세 코드가 없는 만큼 리뷰어는 전체 설계에 집중할 수 있어 리뷰의 정밀도를 높이는 데도 도움이 될 것입니다. 설령 근본적인 결함이 있거나 다시 작성해야 할 코드가 있더라도 이를 최소화할 수도 있습니다.

큰 기능을 개발할 때 분할하는 방식 2: 상향식 방식

반면, **상향식 방식**은 다른 코드의 부품이 되는 데이터 모델 클래스나 유틸리티 함수 등을 먼저 만들어 놓고, 그 부품을 사용하는 쪽의 코드를 나중에 작성합니다. 다른 코드에 의존하는 부분이 제한적이거나 다른 코드의 의존 대상이 될 예정인 클래스나 함수는 특히 상향식 방식이 적합합니다. 물론 상향식 방식으로 풀 리퀘스트를 작성한 시점에는 새로운 코드에 의존하는 코드가 존재하지 않을 테지만, 프로젝트에 따라서는 사용되지 않는 코드가 있을 때 빌드가 실패하도록 설정되어 있는 경우도 있습니다. 그러한 설정이 적용된 프로젝트에서는 코드 7-2의 @Suppress와 같이 빌드 경고를 억제하면서 TODO 코멘트를 사용하여 향후 계획을 설명해야 합니다. 또한, 이슈 관리 시스템을 사용하여 프로젝트를 관리하는 경우에는 이슈 티켓의 ID를 활용하는 것도 좋은 방법입니다. 다음 코드 7-2에서의 #12345는 이슈 관리 시스템의 티켓 ID입니다. 이 ID를 지정함으로써 '해당 부품을 어느 이슈에서 사용하는 것인지'를 명확하게 하고 있습니다.

코드 7-2 부품이 되는 코드 먼저 만들기

```
@Suppress("unused") // TODO(#12345): ...
class UserProfileModel(
```

```
    val userId: Int,
    val name: String,
    val profileImageUri: Uri?
)

object UserNameStringUtils {
    @Suppress("unused") // TODO(#12346): ...
    fun normalizeEmoji(userName: String): String = ...

    @Suppress("unused") // TODO(#12347): ...
    fun isValidUserName(userName: String): Boolean = ...
}
```

이 방식은 각 부품의 높은 독립성을 보장할 수 있기 때문에 만약 추후에 구조적인 결함이 발견되더라도 만들어진 부품 하나하나는 재사용될 확률이 높습니다. 또한, 리뷰가 진행 중인 다른 풀 리퀘스트가 있더라도 수월하게 새로운 풀 리퀘스트를 병행하여 작성할 수도 있습니다. 반면, 하향식 방식에 비해 최종 목적을 알기 어렵고, YAGNI를 준수하는지 여부를 수시로 검증해야 한다는 단점도 있습니다. 때문에 상향식 방식을 채택할 때는 리뷰어에게 앞으로의 일정을 미리 설명해 주는 것이 중요합니다.

리뷰 하나가 완료되기까지는 꽤 긴 시간이 필요하기 때문에, 하향식과 상향식 두 가지 방식을 모두 사용하여 풀 리퀘스트를 여러 개 병행하여 만드는 편이 더 효율적입니다. 이때, 어느 방식을 사용하든 프로젝트 구성원들과 함께 장기적인 계획을 미리 논의한다면 문제를 파악하는 데 많은 도움이 될 것입니다. 논의를 하기에 앞서 설계 문서(design document)[1]를 작성해서 대략적인 설계나 개발 절차를 문서화하는 것도 좋은 방법입니다. 더욱이, 작성한 설계 문서의 링크를 사용하면 풀 리퀘스트에 작성할 설명문도 간소화할 수 있습니다.

---

1   ChromiumOS에서 공개한 설계 문서 예시: https://www.chromium.org/developers/design-documents,
    플러터(Flutter)에서 공개한 설계 문서 예시: https://flutter.dev/docs/resources/design-docs

추가 작업이 발생했을 때의 상태

한 기능을 구현하는 도중에 다른 작업을 해야 하는 경우가 종종 있습니다. 구현하다가 다른 모듈의 사양을 변경해야 한다는 사실을 뒤늦게 알게 되거나, 예상치 못했던 리팩터링이 필요한 경우도 있습니다. 예를 들어 코드 7-3과 같은 CurrentClockIndicator 클래스를 만들고 있다고 했을 때 현재는 두 함수 toClockText와 showCurrentTime의 구현까지 완료되었다고 가정합니다. 이때의 커밋 상태는 다음 커밋 리스트 7-1과 같습니다.

코드 7-3 현재 시각을 표시하는 클래스

```
class CurrentClockIndicator(
    ...
) {
    fun showCurrentTime() {
        val currentTimeInMillis = ...
        val clockText = toClockText(currentTimeInMillis)

        ... // clockText를 표시하는 로직
    }

    companion object {
        private fun toClockText(timeInMillis: Long): String = ...
    }
}
```

커밋 리스트 7-1

```
Commit 1: 스켈레톤 클래스 CurrentClockIndicator 작성
Commit 2: 비공개 유틸리티 함수 toClockText 구현
Commit 3: CurrentClockIndicator 클래스에 showCurrentTime 구현
```

그런데 다음 커밋에 해당하는 작업을 진행하다가 CurrentClockIndicator.toClockText와 동일한 코드가 이미 MessageTimeStampIndicator 클래스에 존재한다는 것을 발견했다고 가정해 보겠습니다. 하지만 여기서 toClockText의

복제 코드를 만든다면 기술 부채[2]를 수반하게 되므로, 보이스카우트 원칙에 따라 CurrentClockIndicator 클래스의 구현을 마무리하기 전에 toClockText를 하나로 통일해야 합니다. 예를 들어 코드 7-4와 같이 유틸리티 함수들을 따로 모아둔 DateTimeTextFormatter 객체 내로 toClockText를 옮김으로써 CurrentClockIndicator와 MessageTimeStampIndicator에서 중복되는 코드를 하나로 통합할 수 있습니다.[3]

코드 7-4 기존의 toClockText를 추출

```
class CurrentClockIndicator(
    ...
) {
    fun showCurrentTime() {
        val currentTimeInMillis = ...
        val clockText = DateTimeTextFormatter.toClockText(currentTimeIn
Millis)

        ... // clockText를 표시하는 로직
    }
}

object DateTimeTextFormatter {
    fun toClockText(timeInMillis: Long): String = ...
}
```

toClockText를 추출한 작업은 커밋 리스트 7-1과는 별개의 풀 리퀘스트로 만드는 것이 좋습니다. '리팩터링 작업을 동일한 풀 리퀘스트에 포함해서는 안 되는 이유'와 '잘못된 풀 리퀘스트 분할 방법'이 무엇인지 다음 안티패턴을 통해 알아보겠습니다.

---

2 설계나 구현이 이상적인 상태에서 벗어난 탓에 발생한 추가로 지불해야 하는 개발 비용을 뜻합니다.

3 코드 7-4에서 네임스페이스로 사용된 코틀린의 예약어 object는 향후 namespace로 대체될 가능성이 있습니다.

추가 작업이 발생했을 때의 안티패턴 1: 하나의 풀 리퀘스트에 집약

거듭 말하지만, 커밋 리스트 7-1과 toClockText를 추출한 커밋을 한 풀 리퀘스트에 포함시키지 않는 것이 좋습니다. 커밋 리스트 7-2와 그림 7-1은 모든 변경 사항이 풀 리퀘스트 하나에 집약된 상태를 보여 줍니다. 처음 커밋 세 개는 CurrentClockIndicator 클래스에 관한 내용만 담고 있으므로 리뷰어는 해당 클래스의 설계나 함수의 구현을 리뷰하는 것에만 집중할 수 있습니다. 하지만 Commit 4에서는 '다른 곳에도 toClockText와 동일한 구현이 존재하는지' 등, 앞의 세 커밋과는 다른 관점이 필요합니다.

이렇듯 각기 확인해야 할 관점이 다른 여러 커밋을 한 풀 리퀘스트에 집약하면 각 요소를 리뷰하는 데 있어 정확도가 떨어지기 쉽습니다. 또, 프로젝트의 운영 방침이 풀 리퀘스트의 병합에 Squash and merge[4]를 전제로 하는 경우에는 병합 커밋에 서로 다른 목적의 변경이 섞이게 됩니다. 이후에 버그가 발견되었을 때 원인 조사를 더 수월하게 하기 위해서라도 Commit 1부터 Commit 3까지의 커밋과 Commit 4는 별도의 풀 리퀘스트로 나누어 작성하는 것이 좋습니다.

커밋 리스트 7-2

```
Commit 1: 스켈레톤 클래스 CurrentClockIndicator 작성
Commit 2: 비공개 유틸리티 함수 toClockText 구현
Commit 3: CurrentClockIndicator에 showCurrentTime 구현
Commit 4: 기존의 toClockText를 DateTimeTextFormatter에 추출
```

▼ 그림 7-1 모든 변경 사항을 풀 리퀘스트 하나로 집약한 상태

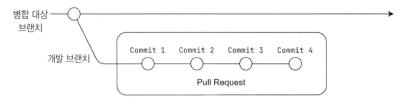

4 풀 리퀘스트를 병합할 때 지정할 수 있는 옵션 중 하나로, 풀 리퀘스트 내의 모든 커밋을 병합 커밋 하나로 합치는 옵션입니다.

추가 작업이 발생했을 때의 안티패턴 2: 시간순으로 풀 리퀘스트 분할

앞의 커밋 네 개를 풀 리퀘스트 두 개로 분할한다면 개발 브랜치 또한 두 개를 사용해야 합니다. 먼저 Commit 1에서 Commit 3을 포함하는 Pull Request A를 작성하여 리뷰를 요청하고, 리뷰를 진행하는 동안 그림 7-2와 같이 Commit 3에서 새로운 브랜치를 만들어 이 브랜치에서 Commit 4에 해당하는 작업을 수행합니다. Pull Request A의 리뷰가 완료되어 병합하면 그림 7-3과 같이 Commit 4의 브랜치를 리베이스(rebase)하여 Commit 4만을 포함하는 Pull Request B를 작성할 수 있습니다. 이렇게 함으로써 Commit 1부터 Commit 3까지의 리뷰와 Commit 4의 리뷰를 나누어 진행할 수 있게 됩니다.

▼ 그림 7-2 리뷰와 추가 작업을 병행하는 상태

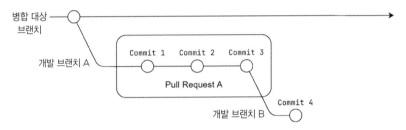

▼ 그림 7-3 추가 작업의 리뷰를 요청하는 상태

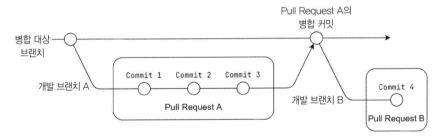

하지만 이렇게 분할하면 일시적인 기술 부채가 발생하게 됩니다. Pull Request A가 병합된 시점에서는 toClockText가 CurrentClockIndicator 클래스와 MessageTimeStampIndicator 클래스 양쪽에 중복해서 존재하기 때문에 보이스 카운트 원칙을 위반하게 됩니다. 만약 Pull Request B를 작성하기 전에 우선순위가 더 높은 다른 작업을 해야 할 상황이 생긴다면 Pull Request B를 작성하는 것을 깜빡 잊어버릴 수도 있습니다. 이는 중복된 코드가 오랫동안 방치되는 결과로 이어질 수 있습니다.

추가 작업이 발생했을 때 분할하는 방식 1: 추가 작업 우선하기

이러한 문제를 해결하기 위해서는 개발 과정에서 추가 작업이 요구될 때 추가 작업을 먼저 완료한 뒤 다시 원래의 작업으로 되돌아가는 단순한 방법을 생각할 수 있습니다. 예를 들어 Commit 1을 작성한 시점에서 toClockText가 중복된다는 문제를 발견했다고 가정해 보겠습니다. 이때 그림 7-4에서의 Commit 2를 만들지 않고, 새로운 브랜치에서 기존의 toClockText를 추출하는 커밋과 풀 리퀘스트를 만듭니다. 이를 각각 Commit 4'와 Pull Request B'라고 하겠습니다.

▼ 그림 7-4 기존 작업과 추가 작업을 병행하는 상태

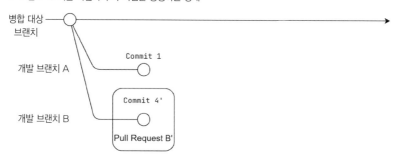

다음으로 그림 7-5와 같이 Commit 1이 있는 기능 개발 브랜치를 Commit 4'의 브랜치에 리베이스합니다. 이렇게 하면 Pull Request B'의 리뷰가 진행되는 동안 리팩터링된 toClockText를 사용하여 Commit 3을 만들 수 있게 되고, 또 Commit 2는 불필요한 커밋이 됩니다.

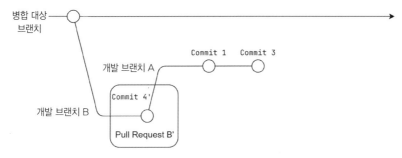

▼ 그림 7-5 기존 작업 브랜치를 추가 작업 브랜치에 리베이스한 상태

이후 Pull Request B'가 병합되면 그림 7–6과 같이 기존의 기능 개발 브랜치를 Pull Request B'의 병합 커밋에 리베이스하여 Pull Request A를 작성합니다. 이와 같은 방법으로 일시적인 기술 부채를 발생시키지 않으면서도 리뷰하기 쉬운 형태로 풀 리퀘스트를 분할할 수 있습니다.

▼ 그림 7-6 추가 작업 풀 리퀘스트가 병합된 상태

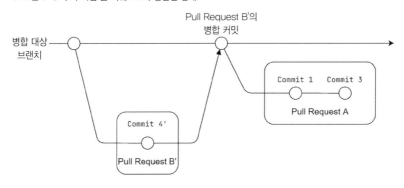

추가 작업이 발생했을 때 분할하는 방식 2: 커밋을 분할, 정렬, 병합하기

앞의 분할하는 방식 1을 적용하려면 Commit 2를 만들기 전에 풀 리퀘스트의 분할이 필요하다는 것을 먼저 인지해야 합니다. 하지만 적절한 풀 리퀘스트의 크기를 항상 정확하게 추정할 수는 없습니다. 안티패턴 1과 같이 이미 Commit 1부터 Commit 4까지 만들고 난 뒤에야 비로소 풀 리퀘스트 분할이 필요하다는 것을 알게 되는 경우도 있을 수 있습니다. 이러한 경우에는 커밋을 분할, 정렬,

병합하여 풀 리퀘스트를 적절하게 분할할 수 있습니다.[5]

커밋 리스트 7-2의 Commit 4를 분할한다면 MessageTimeStampIndicator 클래스의 toClockText를 추출한 커밋과 CurrentClockIndicator 클래스를 추출한 커밋으로 나눌 수 있습니다. 이를 각각 Commit 4''와 Commit 4'라고 하겠습니다. 여기서 Commit 4'는 새로 구현하는 코드와 직접적인 관련이 없으므로 순서를 바꾸더라도 충돌이 일어나지 않습니다. 따라서 Commit 4'를 Commit 1의 앞쪽으로 옮깁니다. 여기까지 작업을 마치면 커밋 리스트 7-3과 그림 7-7과 같은 상태가 됩니다.

커밋 리스트 7-3

Commit 4': MessageTimeStampIndicator의 toClockText를
DateTimeTextFormatter에 추출
Commit 1: 스켈레톤 클래스 CurrentClockIndicator 작성
Commit 2: 비공개 유틸리티 함수 toClockText 구현
Commit 3: CurrentClockIndicator에 showCurrentTime 구현
Commit 4'': CurrentClockIndicator의 toClockText를 DateTimeTextFormatter
에 추출

▼ 그림 7-7 추가 작업의 커밋을 분할한 상태

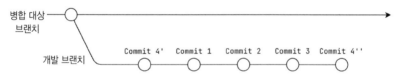

이런 상태가 만들어지면 풀 리퀘스트를 손쉽게 분할할 수 있습니다. 먼저 Commit 2부터 Commit 4''까지를 하나로 합칩니다. 그런 다음 Commit 1 이후를 다른 개발 브랜치로 옮기면 '분할하는 방식 1'과 같은 상태가 만들어집니다.

이처럼 현재 진행 중인 개발에 추가 작업이 필요한 경우, 다른 브랜치에서 작업하여 리베이스를 하거나 나중에 커밋을 분할, 정렬, 병합하여 각각의 풀 리퀘스

---

5   깃의 경우, 대화형 rebase 명령어 git rebase -i를 사용하여 커밋을 수정할 수 있습니다.

트를 작게 유지할 수 있습니다.

7.1.3 커밋 구조화하기

풀 리퀘스트의 의도는 제목이나 설명뿐만 아니라 커밋의 순서에서도 읽을 수 있는 것이 이상적입니다. 그러기 위해서는 각 커밋의 책임을 명확히 하고, 불필요한 커밋이 풀 리퀘스트에 포함되지 않도록 해야 합니다.

불필요한 커밋 삭제하기

개발 중에 동작을 확인하기 위해 임시 코드를 작성하는 경우가 종종 발생합니다. 예를 들어 문서에서는 설명이 모호한 엣지 케이스(edge case)를 확인하기 위한 코드, 실험적인 구현, 디버깅 출력 등이 이에 해당합니다. 이러한 코드가 커밋에 포함되어 있다면 코드를 제거하기 위한 커밋을 별도로 추가하기보다 풀 리퀘스트를 작성하기 전에 해당 커밋을 모두 삭제하는 것이 좋습니다.

다음 커밋 리스트 7-4의 풀 리퀘스트에서는 Commit 2에서 기능이 구현되었는데, 기능을 커밋하기 전에 디버깅을 위한 로그 출력 코드를 Commit 1로 추가했다가 이를 다시 Commit 3에서 제거합니다. 하지만 만약 리뷰를 커밋 단위로 진행한다면 Commit 1을 확인하는 단계에서는 로그의 용도를 파악하기 어렵습니다. 더욱이 Commit 1에 대한 리뷰 코멘트를 작성했다고 하더라도 Commit 3에서 해당 코드가 삭제되기 때문에 애써 작성한 코멘트가 무의미하게 됩니다. 리뷰어는 Commit 1을 리뷰하는 단계에서 이러한 상황을 예측하지 못합니다.

커밋 리스트 7-4

```
Commit 1: 디버깅용 로그 출력 코드 추가
Commit 2: 기능 FOO 구현
Commit 3: 디버깅용 로그 출력 코드 제거
```

임시 코드를 추가한 커밋이 있다면 리뷰를 요청하기 전에 삭제해야 합니다. 깃

명령을 사용한다면 대화형 리베이스 git rebase -i를 사용하여 커밋 리스트 7-5와 같이 Commit 1과 Commit 3을 Commit 2에 통합할 수 있습니다. 통합 후에 작성된 풀 리퀘스트에서는 디버깅 로그와 관련된 코드가 보이지 않으므로 더 원활하게 리뷰를 진행할 수 있습니다.

커밋 리스트 7-5

Commit 2: 기능 FOO 구현

커밋의 책임 범위를 명확히 하기

커밋 하나에 여러 변경 사항이 있으면 해당 커밋의 목적을 쉽게 파악할 수 없어서 리뷰하기가 어렵습니다. 특히 커밋 메시지에 언급되지 않은 변경 사항이 있다면 오해를 불러일으킬 수도 있습니다. 이를 방지하기 위해서는 각 커밋의 책임 범위를 명확히 하는 것이 중요합니다. 예를 들어 한 커밋에서 특정 함수를 구현하면서 관련성이 낮은 다른 함수를 리팩터링한다면 커밋을 통해 무엇을 하려는지가 모호해질 수 있습니다.

한편, 하나의 풀 리퀘스트에서 네이밍이나 포맷과 같은 피상적인 변경과 로직과 같은 본질적인 변경을 동시에 수행할 때는 두 가지 변경 사항을 별도의 커밋으로 분리해야 합니다. 특히 '피상적 변경'이 IDE 등을 통해 자동으로 이루어지는 경우에는 커밋을 분리함으로써 신속하게 리뷰할 수 있습니다. 반면에 자동화된 변경과 수동으로 한 변경을 커밋 하나로 묶어 놓으면 모든 변경 사항을 일일이 확인해야 하므로 리뷰에 더 많은 시간이 소요됩니다.

예를 들어 함수 시그니처를 setValue(value: Int)에서 storeValue(value: SomeModel)로 변경하는 경우를 가정해 보겠습니다. 여기에서 함수명을 setValue에서 storeValue로 바꾸는 일은 대부분 단순 작업에 불과하지만[6], 인수 타입을 Int에서 SomeModel로 바꾸는 작업은 호출하는 쪽의 로직도 함께 수

---

6   단, 오버로드나 동적 호출이 있는 경우에는 주의가 필요합니다. 특히 동적 타입을 이용한 메서드 호출이 있는 경우에는 함수명 변경을 '피상적 변경'으로 보지 않는 경우가 많습니다.

정해야 합니다. 이와 같은 경우, 두 가지 변경 사항을 별도의 커밋에서 수행한 다면 리뷰어는 적어도 함수명 변경에 해당하는 커밋은 리뷰를 금방 끝낼 수 있을 것입니다. 이때 IDE의 rename 기능이나 sed 명령어 등 네이밍 변경에 사용된 도구를 커밋 메시지에 함께 적어 두면 리뷰어는 좀 더 안심하고 커밋을 검토할 수 있습니다.

그렇다고 커밋의 책임 범위를 최소화한다는 이유로 커밋을 무분별하게 분할해서는 안 됩니다. 리뷰하기 쉬운 풀 리퀘스트를 만들기 위해서는 각각의 커밋이 일관된 의미를 갖도록 '커밋을 나누는 기준'이 있어야 합니다. 예를 들어 functionA와 functionB, 그리고 각각의 단위 테스트 testFunctionA, testFunctionB를 구현한다고 했을 때 커밋 두 개로 풀 리퀘스트를 하나만 구성하려면 커밋 리스트 7-6과 커밋 리스트 7-7 두 가지 옵션을 고려해볼 수 있습니다.

커밋 리스트 7-6

```
Commit 1: functionA와 functionB 구현
Commit 2: functionA와 functionB의 단위 테스트 구현
```

커밋 리스트 7-7

```
Commit 1: functionA와 해당 단위 테스트 구현
Commit 2: functionB와 해당 단위 테스트 구현
```

위 두 가지 중, 리뷰 편의성 측면에서 본다면 두 번째 옵션을 선택하는 것이 좋습니다. 첫 번째 옵션은 구현된 테스트에 누락된 엣지 케이스가 없는지, 테스트의 전제 조건과 실제 코드가 일치하는지를 확인하기 위해서 두 커밋을 비교해야 합니다. 반면, 두 번째 옵션은 커밋 하나로만 이를 확인할 수 있습니다. 또한, 첫 번째 옵션은 리뷰어가 functionA만 확인하고 싶을 때도 커밋에 functionB의 코드가 포함되어 있기 때문에 리뷰할 때 방해가 될 수 있습니다.

7.2 리뷰이의 주의 사항 2: 리뷰 코멘트 적용하기

리뷰 코멘트는 코드의 가독성, 정확성, 견고함을 향상시킬 수 있는 유용한 힌트가 될 수 있습니다. 다만, 리뷰에서의 제안을 무조건 수용하거나 지시를 따르기만 해서는 안 됩니다. 더 나은 코드를 만들기 위해서는 리뷰이와 리뷰어가 토론할 수 있는 환경을 함께 만들어 가는 것이 이상적입니다. 이를 위해서는 우선 코멘트를 통해 받은 제안을 코드에 적용하기에 앞서 그 코멘트의 의도와 배경을 먼저 이해해야 합니다. 여기에서는 리뷰이가 코멘트로 받은 내용을 코드에 적용할 때 주의해야 할 세 가지를 소개합니다.

- 잘못된 의견이나 질문이 나온 원인 찾기
- 제안의 의도 파악하기
- 제안을 다른 부분에도 적용할 수 있을지 살펴보기

7.2.1 잘못된 의견이나 질문이 나온 원인 찾기

리뷰의 코멘트 내용이 반드시 정확한 것은 아닙니다. 또, 코멘트가 개선을 제안하는 내용이 아닌, 단순히 모르는 부분에 대한 질문일 수도 있습니다. 특히 가독성이 좋지 않은 코드는 잘못된 의견이나 질문을 유발하기 마련입니다. 더욱이 리뷰어가 잘못 이해했거나 의문을 가졌다는 것은 다른 개발자가 해당 코드를 읽었을 때도 동일한 오해나 의문을 가질 수 있음을 방증할 수도 있습니다. 따라서 이런 코멘트를 받았을 때는 리뷰어가 왜 그런 오해를 했는지, 질문의 의도는 무엇인지를 먼저 살펴보고, 명확하지 않거나 이해하기 어려운 코드를 가려내야 합니다.

if (userModel == null)과 같이 null을 검사하는 코드에 대한 리뷰를 요청한 상황에서 코멘트로 '이 코드에서 null을 확인하는 이유는 무엇인가요?'라는 질문을 받았다고 가정해 봅시다. 곧장 질문의 답변을 리뷰 코멘트로 작성할 수도 있겠지만, 그 전에 다음 두 가지 방법을 적용할 수 있는지를 먼저 검토하는 것이 좋습니다.

- 로직을 변경하여 의문이나 오해의 소지 줄이기: null 검사를 실패 경로로 취급하는 경우에는 이를 성공 경로에 포함시킬 수 있을지 확인하는 것이 좋습니다. 어쩌면 인수나 반환값의 타입을 변경하여 애초에 null을 고려할 필요가 없도록 개선할 수 있을지도 모릅니다. 이처럼 로직을 수정함으로써 '왜 null을 확인해야 하는가'라는 질문 자체를 원천적으로 피할 수 있습니다.
- 코드 내에 의문이나 오해를 해소할 설명 추가하기: '왜 null을 확인해야 하는지'에 대해 리뷰 코멘트로 답하는 대신, 주석으로 코드 내에서 직접 설명하는 방법도 있습니다. 누구나 읽을 수 있도록 이유를 적어 두면 다른 개발자가 같은 의문을 가지는 상황을 피할 수 있을 뿐만 아니라 이를 통해 좀 더 코드를 이해하기 쉽습니다. 주석으로 설명하는 방법 이외에도 로컬 변수나 비공개 함수의 네이밍을 통해 코드에 대한 이해를 돕는 것도 좋은 방법입니다. 코드 7-5에서는 null 검사 결과에 isUserExpired라는 이름을 부여하여 이 null 검사가 무엇을 의미하는지를 간접적으로 설명합니다.

코드 7-5 ⊙ GOOD 로컬 변수의 네이밍으로 null 검사를 설명하는 예시

```
val isUserExpired = userModel == null
if (isUserExpired) {
    ...
```

7.2.2 제안 의도 파악하기

리뷰어가 코멘트에 코드 수정을 직접 제안하는 경우가 있습니다. 이때 아무런

고민 없이 제안된 코드를 그대로 적용하면 안 됩니다. 제안된 코드를 수용하기에 앞서 그 코드를 적용하면 무엇이 개선되는지를 먼저 파악해야 합니다. 제안된 코드는 단순히 버그나 코딩 규약 위반을 해결하기 위한 것일 수도 있고, 코드의 가독성이나 견고함을 개선하기 위한 것일 수도 있습니다. 또는 불필요한 상태, 조건 분기, 의존 관계 등을 제거하기 위한 제안이거나, 함수 흐름이나 책임 범위를 더 명확하게 하기 위한 제안일 수도 있습니다. 제안된 코드를 적용하기에 앞서 여러 목적 가운데 리뷰어가 달성하고자 하는 바가 무엇인지를 이해할 필요가 있습니다.

한편, 제안된 코드는 리뷰어가 개선하고자 하는 부분에만 초점이 맞추어져 있을 가능성이 있습니다. 즉, 제안의 목적에서 벗어난 부분의 구조나 네이밍, 엣지 케이스를 비롯한 각종 오류 처리, 전제 조건 등 리뷰어의 입장에서는 본질적이지 않은 부분은 간소화되어 있거나 생략되었을 수도 있습니다. 또, 제안된 코드에 버그가 포함되어 있을 가능성도 있습니다. 제안된 코드를 적용하기 전에 반드시 동작을 확인하고 리팩터링이 필요한 부분은 없는지 살펴봐야 합니다.

7.2.3 다른 부분에 적용하기

코드의 일부분을 개선할 수 있는 제안을 받았을 때 같은 개선 방법을 다른 부분에도 적용할 수 있을지 확인해 보는 것이 좋습니다. 예를 들어 'null 가능성을 명시적으로 나타내기 위해 함수의 매개변수에 @Nullable 애너테이션을 추가해 주세요'라는 코멘트가 달렸다고 했을 때 단순히 코멘트에서 지적된 부분에만 @Nullable을 추가할 것이 아니라 같은 함수의 다른 매개변수나 반환값, 더 나아가 같은 풀 리퀘스트 내에서 변경된 다른 함수에도 제안을 동일하게 적용할 부분이 있는지 확인해 보는 것이 좋습니다.

또한, 한 번 코멘트로 지적된 사항은 기억해 두었다가 다른 풀 리퀘스트의 리뷰를 요청하기 전에 재차 확인하는 것이 바람직합니다. 코멘트의 피드백 내용은 코딩 규약이나 스타일에 대한 내용 외에도 '프로그래밍 언어나 플랫폼 고유의 표준 사용법', '네이밍이나 주석에서 사용한 단어 선택과 영문법', '의존 관계를 비롯한 구조 설계', '테스트 코드' 등 매우 다양할 수 있습니다. 항상 모든 사항을 기억하고 확인하기는 어렵지만, 빈번하게 지적되는 사항에 관해서는 주의해야 합니다. 덧붙이자면, 리뷰 코멘트 가운데 유의미한 피드백이 있을 때 이를 팀원들과 공유하는 체계를 마련한다면 팀 전체의 기술력 향상에도 도움이 될 것입니다.

CODE READABILITY

7.3 리뷰어의 주의 사항 1: 리뷰어의 원칙

리뷰를 통한 코드 개선은 리뷰이와 리뷰어의 공동 작업이며, 상호 존중을 전제로 합니다. 또 리뷰에서의 피드백은 반드시 코드, 프로세스, 사양만을 대상으로 해야 하며, 리뷰이와 리뷰어의 인격과는 분리되어야 합니다. 언어 폭력이나 비난이 섞인 지적은 '리뷰'가 아닙니다. 감정적인 태도나 품위 없는 언행은 원활한 관계 구축에 방해가 될 뿐입니다. 리뷰는 리뷰이를 돕기 위한 과정이라는 점을 명심해야 합니다.

리뷰의 궁극적인 목적은 코드베이스의 가독성을 높이고 일정 수준의 생산 효율을 유지하는 데 있습니다. 하지만 지나치게 많은 시간을 코드 리뷰에 할애해 오히려 생산 효율이 떨어지게 된다면 이는 목적과 전혀 상반된 결과가 됩니다. 리뷰어의 도움을 받는 것은 중요하지만, 거기에 무한정 시간과 노력을 쏟을 수는 없습니다.

여기에서는 리뷰이를 돕는 것과 생산 효율을 높이는 것 사이의 균형을 맞추는 데 있어 고려해야 할 사항 네 가지를 알아보겠습니다.

- 요청받은 리뷰를 방치하지 않기
- 문제 있는 풀 리퀘스트 거부하기
- 기한을 지나치게 의식하지 않기
- '제안'이 아닌 '의견' 제시하기

7.3.1 요청받은 리뷰를 방치하지 않기

리뷰를 요청받았을 때 첫 번째 답변을 언제까지 해야 하는지의 기한을 팀의 규칙으로 정해 두는 것이 좋습니다. 이를테면 '근무일 기준 24시간 이내에 풀 리퀘스트에 코멘트를 남긴다'와 같은 식으로 정할 수 있습니다. 위 규칙에 따른다면, 월요일 오후 3시에 리뷰를 요청받았다면 다음 날인 화요일 오후 3시까지는 답변해야 합니다. 만약 휴일 전날(주말이나 휴가 전날 등)에 검토 요청을 받았다면 휴일 다음날 같은 시간까지 답변하면 됩니다.

규칙으로 정하는 기한은 리뷰를 완료하는 시점이 아닌 답변을 해야 하는 시점으로 정하는 것이 좋습니다. 우선순위가 더 높은 업무가 많을 때는 곧바로 리뷰에 착수할 수 없기도 합니다. 그렇다고 하더라도 기한 내에 답변을 하여 자신의 상황을 리뷰이에게 전달할 필요가 있습니다. '지금 당장은 리뷰가 어려운 상황입니다'라고 답변을 남기면 리뷰이가 이를 받아들여 적절한 대안을 마련할 수도 있습니다. 풀 리퀘스트의 중요도나 긴급한 정도에 따라 리뷰이는 단순히 기다릴 수도 있고, 또는 다른 리뷰어를 구할 수도 있습니다.

당장은 리뷰할 여건이 되지 않는데도 불구하고 '리뷰하겠다'고 답변해서는 안 됩니다. 만약 그 풀 리퀘스트가 긴급을 요하는 요청일 때 리뷰어가 '리뷰할 수 있다'고 답한 이상 리뷰이는 기다리는 것 외에 다른 선택지가 없습니다. 리뷰할 수 없는 상황에서 '리뷰할 수 있다'고 답하는 것은 의뢰를 무시하는 것보다 더 리뷰이가 취할 수 있는 대안의 선택 범위를 좁게 만듭니다.

7.3.2 문제 있는 풀 리퀘스트 거부하기

때로는 풀 리퀘스트의 규모가 너무 크거나 설계 자체가 잘못된 경우 등 풀 리퀘스트에 근본적인 문제가 있는 경우도 있습니다. 이런 상태에서 리뷰를 진행하면 효과적인 개선이 불가능할 뿐만 아니라 피드백이 누락되는 부분도 많아집니다. 결국 리뷰이와 리뷰어 모두의 시간을 낭비하고, 품질이 낮은 코드가 병합되는 결과로 이어지게 됩니다. 이러한 사태를 방지하기 위해서라도 심각한 문제가 있는 풀 리퀘스트는 과감히 닫고 수정된 것으로 다시 제출해야 합니다.

단, 풀 리퀘스트를 다시 만들어 달라는 요청을 할 때는 반드시 후속 조치에 대한 제안을 함께 전달해야 합니다. 너무 큰 풀 리퀘스트라면 어떻게 분할해야 할지를 알려줘야 합니다. 설계에 문제가 있다면 스켈레톤 클래스를 작성하게 하여 구조만을 대상으로 다시 리뷰하는 것도 좋은 방법입니다. 이 밖에도 풀 리퀘스트를 다시 작성하기 전에 어떻게 설계할 것인지를 논의하거나 설계 문서를 함께 작성하는 것도 효과적인 방법입니다.

7.3.3 기한을 지나치게 의식하지 않기

'바빠서', '마감일이 임박해서' 등의 이유로 리뷰 품질을 낮추면 안 됩니다. 이러한 예외가 반복되어 저품질의 리뷰가 지속된다면 정말 바쁜 시기가 찾아왔을 때 제품 품질이 심각한 수준까지 떨어질 수 있습니다.

만약 서둘러 리뷰를 진행해야 한다면 최소한 왜 서둘러야 하는지에 대한 설명을 요구해야 합니다. 경우에 따라서는 사양을 변경하여 해결하거나 기능 추가를 다음 릴리즈로 연기할 수도 있습니다. 리뷰이가 '반드시 기한 내에 병합해야 한다'는 선입견에 갇혀 있다면 리뷰어가 더 넓은 시야를 가질 수 있도록 유도해야 합니다. 리뷰어가 침착함을 유지해야 중대한 버그를 놓치는 사태를 미연에 예방할 수 있습니다.

하지만 많은 사용자에게 상당한 영향을 끼치는 버그를 수정하거나, 경영 전략상 반드시 릴리스해야 하는 경우 등 임시방편으로라도 병합을 서둘러야 하는 상황도 있습니다. 이럴 때는 다음 중 한 가지 이상을 수행해야 합니다.

- 나중에 코드를 어떻게 개선할 것인지에 대한 대략적인 방침을 합의한다.
- 임시방편으로 만든 코드에 대한 주석과 테스트를 남겨둔다.
- 이슈 관리 시스템에 '향후 코드 개선' 티켓을 만들어 둔다.

또한, 리뷰의 기준을 낮춰야 할 필요가 있었다면 추후에 프로젝트 회고(project retrospective)를 통해 개발 프로세스를 재점검하여 개선을 도모하는 것도 좋은 방법입니다.

7.3.4 '제안'이 아닌 '의견' 제시하기

리뷰 코멘트로 개선을 제안할 때는 구체적이고 명확한 내용으로 작성해야 합니다. 코멘트를 모호하게 작성하면 리뷰이는 해당 코멘트를 어떻게 처리해야 할지 몰라 심리적 부담을 느낄 수 있습니다. 반대로 코멘트의 내용이 명확하면 리뷰이가 취해야 할 행동도 분명해지므로 리뷰와 코드 수정이 되풀이되는 과정을 줄일 수 있습니다.

그러나 구체적인 제안이 반드시 최선이라고 할 수는 없습니다. 리뷰어가 세세한 부분까지 코멘트에 담기 위해서는 리뷰에 많은 시간을 투자해야 하기 때문에 리뷰이와 리뷰어의 업무 부담이 균형을 이루지 못할 수도 있습니다. 또한, 리뷰이의 역량 강화를 위해서라도 직접 조사, 비교, 고찰하는 단계가 필요하므로 다소 선택의 여지를 남겨두는 편이 리뷰이의 학습에 더 도움이 될 수도 있습니다. '어느 정도 구체적으로 제안할지'를 판단하는 기준으로 다음과 같은 단계를 생각해 볼 수 있습니다. 위에 있는 단계일수록 간결한 내용의 코멘트이고, 반대로 아래에 있을수록 상세한 코멘트입니다.

- 문제가 없는지 확인하도록 유도한다.
- 문제를 지적한다.

- 문제를 지적하고 이유 또는 재현 방법을 기재한다.
- 문제 해결을 위한 몇 가지 방법을 제시한다.
- 문제 해결을 위한 최적의 방법을 제시한다.
- 문제를 해결하는 코드를 제안한다.

문제를 발견하기 전에 코드에서 이해되지 않는 부분이 있다면 무리하게 해석을 시도하는 것보다 리뷰이에게 질문하는 것이 더 효율적입니다. 리뷰어는 자신이 가진 의문을 다른 개발자들도 가질 것이라고 가정해도 좋습니다. 그 가정이 사실인지 확인하는 차원에서라도 질문을 주저할 필요가 없습니다.

리뷰어는 지적이나 질문을 할 때 꼭 리뷰 코멘트를 통해야만 할 필요는 없습니다. 더 효과적인 의사소통을 위해서라면 대면 토론이나 화상 회의를 통한 논의도 고려할 수 있습니다. 단, 그럴 경우에는 요약된 논의 내용이나 도출된 결론을 리뷰 코멘트에 기록해서 다른 개발자들도 그 과정을 파악할 수 있도록 해야 합니다.

7.4 리뷰어의 주의 사항 2: 코멘트 내용

리뷰에서 짚고 넘어가야 할 사항은 매우 다양합니다. 이 책에서 소개한 내용(프로그래밍 원칙, 네이밍, 주석, 상태, 함수, 의존 관계)은 물론이고, 그 외에 확인해야 할 사항은 다음과 같은 것이 있습니다.

- 코딩 스타일, 코딩 규약, 언어 또는 플랫폼 고유의 표현 방법
- 테스트 코드 또는 동작 확인 방법
- 풀 리퀘스트 또는 커밋의 크기와 구조

- 해당 업무의 목적과 범위
- 코드의 복잡도와 달성하려는 목표 사이의 균형
- 버그 또는 보안상의 결함
- 성능 및 메모리 사용량의 변화

단, 이 중에서 정적 분석 도구를 사용해 문제 검출을 자동화할 수 있는 것은 최대한 도구에 맡겨야 합니다.

또, 코드 리뷰를 할 때는 변경된 코드뿐만 아니라 그 주변의 코드와 의존 관계에 있는 코드도 함께 확인해야 합니다. 그렇지 않으면 미처 인지하지 못한 사이에 코드베이스의 가독성이 악화될 수도 있습니다.

7.4.1 사례 분석

코드 리뷰로 어떻게 문제를 발견해 나가는지, 코드 7-6의 '사진을 보여 주는 함수'가 변경되는 과정으로 알아보겠습니다.

코드 7-6 사진을 보여 주는 기존의 함수

```
fun showPhotoView(
    photoModel: PhotoModel
) {
    if (!photoModel.isValid) {
        return
    }
    ...
}
```

먼저 코드 7-7과 같이 새로운 매개변수 isInPhotoEditor를 추가하고 이를 풀 리퀘스트로 작성한 뒤 코드 리뷰를 요청했다고 가정해 보겠습니다. 이 변경으로 기대하는 동작은 '이 뷰가 사진 편집 화면 위에 있을 때 사진을 보여 주지 못하면 오류 대화 상자를 표시한다'는 것입니다. 즉, 사진 편집 화면에서 이 함수를 호출할 때 isInPhotoEditor가 true로 전달되기를 기대합니다.

코드 7-7 매개변수 추가

```
fun showPhotoView(
    photoModel: PhotoModel,
    isInPhotoEditor: Boolean
) {
    if (!photoModel.isValid) {
        if (isInPhotoEditor) {
            showDialog()
        }
        return
    }
    ...
}
```

우선 추가한 매개변수의 이름에 주목해 봅시다. isInPhotoEditor는 함수가 호출되는 위치를 나타낼 뿐 참/거짓 값이 무엇을 하는 것인지, 또는 무엇인지는 알 수 없습니다. 이 값이 true일 때 '오류 발생 시 대화 상자를 표시한다'는 동작을 수행하므로 이를 이해할 수 있는 이름으로 변경해야 합니다. 예를 들어 코드 7-8과 같이 shouldShowDialogOnError라는 이름을 생각할 수 있습니다.

코드 7-8 매개변수의 이름 변경

```
fun showPhotoView(
    photoModel: PhotoModel,
    shouldShowDialogOnError: Boolean
) {
    if (!photoModel.isValid) {
        if (shouldShowDialogOnError) {
            showDialog()
        }
        return
    }
    ...
}
```

이름을 shouldShowDialogOnError로 바꾸면 새로운 사실을 발견할 수 있습니다. shouldShowDialogOnError는 '무엇을 할 것인지를 결정하는' 플래그이기 때문에 호출자와 이 함수 사이에 제어 결합이 발생한다는 것을 알 수 있습니다. 이 값이 true가 되는 경우는 오직 '사진 편집 화면'이 호출자가 될 때뿐이므로 대화 상자를 표시할 책임을 호출하는 쪽으로 옮기는 것이 좋습니다. 따라서 코드 7-9와 같이 showPhotoView의 성공 또는 실패를 반환값으로 제공해야 합니다.

코드 7-9 성공 여부를 반환하도록 코드 변경

```
fun showPhotoView(photoModel: PhotoModel): Boolean {
    if (!photoModel.isValid) {
        return false
    }

    ...
    return true
}
```

사진 편집 화면의 코드에서는 코드 7-10과 같이 showPhotoView의 반환값이 false일 때 showErrorDialog를 호출하면 그만입니다. 또, 편집 화면 이외의 코드에서는 반환값을 무시해도 무방합니다.

코드 7-10 코드 7-9를 호출하는 코드

```
// 사진 편집 화면의 코드
val isPhotoShown = showPhotoView(...)
if (!isPhotoShown) {
    showErrorDialog(...)
}

...
// 편집 화면 이외의 코드
showPhotoView(...) // 반환값은 사용하지 않는다
```

이제 제어 결합이 제거되어 showPhotoView의 책임 범위를 쉽게 알 수 있게 되었습니다. 하지만 아직 개선의 여지는 남아 있습니다. showPhotoView라는 이름은 '사진을 표시하는 동작'을 설명하지만, 반환값에 대한 설명이 없습니다. 이처럼 함수 이름에 반환값에 대한 설명이 없을 경우에는 문서화 주석으로 설명해줘야 합니다. 이외에도 이제는 오류가 발생했을 때의 처리가 존재하므로 코드 7-11과 같이 오류 처리에 대해서도 언급하는 것이 좋겠습니다.

코드 7-11 문서화 추가 예시

```
/**
 * [photoModel]이 ...일 경우에만 해당 사진을 뷰의 중앙에 표시하고 true를 반환한다
 * 한편, [photoModel]이 ...인 경우에는 사진을 표시하지 않고 false를 반환한다
 */
fun showPhotoView(photoModel: PhotoModel): Boolean {
    if (!photoModel.isValid) {
        return false
    }

    ...
    return true
}
```

리뷰를 통해 문제점을 찾아내고 이를 개선하다 보면 이렇게 또 다른 개선점을 발견할 수도 있습니다. 따라서 코드 리뷰라는 협업 시스템 안에서 리뷰이와 리뷰어가 호흡을 맞춰 지속적인 코드 개선을 이뤄 나가는 것이 매우 중요하다고 할 수 있습니다.

7.5 정리

이 장에서는 코드 리뷰 시 주의해야 할 점을 리뷰이와 리뷰어 각각의 관점에서 살펴보았습니다. 먼저 리뷰이는 풀 리퀘스트를 작성할 때, 풀 리퀘스트 또는 커밋의 구조와 책임 범위, 그리고 크기에 주의해야 한다는 것을 설명했습니다. 또한, 리뷰 코멘트의 제안을 적용할 때는 무작정 기계적으로 적용하지 말고 제안 의도를 먼저 파악해야 함을 강조했습니다. 한편 리뷰어는 리뷰이를 존중하면서도 효율적으로 리뷰를 수행하는 것의 중요성과 리뷰를 수행할 때 특별히 주목해야 할 점들도 알아보았습니다.

이 책을 읽는 데
필요한
코틀린 문법

변수

```
// val 또는 var로 변수 정의
// val은 읽기 전용
val foo: Int = 42

// var은 재할당 가능
var bar: String = "string"
bar = "another string"

// 추론할 수 있다면 타입은 생략 가능
val baz = "string"
```

함수

```
// fun으로 함수 정의
// ( ) 안에 매개변수를 정의, 뒷부분의 :으로 반환 타입을 정의
fun add1(x: Int, y: Int): Int {
    return x + y
}
// 함수가 하나의 식으로 구성되었을 경우
// { } 대신 =를 사용하여 정의할 수 있다
// 이 경우, 반환값의 타입은 생략 가능
fun add2(x: Int, y: Int) = x + y

// 자바에서는 Unit 대신 void를 사용
// 반환값의 Unit은 생략 가능
fun print1(): Unit {
    println("hello")
}
fun print2() {
    println("hello")
}
```

제어 구조

```
fun controlFlow(boolean: Boolean, integer: Int) {
    // if 문으로 조건 분기
    if (boolean) {
        println("Boolean is true")
    } else {
        println("Boolean is false")
    }

    // if 문은 하나의 식으로도 취급된다
    val result1 = if (boolean) 42 else 24

    // when으로 조건 분기
    val result2 = when {
        integer <= 24 -> "small"
        integer <= 42 -> "medium"
        else -> "large"
    }

    // for 루프
    for (i in 0 until 10) {
        println(i)
    }
}
```

클래스와 인터페이스

```
// 인터페이스 정의
interface FooInterface {
    fun foo(): Int
}

// 클래스 정의
// 클래스 이름 뒤에 ( )로 둘러싸인 코드는
// 코틀린의 주 생성자(primary constructor) 정의
```

```kotlin
// 생성자의 인수에 val이나 var를 붙이면
// 프로퍼티(멤버 변수)로 정의 가능
// 상속할 클래스나 인터페이스를 : 뒤에 지정
class FooClass(val property1: Int) : FooInterface {
    // 프로퍼티 정의
    var property2: String = "hello"
    init {
        // 초기화 블록. 생성자 호출 시 실행되는 코드를 작성
    }

    // 공개 메서드 정의
    fun print() = println(property1)

    // 비공개 메서드 정의
    private fun privatePrint() = println(property2)

    // 함수 오버라이드
    override fun foo(): Int = property1

    // 자바에서의 static 멤버는 companion object의 멤버로 정의
    companion object {
        val CONSTANT_VALUE = 1000
        fun staticFunction() = println(CONSTANT_VALUE)
    }
}

// 싱글턴 객체 정의
object SingletonObject {
    val SINGLETON_OBJECT_VALUE = 42
}
```

인스턴스와 멤버 사용

```kotlin
// 생성자를 호출하여 인스턴스를 생성
val fooInstance = FooClass(42)
```

```
// 인스턴스의 메서드 호출 및 프로퍼티 참조
fooInstance.print()
val helloText = fooInstance.property2 // "hello"

// companion object 및 object의 멤버 사용
FooClass.staticFunction() // print "1000"
val value = SingletonObject.SINGLETON_OBJECT_VALUE // 42
```

null 허용형(nullable)

```
// 타입 뒤에 ?가 붙으면 null 허용형이 되어 null 대입이 가능해진다
val nullableString: String? = null

// null 안전 호출 연산자 ?를 사용하면
// 수신 객체(receiver)가 null이 아닌 경우에만 실행된다
var nullableInt: Int? = null
nullableInt?.toString() // toString은 호출되지 않고 결과는 null이 된다
nullableInt = 42
nullableInt?.toString() // toString이 호출되어 결과는 "42"가 된다
// 엘비스 연산자 ?:를 사용한 a ?: b는
// a가 null이 아니면 결과는 a가 되고
// a가 null이면 결과가 b가 된다
var nullableFloat: Float? = null
nullableFloat ?: -1F // nullableFloat이 null이기 때문에 결과는 -1F
nullableFloat = 42F
nullableFloat ?: -1F // nullableFloat이 null이 아니기 때문에 결과는 42F
```

고차 함수

```
// (Parameter) -> ReturnValue 형식으로 함수를 하나의 타입으로 정의할 수 있다
fun callCallback(callback: (Int) -> Unit) {
    callback(42) // 42를 인수로 callback을 실행
}
```

```
// 람다(익명 함수)는 { parameter -> ... } 형식으로 정의
callCallback({ param -> println(param) })

// 람다의 인수가 한 개인 경우에는 이름을 생략하고 it으로 처리할 수 있다
callCallback({ println(it) })

// '인수로 함수를 하나만 받는' 호출에 람다를 전달할 경우
// ( )는 생략 가능
callCallback { println(it) }

// 인수가 여러 개이고 마지막 인수가 람다인 경우
// 람다를 인수의 ( ) 바깥쪽에 쓸 수 있다
fun applyToCallback(argument: Int, callback: (Int) -> Unit) {
    callback(argument)
}
applyToCallback(42) { println(it) }
// 리스트 (1, 2, 3, 4)에서 짝수를 꺼내어 두 배로 하는 예시
// filterMapResult는 리스트 (4, 8)이 된다
val filterMapResult = listOf(1, 2, 3, 4)
    .filter { it % 2 == 0 }
    .map { it * 2 }
```

스코프 함수

```
// let은 함수를 받아 그 함수의 실행 결과를 반환값으로 돌려준다
// 받은 함수를 실행하기 위한 인수로 수신 객체가 사용된다
val number = 10
val letResult = number.let {
    // it은 let의 수신 객체. 즉, it은 10
    it + 20
}
// letResult는 30

// also는 함수를 받아 그 함수를 실행하고 수신 객체를 반환값으로 돌려준다
// 받은 함수를 실행하기 위한 인수로 수신 객체가 사용된다
val mutableList = mutableListOf(1, 2)
```

```
val alsoResult = mutableList.also {
    // it은 also의 수신 객체. 즉, it은 가변 리스트 (1, 2)
    it += 3
    it += 4
}
// alsoResult는 가변 리스트(1, 2, 3, 4)가 된다
```